Hans Eiberle · Schuß und Tor

Hans Eiberle

Schuß und Tor!

Fußball-Jahrbuch 1984

Südwest Verlag München

Bildnachweis: L. Baader, D. Frinke/FMS, H. Liedel, M. Mühlberger, Sven Simon
Karikaturen: Gabor Benedek

Schutzumschlag: Design-Team, München
Satz: Wenschow-Franzis-Druck GmbH, München
Druck und Verarbeitung: May & Co., Darmstadt

ISBN 3-517-00835-4

Vorwort *Träumt Ihr auch?*

Ostern – sonnig und warm. Papa will mit uns an den Bodensee. Blütenfahrt, Besuch der Insel Mainau. Alles strahlt, ich streike. Eine meiner Schwestern erklärt mich für verrückt: »Wegen so einem blöden Fußballspiel bleibt der Kerl zu Hause!« Ich blieb, weil ich im Vorspiel zu FC Bayern – FC Schalke 04 in München vor vollen Rängen als Rechtsaußen in der Schülermannschaft aufgestellt war. Doch schlimm das Ende: Ich sah alles nur von der Tribüne aus, denn an diesem Fußball-Nachmittag durften plötzlich nur noch die ganz Kleinen an den großen Ball, die Liliputaner, wie wir sagten, nicht die Dreizehn- oder Vierzehnjährigen . . .
Glücklichster Moment in meinem jungen Fußballerleben: Als ich eines Mittags von der Schule nach Hause kam, sagte meine Mutter, sie habe eine riesige Überraschung für mich. Im Küchenschrank steckte die Einladung für mein erstes Punktspiel im rotweißen Dreß der »Bayern«. So was vergißt man nie. Ich wollte doch Nationalspieler werden!
Träumt Ihr auch davon, nicht ständig in der Kreisklasse oder in einer Dorfmannschaft zu spielen? Natürlich wißt Ihr längst, wie Flanken geschlagen, Elfmeter geschossen und »tödliche« Bälle gehalten werden. Und Ihr wißt auch, wer in der letzten Saison hinter dem Meister Zweiter wurde in der 1. Bundesliga, wer den Europacup der Landesmeister gewann und warum kein einziger deutscher Klub in den Endspielen stand. Doch manches werdet Ihr nachschlagen müssen, so vielleicht die Weltmeisterschaftsspiele von 1954 und 1974. Oder kennt Ihr noch die Namen der siegreichen Mannschaften und die der Torschützen? In diesem Jahrbuch steht viel Wissenswertes. Es ist ein Stück lebendigen Fußballs, ohne den unser Leben ärmer wäre.

Mit lieben Grüßen Euer

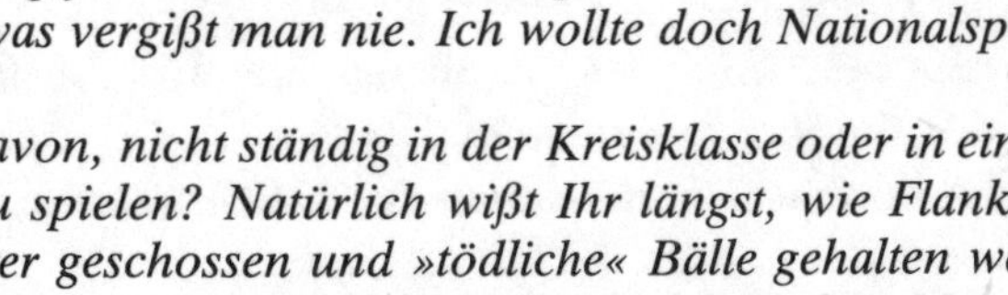

Harry Valérien

Inhalt

Die 34 Spieltage der Bundesliga 1983/84 10
Ewige Tabelle der Bundesliga 27
VfB Stuttgart Meister 28
Ein Hauch von Aspirin und großer Fußball-Welt: Bayer Leverkusen 35
Aufsteiger: Schlappner, Waldhof 41
Das Selbstverständnis der Profis 46
Das Ende der Clowns 50
Rückblende: Gerd Müller 56
Brüderpaare in der Bundesliga: Die Försters 61
Chelsea-Andy im Stadion: Eine Müllkippe für Gefühle 64
Fußballfans im Rollstuhl: »Manchmal tut's weh« 71
Wenn Hoeneß »in der Mitte durchbricht« 74
Urteile im Namen des Fußballs: Wenn der Schiedsrichter als Sündenbock büßen muß 76
Egon Hascher, Hofjuwelier des DFB: Klunkerkönig und die goldenen Ketten der Kicker-Stars 82
Mut zum Risiko 85
Nächstenliebe, Nächstenhiebe 87
Teure Gastspiele 89
Fußball-Amateur: Die Netto-Liga 92
Die Jugend-Weltmeister des Jahres 1981: Was aus ihnen geworden ist 95
Jugend U 16 Europameister 99
Hallenfußball 103
DFB-Pokal 105
Pokal-Semifinale: Sternstunden des Fußballs 111
Europacup, Meister, Pokalsieger, UEFA-Cup 115
2. Bundesliga – Rückblick 125
Aufsteiger Karlsruher SC 129
Tabelle: Die 2. Bundesliga im Spiegelbild 132
Vor 30 Jahren 135

Vor 10 Jahren 138
WM-Auslosung: Fortunas Avancen 141
Bundesliga-Rückblick 143
Tabelle: Die Bundesliga im Spiegelbild 148
Tabelle: Torschützenkönige der Fußball-Bundesliga 150
Als Rummenigge nach Italien ging 151
Das Problem, ein Rummenigge zu sein 156
Libero, der freie Mann 159
Raumdeckung 164
Österreich 167
Schweiz 172
Der Absteiger Pierre Littbarski: Ein Haken zuviel 175
Arbeitsloser Verteidiger Jürgen Strack: Fußballer im Teufelskreis 178
Europameisterschaft 181
Tabelle: Die Spiele der EM 1984 185
Bundesliga-Terminplan Spieljahr 1984/85 186

Fußball ist schwer

1. Spieltag

Hoppla, die Neulinge

Meistens haben die Aufsteiger in der Fußball-Bundesliga erst mal ordentliche Prügel bezogen. Beim Start in die 21. Saison wehrten sich zwei Neulinge kräftig und erfolgreich. Waldhof Mannheim schlug die Bremer 2:0 im ersten Heimspiel im Ludwigshafener Südweststadion. Zwei junge Fußballer mit berühmten Namen schossen die Tore: Fritz Walter und Alfred Schön. Und Bayer Uerdingen flog aus Nürnberg mit beiden Punkten im Gepäck heim. Zu den sieben Siegern zählte natürlich auch der Titelverteidiger Hamburger SV, für den Dieter Schatzschneider seinen ersten Treffer erzielte. Ebenso die Münchner Bayern, freilich bloß dank eines Eigentors des Leverkuseners Posner. Dazu der VfB Stuttgart, dessen Mannschaftskapitän Hermann Ohlicher witzelte: »Wir sind Tabellenführer. Jetzt müssen wir unseren Platz nur noch 33mal verteidigen.«

Frankfurt – Dortmund	2:2 (1:0)
Hamburg – Kaiserslautern	3:2 (2:0)
Nürnberg – Uerdingen	2:4 (1:1)
München – Leverkusen	2:1 (0:0)
Köln – Bielefeld	2:3 (1:1)
Mönchengladbach – Düsseldorf	1:1 (0:1)
Bochum – Offenbach	1:0 (0:0)
Mannheim – Bremen	2:0 (2:0)
Stuttgart – Braunschweig	3:0 (1:0)

2. Spieltag

Der tolle Timo

Der Mann des zweiten Spieltags: Uwe Bein, Kicker in Offenbach, der auf dem Bieberer Berg innerhalb von 16 Minuten dreimal traf und die Mönchengladbacher Borussen 4:3 bezwingen half! Drei Bein-Schüsse, allerhand. Aber mehr Wirbel hat Timo Konietzka entfacht, Trainer von Bayer Uerdingen, dessen Team die Frankfurter Eintracht 5:2 niederwalzte und die Tabellenführung übernahm. Timo, der vor 20 Jahren für Borussia Dortmund das allererste Tor in der Bundesliga geschossen hat, zeigte nach langen Schweizer Jahren seinen etablierten Kollegen, wo's langgeht. Aber die Favoriten ließen die Himmelstürmer nicht aus den Augen. Der Hamburger SV und die Münchner Bayern blieben verlustpunktfrei. 230 000 Zuschauer wurden gezählt und 42 Tore. Die wenigsten gelangen dem 1. FC Köln und dem Nürnberger Club, die einträchtig die Tabelle abschlossen.

Uerdingen – Frankfurt	5:2 (2:1)
Kaiserslautern – Stuttgart	2:2 (1:1)
Braunschweig – Mannheim	3:2 (3:1)
Offenbach – Mönchengladbach	4:3 (4:1)
Bielefeld – München	1:3 (1:2)
Leverkusen – Nürnberg	3:0 (2:0)
Dortmund – Hamburg	1:2 (0:0)
Bremen – Bochum	5:2 (1:1)
Düsseldorf – Köln	2:0 (1:0)

3. Spieltag

Dämpfer für den HSV

Am Mittwochabend, dem 24. August, war kein Bundesligist mehr ohne Verlustpunkt. Bayer Uerdingen erkämpfte beim Titelverteidiger Hamburger SV ein 2:2, wobei Loontiens fünf Minuten vor Schluß der Ausgleich gelang. Beide wiesen 5:1 Punkte auf, ebenso die Münchner Bayern nach ihrem dürftigen Heim-1:1-Unentschieden gegen Fortuna Düsseldorf (4:2 Punkte). »Sie wissen, was bei uns vorne los ist, wenn Karl-Heinz Rummenigge fehlt«, klagte Trainer Lattek. Nichts. Der Teamkapitän beklagte einen Muskelfaserriß im Oberschenkel. Auch der Geheimfavorit VfB Stuttgart hat bei seinem 0:0 keine Bäume ausgerissen. Schiedsrichter Eschweiler wies in der 85. Minute den Mannheimer Libero Sebert vom Feld, was dieser so kommentierte: »Mit den Nationalspielern wie Karl-Heinz Förster redet er per du, uns schreit er dauernd an, und dann erzählt er dummes Zeug von seinen Schwiegereltern. Dem Mann fehlt jegliche Distanz.«

Hamburg – Uerdingen	2:2 (2:1)
Frankfurt – Leverkusen	2:2 (1:0)
Nürnberg – Bielefeld	2:0 (0:0)
München – Düsseldorf	1:1 (0:1)
Köln – Offenbach	1:0 (0:0)
Mönchengladbach – Bremen	3:1 (1:0)
Bochum – Braunschweig	3:1 (2:1)
Kaiserslautern – Dortmund	2:2 (1:0)
Stuttgart – Mannheim	0:0

4. Spieltag

Prominentes Quartett

Die erfolgreichsten Torjäger nach vier Spieltagen: Walter (Mannheim) und Kuntz (Bochum) mit je vier Treffern. Und die Etablierten? Karl-Heinz Rummenigge immer noch lädiert, Schatzschneider mit Ladehemmung, Völler dreimal getroffen, Waas zweimal im Nachholspiel der vierten Runde zum 2:0-Sieg von Leverkusen über den Hamburger SV. Keine »Eintagsfliege« zu sein bewies Uerdingen mit dem 3:1-Sieg über den 1. FC Kaiserslautern und als punktgleicher Tabellenführer vor Bayern München, der in Offenbach 3:2 gewann. Auf dem Vormarsch: Fortuna Düsseldorf, 6:2 Punkte und 2:1-Sieger über den 1. FC Nürnberg. Das Schlußquartett, eine illustre Runde: 15. 1. FC Köln, 16. Eintracht Frankfurt, 17. Borussia Dortmund, 18. 1. FC Nürnberg, alle 2:6 Punkte. Beim SVW Mannheim, dem Aufsteiger, war der erste Schwung auch schon dahin. Trainer Schlappner rief, seine Mannen »zur harten Arbeit« auf.

Braunschweig – M.-Gladbach	3:1 (1:1)
Offenbach – München	2:3 (1:2)
Düsseldorf – Nürnberg	2:1 (1:1)
Bielefeld – Frankfurt	2:1 (2:0)
Dortmund – Stuttgart	0:3 (0:1)
Mannheim – Bochum	3:3 (2:1)
Uerdingen – Kaiserslautern	3:1 (0:0)
Bremen – Köln	1:1 (1:0)
Leverkusen – Hamburg	2:0 (0:0)

5. Spieltag

Stuttgart im Blickpunkt

»Bei uns mußt du nicht wie in Frankfurt Eckbälle und Einwürfe machen, brauchst dich nicht um Vorstand, Trainer und Journalisten zu kümmern. Du mußt bei uns nur hinten den Laden dichtmachen.« Also sprach Otto Rehhagel, Trainer bei Werder Bremen, zu seinem Libero Bruno Pezzey, und dieser erwies sich in München als folgsam. »Da kannst du zehn Stunden flanken, und es gibt kein Tor,« jammerte Bayern-Manager Uli Hoeneß nach dem 0:0. An die Spitze setzte sich der VfB Stuttgart, für den beim 4:2-Sieg über VfL Bochum der Schwede Dan Corneliusson dreimal traf, vor die punktgleichen Münchner Bayern (je 8:2). Fortuna Düsseldorfs Vorstoß blieb in Frankfurt (0:3) stecken. Das tat der Eintracht gut, ebenso wie dem 1. FC Nürnberg der 4:0-Erfolg über die Offenbacher Kickers, zu dem Manfred Burgsmüller drei Tore beitrug. 140 000 Zuschauer wurden insgesamt gezählt, nur 5000 in Köln beim 2:1-Sieg des 1. FC.

Hamburg – Bielefeld	2:0 (1:0)
Frankfurt – Düsseldorf	3:0 (1:0)
Nürnberg – Offenbach	4:0 (2:0)
München – Bremen	0:0
Köln – Braunschweig	2:1 (1:0)
Mönchengladbach – Mannheim	3:0 (1:0)
Dortmund – Uerdingen	2:1 (2:0)
Kaiserslautern – Leverkusen	3:0 (3:0)
Stuttgart – Bochum	4:2 (0:1)

6. Spieltag

Trainerduell

Duell der einstigen Trainer-Kontrahenten in der Schweiz: Timo Konietzka, Bayer Uerdingen, bleibt Sieger über Helmut Benthaus, VfB Stuttgart, nicht nur 3:2 auf dem Rasen, sondern auch mit dem Mundwerk. Konietzka: »Benthaus hätte gern die Hälfte von mir. Beispielsweise einen Gag, mit dem man Zuschauer anlockt. Denn was wir in Krefeld machen, freut jeden: Ob es Tore für uns oder gegen uns sind.« Spitzenreiter: Wieder die Münchner Bayern, die in Braunschweig 2:1 gewannen, endlich mit Karl-Heinz Rummenigge. Der Hamburger SV siegte in Düsseldorf 3:2 und verlor Wolfram Wuttke durch Platzverweis, weil der seinen Gegner Löhr anspuckte. Auch Michael Sziedat, Eintracht Frankfurt, sah die rote Karte, wegen Foulspiels. Die meisten Zuschauer kamen ins Ludwigshafener Südweststadion, wo der SVW Mannheim und der 1. FC Köln sich 2:2 trennten. Das Kölner Tor bewachte Reservist Ehrmann statt des gesperrten Schumacher.

Braunschweig – München	1:2 (0:1)
Offenbach – Frankfurt	2:1 (1:0)
Düsseldorf – Hamburg	2:3 (1:2)
Bielefeld – Kaiserslautern	3:2 (3:1)
Leverkusen – Dortmund	4:2 (1:1)
Uerdingen – Stuttgart	3:2 (2:1)
Bochum – Mönchengladbach	0:4 (0:0)
Mannheim – Köln	2:2 (1:2)
Bremen – Nürnberg	2:0 (0:0)

7. Spieltag

Viermal Rummenigge

Die Rummenigges rannten offene Türen ein beim SVW Mannheim: Dreimal Karl-Heinz, einmal Bruder Michael, beim 6:0-Sieg über Trainer Klaus Schlappners schlappe Fehlpaß-Könige. Die Münchner Bayern also weiter vorneweg (12:2 Punke), dahinter Titelverteidiger Hamburger SV (11:3), der die Offenbacher Kickers gleichfalls 6:0 bezwang, darunter zwei Tore von Dieter Schatzschneider. Alles programmgemäß, bis auf Bayer Uerdingen (11:3), das einen innerbetrieblichen Sieg über die Leverkusener erzielte (2:1). Für den Verlierer traf Herbert Waas und setzte sich mit sieben Toren an die Spitze der besten Schützen. Der VfB Stuttgart vergrämte seine Zuschauer mit dem dritten Remis, diesmal 0:0 gegen Borussia Mönchengladbach. In Köln kamen wieder bloß 5000 Besucher, die einen 3:0-Erfolg über den VfL Bochum sahen.

Nürnberg – Braunschweig	4:2 (2:1)
Hamburg – Offenbach	6:0 (2:0)
Frankfurt – Bremen	0:0
München – Mannheim	6:0 (2:0)
Köln – Bochum	3:0 (2:0)
Uerdingen – Leverkusen	2:1 (0:1)
Dortmund – Bielefeld	1:0 (1:0)
Kaiserslautern – Düsseldorf	5:2 (3:1)
Stuttgart – Mönchengladbach	0:0

8. Spieltag

Bochumer Paukenschlag

In der Bochumer Stadionzeitung war ein Kampf zwischen David und Goliath angekündigt worden. Wie seinerzeit, gewann auch diesmal David. Das Team des VfL Bochum schlug den Favoriten Bayern München arg aufs Haupt. »Eine klare Unterschätzung des Gegners«, urteilte Trainer Udo Lattek nach der 1:3-Niederlage. Schulz (2) und Oswald schossen die Tore, ehe Karl-Heinz Rummenigge in letzter Minute traf. Außerdem blieb Vorstopper Grobe mit einem Bänderriß im Sprunggelenk auf der Strecke.
Der Fehltritt kostete die Münchner noch nicht einmal die Tabellenführung, weil die Verfolger Hamburger SV in Bremen (0:0), VfB Stuttgart in Leverkusen (1:1) und Bayer Uerdingen in Bielefeld (1:3) Punkte einbüßten. Borussia Dortmund wurde in Düsseldorf arg verprügelt (0:7), was nur 11000 Zuschauer miterlebten. Insgesamt wurden 204800 gezählt, davon die meisten in Bremen (48000).

Offenbach – Kaiserslautern	3:2 (1:1)
Düsseldorf – Dortmund	7:0 (3:0)
Bremen – Hamburg	0:0
Braunschweig – Frankfurt	4:3 (2:2)
Bielefeld – Uerdingen	3:1 (2:1)
Leverkusen – Stuttgart	1:1 (0:0)
Mönchengladbach – Köln	4:2 (3:1)
Bochum – München	3:1 (1:0)
Mannheim – Nürnberg	1:0 (0:0)

9. Spieltag

FC Bayern triumphiert

70000 begeisterte Fans sahen im Olympiastadion die Münchner Bayern 4:0 siegen über Borussia Mönchengladbach, dank Toren von Karl-Heinz Rummenigge (2), Lerby und Kraus. Allerdings hatte Borussias Libero Bruns zuvor erst den rechten Torpfosten getroffen und danach beide Stangen, als der Ball längs der Torlinie von der einen zur anderen sprang. »Da hab' ich gewußt, jetzt können wir nicht mehr verlieren«, versicherte der Münchner Libero Klaus Augenthaler. Der Hamburger SV (14:4 Punkte) hielt weiter mit. Beim 3:0-Erfolg über Eintracht Braunschweig erzielte Dieter Schatzschneider zwei Tore und setzte sich mit acht Treffern an die Spitze der Torschützenliste. Auch der VfB Stuttgart meldete einen Sieg, wenn auch nur einen knappen (3:2) über den 1. FC Köln. Auf den drei Abstiegsplätzen verharrten Eintracht Braunschweig, Kickers Offenbach und Eintracht Frankfurt, das zu Hause dem Neuling SVW Mannheim 1:3 unterlag.

Hamburg – Braunschweig	3:0 (1:0)
Frankfurt – Mannheim	1:3 (0:0)
Nürnberg – Bochum	3:1 (0:1)
München – Mönchengladbach	4:0 (2:0)
Leverkusen – Bielefeld	0:0
Uerdingen – Düsseldorf	1:3 (0:1)
Dortmund – Offenbach	4:1 (1:0)
Kaiserslautern – Bremen	3:3 (1:2)
Stuttgart – Köln	3:2 (1:0)

10. Spieltag

Hamburger SV Spitze

»Fünf Milewskis in einer Mannschaft, und wir könnten den Laden zumachen«, hatte HSV Trainer Ernst Happel geklagt. Im Ludwigshafener Südweststadion nützte der so geächtete Milewski die einzige Chance der Hamburger zum 1:0-Sieg über SVW Mannheim vor 44000 Zuschauern, die 585000 Mark in die Kassen legten. Der Hamburger SV übernahm die Tabellenführung, denn die Münchner Bayern stolperten in Köln. Steiner und Littbarski schossen den 1. FC vor 53000 Zuschauern aus dem Keller. Alle lobten Trainer Hannes Löhr, bei dem das Fußballspielen Spaß mache. Löhr rühmte vor allem seinen Libero Strack: »Ich finde diese ganze Diskussion dusselig. Gerd Strack ist mit Abstand die Nummer eins in Deutschland. Wenn jemand ernsthaft behauptet, Augenthaler sei gleich stark, dann bin ich wohl blind.« Der VfB Stuttgart meldete das fünfte Unentschieden: 0:0 in Bielefeld. Die 17. Niederlage auswärts in Serie erlitt der 1. FC Nürnberg in Mönchengladbach.

Offenbach – Uerdingen	3:2 (1:2)
Bremen – Dortmund	2:1 (1:0)
Düsseldorf – Leverkusen	2:2 (0:2)
Bielefeld – Stuttgart	0:0
Mönchengladbach – Nürnberg	2:0 (2:0)
Bochum – Frankfurt	4:1 (1:0)
Mannheim – Hamburg	0:1 (0:0)
Köln – München	2:0 (0:0)

11. Spieltag

Jubel in Stuttgart

Es sei schon »ein unheimlich erhebendes Gefühl«, die Münchner Bayern endlich einmal gepackt zu haben, beschrieb Karl-Heinz Förster, Mannschaftskapitän beim VfB Stuttgart, seine Empfindungen nach dem 1:0-Heimsieg. Das Tor hatte Kelsch erzielt vor 69000 begeisterten Zuschauern. Mit diesem Sieg meldeten sich die Schwaben zurück im Kreis der Titelkandidaten und verdrängten die Münchner vom zweiten Tabellenplatz. Die Führung behauptete der Hamburger SV dank eines mühsamen 2:1-Erfolgs über den VfL Bochum. Auswärts gewannen vier Teams, darunter Werder Bremen 3:0 bei den Blitzstartern in Uerdingen und die Düsseldorfer Fortunen auf der Bielefelder Alm. Auf den beiden letzten Plätzen der Rangfolge standen die Nachbarn Eintracht Frankfurt und Kickers Offenbach. Eintracht-Trainor Klaus Monk nahm das 1:1 gegen Borussia Mönchengladbach zum Anlaß für die Feststellung, man befände sich im Aufwind.

Hamburg – Bochum	2:1 (0:1)
Frankfurt – Mönchengladbach	1:1 (1:0)
Nürnberg – Köln	1:3 (1:1)
Bielefeld – Düsseldorf	1:3 (1:1)
Leverkusen – Offenbach	3:1 (1:1)
Uerdingen – Bremen	0:3 (0:1)
Dortmund – Braunschweig	0:2 (0:0)
Kaiserslautern – Mannheim	2:0 (0:0)
Stuttgart – München	1:0 (0:0)

12. Spieltag

Club freut sich zu früh

Neue Besen kehren gut. Der 1. FC Nürnberg reiste mit dem frisch verpflichteten Trainer Rudi Kröner ins Münchner Olympiastadion und führte 64 Minuten lang 2:1, ehe Augenthaler und die Brüder Rummenigge den FC Bayern zum 4:2-Sieger kürten. In der Tabelle vorne blieb der Hamburger SV, trotz der Prügel in Mönchengladbach. Die Spieler schimpften nach dem 0:4 auf Schiedsrichter Walz, aber Trainer Ernst Happel sah die Sache ganz anders: »Nach der Pause waren wir chancenlos.« Die Freude des VfB Stuttgart währte nicht lange: 0:3-Niederlage in Düsseldorf. Die Fortunen blieben auf Erfolgskurs: 9:1 Punkte, 18:4 Tore. Nicht einzuschätzen: der 1. FC Köln, diesmal 7:0-Sieger über Eintracht Frankfurt, die höchste Niederlage der Hessen in der Bundesliga. Borussia Dortmund verlor gegen SVW Mannheim 1:4 und rutschte auf den vorletzten Platz ab. Daraufhin wurde Manager Dieter Tippenhauer auch zum Trainer bestellt.

Braunschweig – Uerdingen	1:2 (0:2)
Offenbach – Bielefeld	2:2 (2:1)
Düsseldorf – Stuttgart	3:0 (3:0)
München – Nürnberg	4:2 (1:2)
Köln – Frankfurt	7:0 (3:0)
Mönchengladbach – Hamburg	4:0 (1:0)
Bochum – Kaiserslautern	4:1 (3:1)
Mannheim – Dortmund	4:1 (2:0)
Bremen – Leverkusen	3:0 (1:0)

13. Spieltag

Spiegelbild der Pleiten

Drei Tage nachdem sich der Hamburger SV, der 1. FC Köln und Werder Bremen aus dem Europacup verabschiedet hatten und Bayern München erst nach Elfmeterschießen Runde drei erreichte, bot die Bundesliga ein Spiegelbild dieser Pleiten. Die Münchner plagten sich in Frankfurt 0:0 über die Zeit, der HSV und die Kölner trennten sich 2:2, und Werder Bremen unterlag in Bielefeld 0:2. Andere spielten sich weiter nach vorn. Der VfB Stuttgart feierte über den Nürnberger Club seinen höchsten Sieg in der Bundesliga (7:0). Die Mönchengladbacher Borussen holten mit 7:1 Punkten aus vier Spielen die Spitzengruppe ein. Fortuna stieß nach einer Serie von 11:1 Punkten auf Rang zwei vor. Vom Platz gestellt wurden Trunk (Nürnberg) und Klotz (Dortmund). Als Zuschauer-Krösus entpuppte sich bis dato der FC Bayern München mit durchschnittlich 37300 Besuchern vor dem VfB Stuttgart (33400).

Uerdingen – Mannheim	1:1 (1:1)
Dortmund – Bochum	1:1 (1:1)
Frankfurt – München	0:0
Hamburg – Köln	2:2 (1:1)
Düsseldorf – Offenbach	5:0 (2:0)
Bielefeld – Bremen	2:0 (1:0)
Leverkusen – Braunschweig	3:0 (2:0)
Kaiserslautern – M.-Gladbach	0:2 (0:0)
Stuttgart– Nürnberg	7:0 (0:0)

14. Spieltag

Spitzenspiel enttäuscht

Nach dem ausverkauften Münchner Schlagerspiel zog Trainer Udo Lattek das Fazit, »daß es keine absolute Spitzenmannschaft gibt, weder uns noch den HSV«. Das Motto lautete: erstens nicht verlieren, zweitens vielleicht gewinnen. Karl-Heinz Rummenigge schoß neun Minuten vor Schluß das entscheidende Tor zum 1:0-Sieg der Münchner, die zwar den führenden HSV stürzten, aber damit nur den Weg freimachten für den VfB Stuttgart, der in Offenbach 2:1 gewann. Dieses Resultat erzielte auch Borussia Mönchengladbach und rückte auf Rang zwei vor. Am Tabellenende leisteten sich Frankfurter und Offenbacher Gesellschaft. Die Eintracht erkämpfte beim Nürnberger Club ein 0:0, wobei beide Mannschaften so schlechten Fußball boten, daß die Vermutung eines kräftigen Aderlasses für die süddeutschen Mannschaften in der Bundesliga nahelag. Absetzen konnte sich dagegen der 1. FC Kaiserslautern durch den sensationellen 4:1-Sieg in Köln.

Braunschweig – Bielefeld	2:0 (1:0)
Offenbach – Stuttgart	1:2 (1:0)
Nürnberg – Frankfurt	0:0
München – Hamburg	1:0 (0:0)
Köln – Kaiserslautern	1:4 (0:2)
Mönchengladbach – Dortmund	2:1 (2:0)
Bochum – Uerdingen	2:2 (0:1)
Mannheim – Leverkusen	0:3 (0:2)
Bremen – Düsseldorf	2:0 (1:0)

15. Spieltag

Ein Trio vorn

Ein Trio versammelte sich an der Tabellenspitze: VfB Stuttgart, Bayern München, Hamburger SV, je 21:9 Punkte. Alle drei gewannen, wobei der Münchner 1:0-Erfolg in Kaiserslautern überraschte. Auf dem Betzenberg war ihnen seit 1975 kein Sieg mehr beschieden gewesen. Auch Werder Bremen brachte sich in Erinnerung. Beim 8:1-Erfolg über Kickers Offenbach trafen Pezzey und Völler je zweimal. Und auch Fortuna Düsseldorf zeigte sich nicht kleinlich: Zweimal Thiele, Weikl und Ormslev erhöhten gegen Eintracht Braunschweig die stattliche Zahl im Rheinstadion erzielter Tore in der laufenden Bundesligasaison auf 27. Der Nürnberger Club rutschte mit seinem neuen Trainer Rudi Kröner nach 1:9 Punkten auf den drittletzten Platz ab. Es war die 20. Niederlage auswärts in Serie, mit insgesamt 9:62 Toren. In Braunschweig kündigte Geldgeber Günter Mast an, er werde zur Wahl als Präsident der Eintracht kandidieren.

Uerdingen – Mönchengladbach	1:1 (1:0)
Hamburg – Nürnberg	4:0 (2:0)
Frankfurt – Stuttgart	1:3 (1:1)
Bielefeld – Mannheim	1:1 (1:1)
Leverkusen – Bochum	3:0 (0:0)
Dortmund – Köln	0:0
Kaiserslautern – München	0:1 (0:0)
Bremen – Offenbach	8:1 (4:1)
Düsseldorf – Braunschweig	4:0 (1:0)

16. Spieltag

Breitner kehrt zurück

Das Wort zum Advent sprach des 1. FC Nürnbergs Trainer Rudi Kröner. Nach der 3:4-Heimniederlage gegen den 1. FC Kaiserslautern beteuerte er, das Wichtigste sei, den Glauben nicht zu verlieren. Drei Tage später war er seinen Job los. In Braunschweig durfte Trainer Alexander Ristic trotz des 4:4 gegen Kickers Offenbach und einem Rutsch auf Rang 14 bleiben. Aber der neue Präsident Mast setzte ihm einen Aufpasser vor die Nase: Paul Breitner. Der VfB Stuttgart verteidigte die Führung erfolgreich gegen Werder Bremen (3:0), während die Münchner Bayern weiter mit Toren geizten. Den Siegestreffer gegen Borussia Dortmund erzielte Sören Lerby. Der Dortmunder Teamkapitän Rolf Rüßmann klagte: »Wenn man unten steht, bricht man sich den Finger beim Nasebohren«, und trauerte vielen verpaßten Chancen nach. Das tat auch Eintracht Frankfurts Trainer Dietrich Weise nach dem überraschenden 0:0 gegen den Hamburger SV.

Bochum – Bielefeld	2:3 (2:1)
Mannheim – Düsseldorf	1:1 (1:1)
Braunschweig – Offenbach	4:4 (3:2)
Frankfurt – Hamburg	0:0
Nürnberg – Kaiserslautern	3:4 (0:2)
München – Dortmund	1:0 (0:0)
Köln – Uerdingen	3:0 (0:0)
M.-Gladbach – Leverkusen	3:1 (1:0)
Stuttgart – Bremen	3:0 (0:0)

17. Spieltag

Magere Halbzeitbilanz

Zur selben Zeit, da die Münchner Bayern in London gegen Tottenham Hotspur aus dem UEFA-Cup purzelten, sicherte sich der VfB Stuttgart mit einem 2:0-Sieg in Hamburg die sogenannte Herbstmeisterschaft. Corneliusson und Allgöwer zeichneten sich vor 38 000 Zuschauern als Torschützen aus. Am Samstag durften sich die Schwaben zum Vorsprung in Toren auch über einen Punkt Vorteil gegenüber den Münchner Bayern freuen. Die kickten in Uerdingen bloß 1:1, und Rummenigge I erlitt eine Fußverletzung. Auch andere Verfolger büßten je einen Zähler ein: Fortuna Düsseldorf und Borussia Mönchengladbach. Die Halbzeitbilanz: Mehr Tore im Durchschnitt (3,43), mehr Elfmeter (48), mehr gelbe (409) und mehr rote Karten (12), aber so wenig Zuschauer wie schon seit einem Jahrzehnt nicht mehr (20 650). Ohne Bayern München (39 375), den VfB Stuttgart (32 825) und Neuling SVW Mannheim (26 770) hätte es noch schlimmer ausgesehen.

Hamburg – Stuttgart	0:2 (0:0)
Offenbach – Mannheim	0:2 (0:1)
Düsseldorf – Bochum	1:1 (0:0)
Bielefeld – Mönchengladbach	2:2 (1:0)
Leverkusen – Köln	2:1 (1:1)
Uerdingen – München	1:1 (1:0)
Dortmund – Nürnberg	3:1 (0:0)
Kaiserslautern – Frankfurt	1:0 (1:0)
Bremen – Braunschweig	4:0 (3:0)

18. Spieltag

Boom in Düsseldorf

Mit zwei Treffern gegen Bayer Leverkusen schoß Karl-Heinz Rummenigge beim Start ins Jahr 1984 Bayern München an die Spitze der Tabelle und sich selbst in der Rangliste der Torjäger ganz nach vorn: Rummenigge zwölf Tore, Schatzschneider und Waas je elf. Schatzschneider traf zum 2:0 für den Hamburger SV in Kaiserslautern. Leer ging der VfB Stuttgart in Braunschweig aus und fiel auf Rang zwei zurück. Fortuna Düsseldorf ließ den Mönchengladbacher Borussen keine Chance. Den 4:1-Sieg sahen 60 000 Zuschauer, die rund 900 000 Mark zahlten. Fortuna hatte für die gesamte Saison nur mit 2,4 Millionen Mark Einnahmen gerechnet. Am Tabellenende verschaffte sich Borussia Dortmund Luft durch einen 2:0-Sieg über Eintracht Frankfurt. Das süddeutsche Schlußtrio lag schon klar zurück. In Nürnberg mußte ein Spender die Gehälter vorschießen – Sorgen von Abstiegsgefährdeten.

Bielefeld – Köln	1:2 (0:1)
Leverkusen – München	1:5 (0:1)
Braunschweig – Stuttgart	1:0 (0:0)
Dortmund – Frankfurt	2:0 (0:0)
Kaiserslautern – Hamburg	0:2 (0:1)
Bremen – Mannheim	5:0 (1:0)
Offenbach – Bochum	2:2 (1:0)
Uerdingen – Nürnberg	1:0 (1:0)
Düsseldorf – Mönchengladbach	4:1 (4:0)

19. Spieltag

HSV raus aus der Krise

Mit dem wieder gesunden Außenverteidiger Manfred Kaltz kehrte beim Hamburger SV der Erfolg zurück. Von seinen Flanken und Eckstößen profitierte die ganze Mannschaft. 7:2 gewann der HSV gegen Borussia Dortmund. Mittelstürmer Dieter Schatzschneider allerdings ging leer aus. Die Münchner Bayern verteidigten die Führung erfolgreich mit einem 3:1-Heimsieg über Arminia Bielefeld, wobei die Rummenigge-Brüder Michael (2) und Karl-Heinz die Tore schossen. Der VfB Stuttgart zeigte sich erholt und fertigte den 1. FC Kaiserslautern 5:1 ab, mit ausländischer Hilfe: Dreimal traf der Schwede Corneliusson, einmal der Isländer Sigurvinsson. Bei winterlichen Temperaturen wurden in Bochum (19 000) die meisten Zuschauer gezählt, die ein 3:3 gegen Werder Bremen sahen. Bis zur 75. Minute lag Werder 0:3 zurück, ehe Zugcic mit einem Eigentor die Wende einleitete.

Mannheim – Braunschweig	2:2 (1:0)
Mönchengladbach – Offenbach	3:2 (2:0)
Köln – Düsseldorf	1:0 (0:0)
München – Bielefeld	3:1 (2:0)
Nürnberg – Leverkusen	2:3 (0:1)
Frankfurt – Uerdingen	2:2 (2:0)
Hamburg – Dortmund	7:2 (2:1)
Stuttgart – Kaiserslautern	5:1 (2:0)
Bochum – Bremen	3:3 (2:0)

20. Spieltag

Führungswechsel

Seinen Ruf als Mannschaft der zweiten Halbzeit bestätigte der VfB Stuttgart im Ludwigshafener Südweststadion. Corneliusson und Reichert glichen die 2:0-Führung des SVW Mannheim aus, und dieser eine Punkt genügte zum Sprung an die Tabellenspitze, gleichauf mit dem FC Bayern, aber mit dem besseren Torverhältnis. 60 000 Zuschauer sahen in Düsseldorf einen 4:1-Sieg ihrer Fortuna über die Münchner. »Mit Herz und Leidenschaft« haben die gekämpft, urteilte ihr Trainer Willibert Kremer. Die Torschützen: Dusend, Thiele, Edvaldsson, ein Eigentor von Nachtweih, das Ehrentor von Dürnberger. Auf Platz drei rückte Werder Bremen vor, dank des 2:0-Siegs über Borussiua Mönchengladbach. Der Hamburger SV fuhr mit leeren Händen aus Krefeld heim, nach der 1:3-Niederlage gegen Bayer Uerdingen. Es war ein magerer Tag überhaupt für die reisenden Mannschaften, die nur zwei Punkte sammelten.

Düsseldorf – München	4:1 (3:0)
Mannheim – Stuttgart	2:2 (2:0)
Uerdingen – Hamburg	3:1 (1:0)
Leverkusen – Frankfurt	2:2 (2:0)
Bielefeld – Nürnberg	1:0 (1:0)
Offenbach – Köln	2:0 (0:0)
Bremen – Mönchengladbach	2:0 (0:0)
Braunschweig – Bochum	3:1 (1:0)
Dortmund – Kaiserslautern	1:0 (1:0)

21. Spieltag

Wintersport im Stadion

Die Hamburger haben's mal andersrum probiert. Statt sich nach der Pleite gegen Bayer Uerdingen wieder anzugiften, haben sie sich zum »Kameradschaftsabend« zusammengesetzt, was sogar den zuletzt erfolglos gewesenen Dieter Schatzschneider zu einem Tor ermunterte. Es war der dritte Treffer zum 3:0-Sieg über Bayer Leverkusen, vor nur 14000 Zuschauern. Doch vorne blieben die schwäbischen Himmelstürmer vom VfB Stuttgart, gut verstärkt durch Sigurvinsson und Corneliusson. Werder Bremen mischte zehn Kölner im Müngersdorfer Stadion 4:1 auf, da Engels schon nach einer Viertelstunde wegen Beleidigung von Schiedsrichter Neuber des Feldes verwiesen worden war. An diesem bitterkalten Wochenende fiel das Spiel Bayern München – Kickers Offenbach aus, weil der beheizte Rasen zwar zum Kicken einlud, die vereisten Kaltschalen für die Besucher aber nicht zum Sitzen, und rundum war's glatt.

M.-Gladbach – Braunschweig	6:2 (1:0)
München – Offenbach	9:0 (5:0)
Nürnberg – Düsseldorf	2:1 (1:1)
Frankfurt – Bielefeld	1:1 (0:1)
Hamburg – Leverkusen	3:0 (2:0)
Kaiserslautern – Uerdingen	5:2 (3:1)
Stuttgart – Dortmund	3:1 (2:0)
Bochum – Mannheim	1:0 (0:0)
Köln – Bremen	1:4 (0:1)

22. Spieltag (Ostern)

Der Bayern-Sturz

Weil Bundestrainer Jupp Derwall unbedingt zur EM-Vorbereitung nach Bulgarien wollte, mußte der 22. Spieltag auf Ostern verlegt werden. Karl-Heinz Rummenigge war gegen die Reise gewesen, als hätte er was geahnt. Im Bremer Weserstadion fehlten den Münchner Bayern Torhüter Pfaff, verletzt im Länderspiel der Belgier gegen Polen, und Libero Augenthaler, mit lädierter Schulter aus Nürnberg heimgekehrt. Werder führte 2:0 durch Tore von Völler und Sidka, die Brüder Rummenigge glichen aus, doch der für den humpelnden Völler eingewechselte Neubarth erzwang den 3:2-Siegestreffer. Das kostete die Münchner den Spitzenplatz, denn das konkurrierende Trio gewann samt und sonders seine Auswärtsspiele. Andreas Müllers Tor in Bochum bescherte dem VfB Stuttgart die Tabellenführung. Der Hamburger SV und Borussia Mönchengladbach zogen mit dem FC Bayern gleich.

Bielefeld – Hamburg	0:1 (0:0)
Düsseldorf – Frankfurt	4:2 (2:0)
Offenbach – Nürnberg	3:1 (1:0)
Bremen – München	3:2 (2:0)
Braunschweig – Köln	2:2 (2:0)
Mannheim – Mönchengladbach	2:3 (1:1)
Uerdingen – Dortmund	2:1 (1:0)
Leverkusen – Kaiserslautern	2:0 (1:0)
Bochum – Stuttgart	0:1 (0:1)

23. Spieltag

Hoeneß im Torrausch

Mühsam plagten sich die Münchner Bayern gegen Eintracht Braunschweig und zehrten von Karl-Heinz Rummenigges Tor, als Dieter Hoeneß plötzlich zu- und alle Rekorde schlug. Binnen 21 Minuten traf der Mittelstürmer fünfmal ins Netz, was in so kurzer Zeit nicht einmal seinem legendären Vorgänger Gerd Müller gelungen war. Da konnte ihm egal sein, daß sein ehemaliger Mannschaftskapitän Paul Breitner von einem »armseligen Spiel« sprach. Die Münchner zogen mit dem Tabellenführer VfB Stuttgart gleich, den der Winter zu einer Pause zwang, aber nicht zum Abdanken, obwohl auch Verfolger Hamburger SV kräftig zulangte: 5:2 gegen Fortuna Düsseldorf – und das ohne Schatzschneider, Hieronymus, von Heesen und Rolff. Werder Bremen dagegen stolperte in Nürnberg; Trunk brachte endlich dem Club ein Erfolgserlebnis, aber er blieb Tabellenletzter. Den zehnten Heimsieg in Serie meldete Borussia Mönchengladbach.

München – Braunschweig	6:0 (1:0)
Frankfurt – Offenbach	3:0 (1:0)
Hamburg – Düsseldorf	5:2 (3:1)
Kaiserslautern – Bielefeld	6:0 (1:0)
Dortmund – Leverkusen	3:0 (3:0)
Stuttgart – Uerdingen	4:0 (2:0)
Mönchengladbach – Bochum	4:2 (1:2)
Köln – Mannheim	2:0 (1:0)
Nürnberg – Bremen	2:0 (1:0)

24. Spieltag

Wieder ein Wechsel

Im Schneegestöber verlor der VfB Stuttgart auf dem Mönchengladbacher Bökelberg Spiel und Tabellenführung. Zwar scheiterte Borussias Libero Wilfried Hannes beim Strafstoß an Roleder und mußte später mit gebrochenem Arm vom Platz, doch Bruns und Mills schossen den 2:0-Sieg heraus. An die Spitze stieß der Hamburger SV vor, dank des 4:0-Erfolgs in Offenbach, aber nur, weil die Münchner Bayern mit einem Spiel im Rückstand lagen. Denn die standen – trotz des kümmerlichen 0:0 in Ludwigshafen gegen SVW Mannheim – um einen Minuspunkt günstiger da. Karl-Heinz Rummenigge vergab die besten Chancen. Anderntags verkündete er seinen Entschluß, zu Inter Mailand zu wechseln.

Am Tabellenende orientierte sich Eintracht Frankfurt in Bremen mit einem 3:2-Sieg nach oben. Den Mannschaften von Kickers Offenbach und dem 1. FC Nürnberg fehlten jetzt schon drei Punkte zum drittletzten Platz.

Offenbach – Hamburg	0:4 (0:2)
Bremen – Frankfurt	2:3 (1:2)
Braunschweig – Nürnberg	1:0 (0:0)
Mannheim – München	0:0
Bochum – Köln	2:3 (0:0)
Leverkusen – Uerdingen	3:1 (2:1)
Bielefeld – Dortmund	0:0
Düsseldorf – Kaiserslautern	1:5 (0:2)
Mönchengladbach – Stuttgart	2:0 (0:0)

25. Spieltag

Münchner Doppelschlag

Mit 4:0 Punkten und 14:1 Toren binnen einer Woche aus Heimsiegen über Kickers Offenbach (9:0) und VfL Bochum (5:1) katapultierten sich die Münchner Bayern wieder an die Tabellenspitze. Karl-Heinz Rummenigge, der am Sonntag zuvor seinen Wechsel zu Inter Mailand bestätigt hatte, spielte wie befreit auf und schoß sich mit insgesamt fünf Treffern auf Platz eins der Torjäger-Rangliste. Der Hamburger SV schlug Werder Bremen 4:0, das zunächst aus dem Kreis der Titelanwärter herausfiel. In diesem hielt sich der VfB Stuttgart, trotz des Punktverlusts (2:2) gegen Bayer Leverkusen, und die Mönchengladbacher Borussen, die ohne Mill (gesperrt) und Hannes (verletzt) in Köln 2:1 gewannen. Das Siegestor erzielte Aushilfs-Angreifer Uwe Rahn. Einen herben Rückschlag erlitt die Frankfurter Eintracht durch die 1:2-Heimniederlage gegen Eintracht Braunschweig. Kickers Offenbach entließ Trainer Lothar Buchmann.

Stuttgart – Leverkusen	2:2 (1:0)
Kaiserslautern – Offenbach	1:1 (0:0)
Uerdingen – Bielefeld	1:3 (1:0)
Frankfurt – Braunschweig	1:2 (1:0)
Dortmund – Düsseldorf	6:0 (0:0)
Köln – Mönchengladbach	1:2 (1:0)
Nürnberg – Mannheim	0:0
Hamburg – Bremen	4:0 (2:0)
München – Bochum	5:1 (4:0)

26. Spieltag

Gladbachs Triumph

Als Geldprotz titulierte Borussia Mönchengladbachs Manager Helmut Grashoff seinen Münchner Kollegen, der den anderen als Preistreiber brandmarkte. Der Streit hatte sich an Mittelfeldspieler Lothar Matthäus entzündet, der nach dem Schlagerspiel auf dem ausverkauften Bökelberg seinen Wechsel nach München bekanntgab. Im Endspurt schlug die Borussia dreimal zu. Zweimal Mill und Criens bezwangen Torhüter Pfaff, nachdem der kranke Karl-Heinz Rummenigge in der Halbzeit aufgegeben hatte. Trotz der 0:3-Niederlage behauptete sich Bayern München an der Tabellenspitze, allerdings punktgleich mit dem Hamburger SV und Borussia Mönchengladbach. Einen Punkt zurück folgte der VfB Stuttgart, der in Köln einen 0:2-Rückstand aufgeholt hatte. Sechs Unentschieden wurden gezählt und nur 18 Tore. Der Nürnberger Club meldete einen Rekord: Die 25. Auswärtsniederlage in Serie.

Braunschweig – Hamburg	0:0
Bremen – Kaiserslautern	1:1 (1:1)
Düsseldorf – Uerdingen	1:1 (1:0)
Offenbach – Dortmund	0:0
Köln – Stuttgart	2:2 (2:1)
Bielefeld – Leverkusen	3:0 (0:0)
Bochum – Nürnberg	2:0 (0:0)
Mönchengladbach – München	3:0 (0:0)
Mannheim – Frankfurt	1:1 (0:0)

27. Spieltag

»Schlappis« großer Tag

Als Fritz Walter sein zweites Tor gegen den Hamburger SV geschossen hatte, klebte sich Trainer Klaus Schlappner einen HSV-Aufkleber an den Hut. Den warf er nach dem 3:1-Sieg seines SVW Mannheim in die Menge, die das Volksparkstadion enttäuscht verließ. Zur selben Zeit drohte den Münchner Fans das gleiche Schicksal. Der FC Bayern lag nach Treffern von Engels und Littbarski gegen den 1. FC Köln 0:2 zurück. Erst als Grobe statt Nachtweih den brillanten Klaus Allofs bewachte, ging es andersrum. Karl-Heinz Rummenigge, Nachtweih und zweimal der eingewechselte Mathy schossen den 4:2-Sieg heraus und verteidigten die Tabellenführung erfolgreich vor den in Nürnberg 3:1 siegreichen punktgleichen Mönchengladbacher Borussen. Auch Verfolger VfB Stuttgart gewann, nämlich 1:0 gegen Arminia Bielefeld. Abends fragte das ZDF tausend Zuschauer nach dem vermutlichen Meister. Das Resultat: 42,2 Prozent Bayern München.

Kaiserslautern – Braunschweig	3:1 (2:0)
Uerdingen – Offenbach	4:2 (2:1)
Leverkusen – Düsseldorf	2:0 (1:0)
Stuttgart – Bielefeld	1:0 (0:0)
München – Köln	4:2 (0:2)
Nürnberg – Mönchengladbach	1:3 (0:1)
Frankfurt – Bochum	1:0 (0:0)
Hamburg – Mannheim	2:3 (0:1)
Dortmund – Bremen	2:3 (2:1)

28. Spieltag

Alles unentschieden

Vorentscheidungen im Kampf um den Titel sind ausgeblieben. Alle drei Spiele, an denen Kandidaten beteiligt gewesen sind, endeten unentschieden. Pech und Glück widerfuhr Borussia Mönchengladbach. Eintracht Frankfurt führte auf dem Bökelberg bis zur 88. Minute 1:0, weil Matthäus beim Strafstoß an Torhüter Pahl gescheitert war. Lienen rettete zwei Minuten vor Schluß mit seinem Treffer einen Punkt. Das gelang Wuttke für den Hamburger SV in Bochum und Sigurvinsson für den VfB Stuttgart beim süddeutschen Schlagerspiel im Münchner Olympiastadion. Dort wurde mit harten Bandagen gekämpft. Karl-Heinz Rummenigge stieß mit VfB-Torhüter Roleder zusammen, der eine Nierenprellung erlitt und durch Jäger ersetzt werden mußte. Der Stuttgarter Makan humpelte mit einer Sprunggelenkprellung ebenso vorzeitig vom Feld wie der knieverletzte Münchner Beierlorzer. Grobe erzielte beide Tore für den FC Bayern.

Bochum – Hamburg	1:1 (1:0)
Mönchengladbach – Frankfurt	1:1 (0:0)
Köln – Nürnberg	3:1 (0:0)
Düsseldorf – Bielefeld	0:0
Offenbach – Leverkusen	0:2 (0:2)
Bremen – Uerdingen	5:2 (0:2)
Braunschweig – Dortmund	5:0 (1:0)
Mannheim – Kaiserslautern	2:0 (1:0)
München – Stuttgart	2:2 (1:1)

29. Spieltag

Ärger in Hamburg

Ärger gab es in Hamburg schon vor dem Schlagerspiel gegen die Mönchengladbacher Borussen, weil als Schiedsrichter Aaron Schmidhuber aus Ottobrunn bei München anrückte, aus der Nähe des Konkurrenten FC Bayern also. Borussia führte durch ein Tor von Mill bis zur 64. Minute. Das glich Wuttke aus, und Schatzschneider sicherte vor 60 000 Zuschauern vier Minuten später den 2:1-Sieg. Die Schwaben hatten schon am Abend zuvor 6:0 gegen Fortuna Düsseldorf gewonnen, wobei Ersatztorhüter Jäger meist unbehelligt blieb. Die Tabellenführung jedoch verteidigten die Münchner Bayern wieder einmal erfolgreich, obwohl erneut klar zurückliegend, zuerst 0:2, dann bei Halbzeit immer noch 1:2. Doch wie schon in der Vorrunde erging es dem Nürnberger Club auch diesmal. Es reichte nicht zum Sieg, den erneut der eingewechselte Mathy (2) und Nachtweih für die Münchner sicherten.

Uerdingen – Braunschweig	4:0 (3:0)
Bielefeld – Offenbach	3:1 (0:1)
Stuttgart – Düsseldorf	6:0 (3:0)
Nürnberg – München	2:4 (2:1)
Frankfurt – Köln	0:2 (0:0)
Hamburg – Mönchengladbach	2:1 (0:1)
Kaiserslautern – Bochm	2:0 (0:0)
Dortmund – Mannheim	4:1 (1:0)
Leverkusen – Bremen	0:0

30. Spieltag

Offenbacher Rettung?

Reif sei seine Borussia noch nicht für den Titel, hat der Mönchengladbacher Trainer Jupp Heynckes nach Frontzecks nicht mehr erwartetem Treffer zum 3:2-Sieg über den 1. FC Kaiserslautern versichert. Klarer gewonnen haben die anderen drei Titelkandidaten: Der Hamburger SV in Köln, Bayern München gegen die Frankfurter Eintracht, Tabellenführer VfB Stuttgart am höchsten, mit 6:0 Toren in Nürnberg. Club-Trainer Höher zog Vergleiche: »Der FC Bayern hat uns niedergekämpft, der VfB Stuttgart hat uns gezeigt, wie man guten Fußball spielt.« Sein HSV-Kollege fand: »Es war noch nie so leicht, Meister zu werden.«

Die Offenbacher Kickers wehrten sich kräftig gegen den Abstieg und beschleunigten mit einem 5:1-Sieg die Talfahrt der Düsseldorfer Fortunen. In Gefahr geriet auch noch SVW Mannheim, das sich eine 1:4-Heimniederlage gegen Bayer Uerdingen leistete.

Köln – Hamburg	1:4 (0:2)
München – Frankfurt	3:0 (2:0)
Offenbach – Düsseldorf	5:1 (2:0)
Bremen – Bielefeld	3:0 (1:0)
Braunschweig – Leverkusen	0:0
Mannheim – Uerdingen	1:4 (0:1)
Bochum – Dortmund	2:2 (2:0)
M.-Gladbach – Kaiserslautern	3:2 (1:0)
Nürnberg – Stuttgart	0:6 (0:3)

31. Spieltag

Zwei bleiben übrig

Im Endspurt um den Titel ist den Münchner Bayern und der Mönchengladbacher Borussia kurz vor dem Ziel die Puste ausgegangen. Der Kampf reduzierte sich auf ein Duell zwischen dem VfB Stuttgart, der am Freitagabend den Absteiger Kickers Offenbach 5:1 abfertigte, und Titelverteidiger Hamburger SV, der den FC Bayern 2:1 besiegte. Die Münchner lagen bei Halbzeit 0:2 zurück durch Tore von Hartwig und einen Elfmeter von Kaltz und bissen später bei Torhüter Stein auf Granit. Lediglich der eingewechselte Dieter Hoeneß traf per Kopfball. »Ich kann doch nichts dafür, wenn die Dinger nicht reingehen«, klagte Karl-Heinz Rummenigge, nachdem im ausverkauften Volksparkstadion alle Hoffnungen geschwunden waren. Auch Borussia Mönchengladbach mit dem 5:4-Pokalsieg über Werder Bremen, blieb auf der Strecke: 1:4 in Dortmund. VfL Bochum und SVW Mannheim entledigten sich durch Auswärtssiege aller Abstiegssorgen.

Bielefeld – Braunschweig	0:0
Stuttgart – Offenbach	5:1 (3:0)
Frankfurt – Nürnberg	3:1 (1:0)
Hamburg – München	2:1 (2:0)
Kaiserslautern – Köln	2:2 (0:0)
Dortmund – Mönchengladbach	4:1 (1:1)
Uerdingen – Bochum	1:2 (0:1)
Leverkusen – Mannheim	0:1 (0:1)
Düsseldorf – Bremen	3:4 (1:1)

32. Spieltag

Wieder spannend

Samstags um fünf war die Fußballwelt noch in Ordnung. Spitzenreiter VfB Stuttgart führte gegen Eintracht Frankfurt 2:0 durch Tore von Reichert und Allgöwer. Da gelang, fünf Minuten vor Schluß, Berthold das 2:1 und im letzten Augenblick dem eingewechselten Uwe Müller auch noch der Ausgleich zum 2:2. Ein Punkt war futsch, und die Konkurrenz jubelte: FC Bayern München als 5:2-Sieger über den 1. FC Kaiserslauten, der Hamburger SV als 1:6-Gewinner in Nürnberg, Borussia Mönchengladbach nach dem 7:1-Erfolg über Bayer Uerdingen. »Dieses Unentschieden hat eindeutig psychische Ursachen«, diagnostizierte VfB-Trainer Benthaus. Seine Mannschaft war kurz vor dem Titelgewinn nervös geworden. Die letzten Hoffnungen auf den Klassenerhalt hatte Kickers Offenbach schon am Freitagabend fahren lassen: zuerst 3:2-Führung, dann 3:7 Niederlage gegen Werder Bremen. Die Eisheiligen sorgten mit Kälte für schlechten Besuch: Nur 132 000 Zuschauer.

Nürnberg – Hamburg	1:6 (1:3)
Stuttgart – Frankfurt	2:2 (2:0)
Braunschweig – Düsseldorf	4:1 (3:0)
Mannheim – Bielefeld	0:2 (0:0)
Bochum – Leverkusen	2:1 (1:0)
Mönchengladbach – Uerdingen	7:1 (2:0)
Köln – Dortmund	5:2 (0:2)
München – Kaiserslautern	5:2 (2:2)
Offenbach – Bremen	3:7 (1:2)

33. Spieltag

Die Entscheidung

Als Champagner fällig war, ist keiner dagewesen. Werder Bremens Manager Lemke hat schnell ein paar Flaschen Sekt der unteren Preiskategorie besorgen lassen für den neuen Meister VfB Stuttgart, der 2:1 gewonnen hatte im Weserstadion, durch Treffer von Sigurvinsson und Ohlicher. Titelverteidiger Hamburger SV verlor gleichzeitig mit 0:2 Toren im Volksparkstadion gegen Eintracht Frankfurt. Die letzte Chance, am Ende lachender Dritter zu sein, hat den Münchner Bayern in Dortmund der Türke Keser geraubt, durch seinen Ausgleich zum 1:1. Die Hoffnungen auf internationale Präsentation im UEFA-Cup begrub Bayer Leverkusen, das Borussia Mönchengladbach 1:2 unterlag. Ausgelacht wurde dabei Torhüter Vollborn, der einen Pfiff des Schiedsrichters gehört zu haben glaubte, den Ball irrtümlich zum Freistoß auf den Rasen legte und erstaunt zusah, wie Matthäus ihn zum Siegestreffer ins Netz stupste.

Offenbach – Braunschweig	1:2 (0:1)
Hamburg – Frankfurt	0:2 (0:1)
Kaiserslautern – Nürnberg	4:2 (2:1)
Dortmund – München	1:1 (0:0)
Uerdingen – Köln	4:6 (0:3)
Leverkusen – M.-Gladbach	1:2 (0:1)
Bielefeld – Bochum	2:1 (0:0)
Düsseldorf – Mannheim	1:2 (1:0)
Bremen – Stuttgart	1:2 (0:0)

34. Spieltag

Das Finale

5:0 hätte der Hamburger SV im Stuttgarter Neckarstadion gewinnen müssen, um seinen Titel doch noch erfolgreich zu verteidigen. Daran war nicht zu denken. Vor 70000 Zuschauern siegte der HSV zwar 1:0 durch einen Treffer von Milewski, doch die Meisterschale durfte VfB-Kapitän Karl-Heinz Föster in Empfang nehmen. Die Hamburger belegten dank dieses Erfolgs Platz zwei, vor Borussia Mönchengladbach und den Münchner Bayern, so daß sich die Reihenfolge an der Spitze nicht mehr veränderte. Der Frankfurter Eintracht nützte der 3:0-Sieg über den 1. FC Kaiserslautern nichts mehr. Da auch VfL Bochum gewann, und zwar gleich 6:1 gegen die arg gebeutelten Düsseldorfer Fortunen, mußten die Frankfurter in die Qualifikationsspiele mit dem MSV Duisburg um den Klassenerhalt. Bayer Leverkusens Bittorf wurde als 21. Sünder der Saison vom Platz gewiesen, weil er zu Schiedsrichter Risse gesagt hat: »Du hast 'se nicht mehr alle.«

Stuttgart – Hamburg	0:1 (0:0)
Mannheim – Offenbach	6:1 (2:0)
Bochum – Düsseldorf	6:1 (1:0)
Mönchengladbach – Bielefeld	3:0 (2:0)
Köln – Leverkusen	2:0 (0:0)
München – Uerdingen	3:1 (1:1)
Nürnberg – Dortmund	0:2 (0:0)
Frankfurt – Kaiserslautern	3:0 (0:0)
Braunschweig – Bremen	1:2 (1:1)

Ewige Tabelle der Bundesliga

Verein	Sp.	G.	U.	V.	Tore	Punkte
1. FC Bayern München	646	350	141	155	1341:962	841:451
2. 1. FC Köln	706	332	174	200	1374:820	838:574
3. Hamburger SV	673	294	172	207	1245:1001	760:586
4. Borussia M.-Gladbach	613	289	157	167	1273:871	735:491
5. Eintracht Frankfurt	673	293	141	239	1257:1075	727:619
6. 1. FC Kaiserslautern	673	265	160	248	1116:1127	690:656
7. Werder Bremen	639	249	151	239	1026:1034	649:629
8. VfB Stuttgart	605	254	136	215	1066:942	644:566
9. FC Schalke 04	638	239	141	258	972:1041	619:657
10. MSV Duisburg	638	216	170	252	934:1022	602:674
11. Eintracht Braunschweig	605	214	162	229	816:880	590:620
12. Borussia Dortmund	537	214	124	199	993:927	552:522
13. Hertha BSC Berlin	502	183	129	190	757:813	495:509
14. Fortuna Düsseldorf	443	155	121	167	722:762	431:455
15. VfL Bochum	409	135	108	166	594:658	378:440
16. TSV 1860 München	332	123	80	129	548:521	326:338
17. Hannover 96	370	115	94	161	545:612	324:416
18. 1. FC Nürnberg	333	117	84	132	482:547	318:348
19. Karlsruher SC	332	89	80	163	454:671	258:406
20. Rotweiß Essen	238	61	79	98	346:483	201:275
21. Kickers Offenbach	205	70	46	89	321:386	186:224
22. Arminia Bielefeld	171	53	32	84	215:298	142:200
23. Bayer Leverkusen	137	41	34	62	185:254	116:158
24. Rotweiß Oberhausen	136	36	31	69	182:281	103:169
25. Alemannia Aachen	102	34	21	47	140:200	89:115
26. Wuppertaler SV	102	25	27	50	136:200	77:127
27. Bayer Uerdingen	103	26	21	56	120:212	73:133
28. 1. FC Saarbrücken	98	21	26	51	126:197	68:128
29. Borussia Neunkirchen	98	25	18	55	109:223	68:128
30. SV Darmstadt 98	68	12	18	38	86:157	42:94
31. Tennis Borussia Berlin	68	11	16	41	85:174	38:98
32. SV Waldhof Mannheim	34	10	11	13	45:58	31:37
33. Fortuna Köln	34	8	9	17	46:79	25:43
34. Preußen Münster	30	7	9	14	34:52	23:37
35. FC St. Pauli	34	6	6	22	44:86	18:50
36. Tasmania Berlin	34	2	4	28	15:108	8:60

VfB Stuttgart Meister

32 Jahre lang ist die schwäbische Metropole Stuttgart eine Provinzstadt des Fußballs gewesen. Die Wasen-Kicker vom Neckar mühten sich redlich, zeitweise in der zweite Liga, und 1979 hat es sogar zum Vizemeister gereicht, hinter dem Hamburger SV. Aber trotz Hansi Müller, dem ewigen Talent, und Trainer Jürgen Sundermann, als Wundermann gepriesen, wanderte die Meisterschale zwischen Hamburg und München hin und her, und die wackeren Schwaben hatten das Nachsehen.

Als die Stunde endlich geschlagen hatte, am Samstag, dem 19. Mai um viertel nach fünf im Weserstadion zu Bremen, traf es die Stuttgarter unvorbereitet. Kein Sekt war kühlgestellt, das Ereignis zu begießen, von Champagner ganz zu schweigen. VfB-Geschäftsführer Ulrich Schäfer, dem sein Präsident Gerhard Mayer-Vorfelder in echt schwäbischer Bescheidenheit die Berufsbezeichnung Manager verweigert, rannte in seiner Not zu seinem Bremer Kollegen Willi Lemke, welcher umgehend die Hausmarke orderte; besseres war in der Eile nicht aufzutreiben. Und es wird berichtet, die neuen Meister hätten eine einzige leere Flasche zurückgelassen. Haben sie ihr Glück noch nicht fassen können?

Es ist in Bremen unerwartet über sie hereingebrochen. Zwar haben sie Werder 2:1 geschlagen, dank eines Treffers des 34jährigen Hermann Ohlicher. Aber wer hatte schon ahnen können, daß gleichzeitig die Frankfurter Eintracht sich als Königsmacher betätigen und den HSV 2:0 aufs Kreuz legen würde im Hamburger Volksparkstadion? »Ich werde zum Dank den Frankfurtern eine Kiste Champagner schicken«, versprach spontan VfB-Trainer Helmut Benthaus.

Der ist ein Mann der leisen Töne, wirkt kühl, beherrscht, eine Mischung zwischen Studiendirektor und Managertyp, mit Aktenköfferchen statt Sporttasche, Anzug statt Trainingsklamotten. In Bremen ist das alles von ihm abgefallen. Wie von der Tarantel gestochen rannte Benthaus aufs Spielfeld, über die Kabel des Fernsehens stolpernd, verschwand in einem Knäuel sich umarmender Spieler.

Später scheinen die Stuttgarter erschrocken gewesen zu sein über die eigene Courage. Denn eine Minimalchance war dem Hamburger

SV noch geblieben, den Titel erfolgreich zu verteidigen, mit einem 5:0-Sieg im ausverkauften Stuttgarter Neckarstadion. Wunder gibt es zwar immer wieder, aber solche selten. Das hat jedoch die VfB-Fußballer nicht davon abgehalten, in der Woche vor dem Finale noch einmal so zu tun, als ginge es dabei tatsächlich um die Wurst, in die sie längst hineingebissen hatten.

»Über die Meisterschaft sag' ich nichts«, versicherte Teamkapitän Karl-Heinz Förster in Zürich, wo sich gleich vier VfB-Mannen um Bundestrainer Jupp Derwall versammelt hatten beim Länderspiel gegen Italien. »So, der Karl-Heinz sagt nix. Ha, dann wird des wohl au für mi gelte.« So Torhüter Helmut Roleder, ein treuer Gefolgsmann. Guido Buchwald, der lange Mittelfeldspieler (1,86 m), hat bloß den Kopf geschüttelt.

Karl-Heinz Förster hat diese übervorsichtige Haltung zu erklären versucht: »Wir sind eine Mannschaft, die nach außen hin ruhig ist und keine großen Töne spuckt. Wir sind nicht die Typen, die sich hinstellen und sagen: So, jetzt sind wir Meister.«

Sein älterer Bruder Bernd hat als einziger nichts gehalten von dem Versteckspiel. Nichts passiere mehr, und es dürfe auch nichts mehr geschehen. »Wenn es wieder nicht geklappt hätte, hätte das einen Riß gegeben, der nicht mehr zu kitten gewesen wäre, in der Mannschaft, im Verein und beim Publikum.«

Es ist nichts mehr passiert, außer, daß die Mannschaft des VfB Stuttgart im letzten Spiel die erste Heimniederlage der Saison eingefangen hat gegen den Hamburger SV, für den Milewski fünf Minuten vor Schluß den Siegestreffer erzielte, ehe 67 000 Zuschauer ihre Kicker als Meister feierten. Rund 3000 Schlachtenbummler klatschten den Hamburgern Beifall, und die Fußballer aus dem Norden verabschiedeten sich artig winkend: als Sieger des Tages, als Verlierer der Meisterschaft. Mittelstürmer Dieter Schatzschneider hatte sein Trikot ausgezogen und um den Hals geschlungen. Ein symbolischer Striptease. Er wechselte zu Schalke 04.

Nicht jeder hat das ruhmlose Ende der Saison verkraftet. Felix Magath, der Unglückliche, hielt die silberne DFB-Nadel als bescheidene Auszeichnung für die zweiten Sieger achtlos in der Hand. Was über seine Lippen kam, klang abfällig. Der VfB Stuttgart sei »etwas unverdient« Meister geworden. Weshalb? »Die Stuttgarter sind eine typische Kontermannschaft und können nicht selbst das Spiel machen.«

Wie das, wo doch Bundestrainer Derwall den Mittelfeld-Dirigenten Asgeir Sigurvinsson sofort für seine Auswahl reklamieren würde, wäre der nicht zufällig Isländer? Sigurvinsson, dessen Vorname Speer der Götter bedeutet, ist in Stuttgart groß herausgekommen und hat den VfB groß gemacht. In Lüttich bei Standard ein Star, in München bei den Bayern Paul Breitners Laufbursche. Ein Fehler sei es gewesen, den ziehen zu lassen, hat Trainer Udo Lattek eingestanden. Und was für einer! »Als es mit mir bei Bayern nicht klappte, hätte ich von Deutschland weggehen können«, erinnerte sich Sigurvinsson. »Aber ich wollte mir beweisen: Du kannst es in der Bundesliga schaffen.« Er hat es sich und allen anderen gezeigt, was er für ein Kerl ist. Seine Landsleute durften den großen Tag live miterleben. Das isländische Fernsehen übertrug das Spiel als einzige Station direkt.

Natürlich, die Niederlage ist ein Wermutstropfen im Freudenbecher gewesen. Karl Allgöwer traf die Querstange des Hamburger Tores, Buchwald köpfelte den Ball gegen den linken Pfosten. Aber am Ende haben sie vor lauter Vorfreude und Glücksgefühl nicht mehr laufen können. »Die Beine waren schwer«, gestand Karl-Heinz Förster. Dann war es vorbei und fing erst richtig an. DFB-Präsident Hermann Neuberger überreichte Förster die Meisterschale, und der verspürte »ein unbeschreibliches Gefühl«. Karl-Heinz Förster ist Europameister gewesen und WM-Zweiter, doch »Deutscher Meister mit dem VfB, das ist das Höchste«.

In Mercedes-Oldtimern sind sie dann zum Rathaus gefahren und haben unterwegs die Route abkürzen müssen, um einigermaßen pünktlich anzukommen; die Fans haben sie immer wieder hoffnungslos eingekeilt. Und Tausende haben auf dem Rathausplatz ausgeharrt bis vier Uhr früh, während ihre Lieblinge drinnen tafelten. Vereinspräsident Mayer-Vorfelder, zugleich baden-württembergischer Kultusminister, mit Seitenblick auf seinen Partei- und Duzfreund Erwin Rommel, den Oberbürgermeister: »Die Stadt hat heute ausnahmsweise mal nicht gespart.« Es gab gefüllten Schweinerücken, Schmorsteak, Tafelspitz, Roastbeef, Salm und Lachs, Truthahn, Medaillons, Krabben und Muscheln und natürlich Trollinger, einen 81er »Stuttgarter Mönchshalde«, aus dem städtischen Weinberg. Zwischen Essen und Trinken sind immer mal wieder ein paar Spieler hinaus auf den Balkon gegangen, um Zwiesprache zu halten mit ihren Verehrern.

Was hat die Mannschaft des VfB Stuttgart ausgezeichnet vor allen anderen in dieser Saison 1983/84? Schließlich sind es letzten Endes nur die sieben mehr erzielten Tore gewesen, die den Ausschlag gegeben haben, obgleich es müßig ist, zu rätseln, ob die Stuttgarter standgehalten hätten, wenn sie am Schlußtag einen Punkt gebraucht hätten oder gar einen Sieg. Trainer Helmut Benthaus hat es auf einen einfachen Nenner gebracht: »Wir sind verdient Meister, weil wir an den meisten Spieltagen an der Spitze gestanden haben.« Das allein macht aber noch keinen Titelträger aus.
Man muß wohl beim VfB Stuttgart hinten anfangen, wenn man ergründen will, weshalb das Team am Ende vorn lag. Meisterschaften würden in der Abwehr gewonnen, hat vor langer Zeit Helenio Herrera behauptet, der bei Inter Mailand den gefürchteten Catenacchio kreierte. »Von hinten her gefestigt« sei die Mannschaft, hat Karl-Heinz Förster erklärt: »Makan, Niedermayer, Schäfer, Buchwald, mein Bruder und ich, wir ergänzen uns gut.« Und wie! 33 Gegentore in 34 Spielen, die wenigsten der gesamten Bundesliga. Das kommt nicht von ungefähr. Die Förster-Brüder und Schäfer erhielten insgesamt 25mal die gelbe Karte gezeigt und mußten jeweils bei zwei Spielen zuschauen. »Ich spiele hart am Mann«, begründet das Karl-Heinz Förster. »Ich könnte auch weiter weg stehen, aber das wäre nicht gut für die Mannschaft.«
Seinen Torhüter Helmut Roleder lobt Benthaus überschwenglich. »Ich würde ihn gegen keinen Torhüter der Welt tauschen.« Höchstens gegen einen gewissen Armin Jäger. Der erlebte seine Feuertaufe beim 2:2 in München, als Karl-Heinz Rummenigge im Luftkampf Roleder so unglücklich traf, daß der eine Nierenprellung erlitt und ins Krankenhaus gebracht wurde. Jäger mußte gleich hinter sich greifen, blieb danach jedoch 489 Minuten lang unbezwungen. Daß ihm die Frankfurter Eintracht danach noch zweimal den Ball ins Netz gesetzt hat zum 2:2 im Neckarstadion, hätte beinahe die Meisterschaft gefährdet, doch haben die Frankfurter dem HSV ja noch übler mitgespielt.
Die Abwehr hat geknausert mit Toren, aber der Angriff ist ähnlich sparsam gewesen, leider, obwohl dort kein Schwabe, sondern ein Schwede das Sagen hat: Dan Corneliusson. Zwölfmal traf er, einmal weniger als Peter Reichert. Von Corneliusson habe man sich schon ein bißchen mehr erwartet, gaben die Försters zu, und Karl-Heinz glaubt, der habe Sprachprobleme: schwäbisch ist nicht einfach.

Das Mittelfeld ist in die Bresche gesprungen. Seine Erfolgsbilanz: 44 von allen 79 Toren. Die Trefflichsten: Sigurvinsson und Allgöwer (je zwölf). Asgeir Sigurvinsson, der Wegbereiter und Vollstrecker; Karl Allgöwer, der Rebell, der Bundestrainer Derwall einen Korb gegeben hat. »Sigi ist nicht der große Spielmacher, der glänzen will«, lobte Karl-Heinz Förster den athletischen Sigurvinsson. »Der macht auch Dreckarbeit.« Und einen, der im schmutzigen Trikot den Schlußpfiff hört, wie er selbst, hat sich Förster immer gewünscht; ein Seitenhieb auf Hans Müller, den schönen Hansi, den Rasen-Rastelli, der in Italien leidet.
Nicht zu vergessen jene, die um Sigurvinsson herum gewerkelt haben. Guido Buchwald zum Beispiel, ein Mann mit Bilderbuchkarriere: Bundesliga-Neuling, von den Stuttgarter Kickers gekommen, Stammplatz erkämpft, in die Olympia-Auswahl berufen, drei Tage vor dem Titelgewinn das erste A-Länderspiel, mit zur Europameisterschaft. Oder Kurt Niedermayer, der schon zweimal mit dem FC Bayern München den Titel gewonnen hatte und trotzdem beteuerte, die dritte sei seine schönste Meisterschaft. Und die Reservisten, deren erfolgreichster Andreas Müller gewesen ist, mit fünf Treffern, unter den Augen des Herrn Papa. Der arbeitet als Kameramann fürs Fernsehen.
Ist der VfB Stuttgart überraschend Meister geworden, lachender Dritter beim Zweikampf zwischen Titelverteidiger Hamburger SV und seinem Vorgänger Bayern München? DFB-Präsident Hermann Neuberger hat dies verneint. Ein gefestigtes Team sei das, für das die Vereinsführung ein gutes Umfeld geschaffen habe, mit einem soliden Trainer Benthaus, finanziell geordnet. »Um ruhig und systematisch aufzubauen, braucht man Zeit. Daß Erfolg planbar ist, hat der VfB Stuttgart bewiesen.»
Es hat lange gedauert. Präsident Mayer-Vorfelder hat mitten in der Festtagsfreude daran erinnert, daß er vor neun Jahren sein Amt angetreten habe, als die Mannschaft gerade in die zweite Liga abgestiegen war. Und daß die Entwicklung keineswegs geradlinig verlaufen sei. Im Spieljahr 1977/78, nach dem Wiederaufstieg, hat der VfB durchschnittlich die Traumzahl von 54 000 Zuschauern ins Neckarstadion gelockt. Aber in den Jahren danach ist das Team immer wieder den Beweis schuldig geblieben, im entscheidenden Augenblick die Chance zu nutzen.
Der Grundstein, glaubt Karl-Heinz Förster, sei vor zwei Jahren

Olaf Thon, dreifacher Torschütze beim DFB-Pokalspiel Schalke 04 gegen Bayern München. Sein Ausgleich zum 6:6 führte zum Wiederholungsspiel.

Fichtel versetzt, Burdenski geschlagen. Criens von Borussia Mönchenglad-

bach erzielte im DFB-Pokal-Halbfinale das 5:4 gegen Werder Bremen.

Beim entscheidenden Elfmeterschießen um den DFB-Pokal versagte zunächst Lothar Matthäus (oben), der gleich den ersten Strafstoß verschoß, und dann auch noch sein Vereinskamerad Norbert Ringels, der das Gehäuse von Bayern-Torwart Jean-Marie Pfaff ebenfalls verfehlte.

Trainer Udo Lattek und sein Kapitän Karl-Heinz Rummenigge mit dem begehrten »Pott«. Im ausverkauften Frankfurter Waldstadion verließ die Bayern nicht das Glück der Tüchtigen. Mit 8:7 gewannen sie das Elfmeterschießen und den DFB-Vereinspokal.

Duell der »Blondschöpfe«: Karl-Heinz Rummenigge und Hans-Günter Bruns.

erdgas

Die Brüder Rummenigge fallen sich überglücklich in die Arme: Souverän hat der »Kleine« den letzten Strafstoß im DFB-Vereinspokalspiel verwandelt.

gelegt worden, als Asgeir Sigurvinsson und Kurt Niedermayer von der Isar an den Neckar zogen und ein neuer Trainer kam: Helmut Benthaus, nach 17 Jahren beim FC Basel, den er siebenmal zur Meisterschaft und zweimal zum Cupsieg geführt hatte. Die Kollegenschaft belächelte, bespöttelte ihn. Ein Frührentner müsse das sein, der sich in jungen Jahren zufriedengegeben habe mit Schweizer Fußball, nach aktiven Jahren bei Westfalia Herne, 1860 München und in der Meistermannschaft des 1. FC Köln; inzwischen auch Schweizer Staatsbürger geworden. Ein typischer Beamter offenbar, Realschullehrer für Englisch und Sport. Selten hat sich die Branche so verrechnet, ähnlich gründlich getäuscht. Helmut Benthaus führte den VfB Stuttgart im ersten Jahr vom neunten auf den dritten Tabellenplatz – ohne viel Tamtam, ein leiser Reformer. »Mit seinem ruhigen, stets sachlichen Auftreten, mit seiner intelligenten abwägenden Art paßt er ideal zu uns.« Diese Charakterisierung stammt vom Vereinspräsidenten Mayer-Vorfelder. Sie hätte auch für den Staatssekretär des Kultusministers gelten können.
Für die Saison 1983/84 ergänzte Benthaus sein Ensemble durch Guido Buchwald und Dan Corneliusson. Und alsbald begann die Mannschaft mit dem, was Bernd Förster so beschrieb: »Wir haben Steine gesetzt auf dem Weg, wie gegen die Bayern, mit dem Heimsieg und dem 2:2 in München, und dem 2:0 beim HSV.« Bei Halbzeit lagen die Stuttgarter vorn. 16 von 21 sogenannten Herbstmeistern haben am Ende den Titel gewonnen, der VfB war einer von ihnen. Der schlechteste Tabellenplatz war Rang sechs, nach der 0:3-Niederlage in Düsseldorf, am 29. Oktober 1983.
Trainer Benthaus hat alle Situationen gemeistert, ruhig, ausgleichend. Sein Mannschaftskapitän Karl-Heinz Förster wußte das zu schätzen: »Herr Benthaus versteht es hervorragend, mit uns umzugehen.« So was, glaubt dieser, sei Voraussetzung für den Erfolg: »Ich muß die Sprache der Spieler beherrschen. Ein Bundesligateam ist unheimlich heterogen. Da gibt es Dicke und Dünne, Schwarze und Blonde, Robuste und Empfindliche.« Sicher auch Helle und Einfältige, Schlitzohren, Biedermänner, Luftikusse.
Erfolgreich zu sein hat Benthaus, der verwitwete Vater zweier Kinder, ihnen beigebracht. Schwieriger gestalten dürfte sich der zweite Teil seiner Mission: »Ich will den Spielern helfen, daß sie nicht nur Fußball und Karten spielen können«, Benthaus, der Fußball-Lehrer, Benthaus, der Schöngeist, mit enger Beziehung zu

Literatur, Theater, Musik, der in Stuttgart mit dem Intendanten des Staatstheaters speist und unterwegs nicht nur die Stadien sieht, sondern auch Museen. Sein Motto: »Der Tag beginnt für mich mit Fußball; der war immer mein Hobby. Aber er hört nicht damit auf.«
Andere reisen mit der Sporttasche. Helmut Benthaus trägt immer einen kleinen Aktenkoffer mit sich. Der Inhalt: Schlafanzug, Rasierzeug, Zahnbürste. Und Hermann Hesses »Glasperlenspiel«. Klar, daß dieser Benthaus auf einer Welle sendet mit dem Präsidenten und Kultusminister Mayer-Vorfelder. Der hat für seinen VfB Stuttgart versprochen: »Wir bleiben der solide, rechtschaffene, schwäbische Verein.« Dabei umkrampften seine Finger den Meisterwimpel, als fürchte der stolze Besitzer, es könne ihm einer die Trophäe entreißen, die ihm vermutlich mehr wert ist als das Bundesverdienstkreuz.
Schaffe, spare, Häusle baue: die schwäbischen Tugenden. Bloß beim Hochziehen ihres Nobel-Vereinsheims haben sich Mayer-Vorfelder und seine Mannen ein bißchen übernommen. Stadtvater Rommel soll Hilfe leisten. Der hat sie zugesagt, gleichfalls echt schwäbisch: »Die Stadt Stuttgart wird alles tun, was kein Geld kostet.«

Führungskraft

Ein Hauch von Aspirin und großer Fußballwelt: Bayer Leverkusen

In Leverkusen hat noch nie einer Kopfweh gekriegt. Weshalb? Weil immer ein Hauch von Aspirin in der Luft liegt. Ha, ha, ein uralter Witz. Aber im Ernst: Es gibt schönere Fleckchen Erde auf dieser Welt als das unter dem riesigen Bayer-Kreuz. Und bessere Fußballmannschaften als die des SV Bayer 04, die in größeren Arenen kicken als im provinziellen Willy-Haberland-Stadion. Was also lockt renommierte Fußballer wie Herbert Waas, Kun-Bum Cha, Florian Hinterberger und Alois Reinhardt sowie ein halbes Dutzend ehemaliger Jugend-Nationalspieler in die Werks-Stadt, eine Viertelstunde Bahnfahrt rheinabwärts von Köln? Und Dettmar Cramer, der in 70 Ländern der Erde Fußball gelehrt hat im Dienste der FIFA und ein Haus besitzt in Reit im Winkl, Alte Grenzstraße 19, im Paradies verglichen mit Leverkusen, ein wunderbarer Ruhesitz für einen mit 59 Jahren?

Cramer, klein von Statur, hat sich mal kostümiert in der Pose von Napoleon ablichten lassen, in seiner Münchner Zeit, unter dem Dach des Olympiastadions. Wie dem Kaiser der Franzosen ist es ihm dann ergangen: große Schlachten gewonnen, aber den entscheidenden Sieg nicht. Zweimal haben die Münchner Bayern nach Cramers Strategie den Europacup der Landesmeister gewonnen, aber nie die Meisterschaft. Diesen Traum scheint sich der Fußball-Lehrer in Leverkusen verwirklichen zu wollen, in einem Alter, da andere die vorgezogene Rente wählen. Zu einer Mannschaft, deren Namen Klang besitzt in Europa, will er Bayer 04 erhöhen, und das leugnet er nicht: »Wir sind dabei, das Fundament zu legen. Alles andere als das Streben nach oben wäre widernatürliche Mäßigung.« Schön kann er so was sagen, der Dettmar Cramer. Fußball-Professor ist er deshalb genannt worden, was ihm diesen bissigen Kommentar entlockte: »In Deutschland wird ein Trainer schon als Fußball-Professor bezeichnet, wenn er drei Sätze ohne grammatikalische Fehler formulieren kann.« Aber, Hand aufs Herz: Wer könnte sich vorstellen wie die Bundesliga-Ulknudel »Schlappi« Schlappner, ein Handwerksmeister, mit den Konzern-Oberen im unauffällig-teuren Nadelstreifenanzug verhandelt, der unruhige

Geist Otto Rehhagel, der spielfreudige Wiener Ernst Happel oder Timo Konietzka, der als junger Mensch mal Kohlen aus dem Pütt geschaufelt hat? Da macht Dettmar Cramer einen ganz anderen Eindruck, wenn er die hohe Denkerstirn runzelt, eine Augenbraue steil aufstellt und mit Überzeugungskraft sein Konzept darlegt.
Dabei ist nicht bloß vom Fußball die Rede gewesen und wie schön sich Siege feiern lassen, sondern auch davon, was sie selbst für einen Industrie-Giganten wie Bayer bedeuten können. Günter W. Bekker, bei der Bayer AG zuständig für die Verteilung der Gelder an die 72 Sport- und Freizeitabteilungen, und der Vorstandsvorsitzende Professor Dr. Armin Grünwald haben sehr schnell weltweite Möglichkeiten der mittlerweile so beliebten produktfremden Werbung erkannt. Mehr Siege, mehr Fernsehen, mehr Photos in den Zeitungen, und immer das Bayer-Kreuz auf der Brust, nicht als wechselnde Reklame wie bei anderen Mannschaften, sondern als Vereinsname. »Früher«, sagt Walter Posner, neun Jahre lang Profi in Leverkusen, »hatten wir nie was mit der Werbeabteilung zu tun. Inzwischen arbeiten die für uns.« Sie tun das nicht aus plötzlich entflammter Liebe zum Fußball. PR-Chef Willi Gierlich: »Wir führen alle vier Jahre einen Imagetest durch. 1983 haben Leute auf die Frage, woran sie bei Bayer dächten, geantwortet: Pharmazeutika, Chemie, Kunststoff, Fußball. Vier Jahre zuvor rangierte der Sport viel weiter hinten.« Und wenn er genannt wurde, waren die Leichtathleten gemeint.
Da lohnt es sich, Geld locker zu machen für tüchtige Fußball-Arbeiter. Und das ist kein Problem. Denn Bayer stellt jährlich zwar weniger als ein Prozent des Umsatzes für Sport und Freizeit zur Verfügung. Aber wie dem Wirtschaftsteil der »Süddeutschen Zeitung« zu entnehmen gewesen ist, hat Bayer 1983 weltweit 37,34 Milliarden Mark umgesetzt und vor Steuern 1,15 Milliarden Gewinn gemacht. Ergo ist »weniger als ein Prozent« eine Summe unter 37,34 Millionen Mark, und die Fußballer müssen mit 71 anderen Teams teilen. Denkbar erscheint indes, daß die Kicker zumindest nicht weniger abbekommen als beispielsweise das werkseigene Symphonieorchester.
Uli Hoeneß, dem Klubmanager des FC Bayern München, scheint es so viel, daß er resigniert versicherte: »Gegen einen 30-Milliarden-Mark-Konzern bin ich ohne Chance.« Und das mit den zehn Millionen aus dem Rummenigge-Transfer im Kreuz. Dabei habe dieser

Leibeigener 1984

Verein »in der ganzen Saison so viele Zuschauer wie wir in zwei ausverkauften Heimspielen«. Aber es sei »völlig legitim, denn jeder hat sein Konzept, und manche haben eben ihren Konzern«, hat Hoeneß der Kölner »Sport-Illustrierten« anvertraut. Stinkesauer macht ihn das aber trotzdem, weil der Konkurrent Bayer Leverkusen geschenkt bekommt, was sich der FC Bayern München selbst verdienen muß, wozu ihn ein Stadion mit 77 500 Plätzen auch in die Lage versetzt. Tatsächlich hat Bayer-Präsident Jürgen Schwericke mal unvorsichtigerweise gesagt, auf die Zuschauer sei sein Verein nicht angewiesen.

Also nichts wie hin zu Bayer 04, wo sie doch überall anfangen zu sparen in der Bundesliga. Da ist schon was dran, wie eine Zusammenstellung der Bayer-Einkäufe unter Dettmar Cramer beweist:

Saison 1982/83

	DM
Herbert Waas (1860 München)	1 100 000
Jürgen Röber (Nottingham Forest)	600 000

Frank Saborowski (MSV Duisburg)	600000
Helmut Winklhofer (Bayern München)	500000
Ulrich Bittorf (VfL Bochum)	50000

Saison 1983/84

Kun-Bum Cha (Eintracht Frankfurt)	900000
Wolfgang Patzke (VfL Bochum)	800000
Dieter Bast (VfL Bochum)	750000
Andreas Nagel (SV Hagen)	50000

Saison 1984/85

Florian Hinterberger (Fortuna Köln)	400000

Jugend-Nationalspieler

Rüdiger Vollborn (Blau-Weiß Berlin), Herbert Waas (1860 München), Helmut Winklhofer (Bayern München), Andreas Nagel (Hagen/Friesland), Manfred Pomp (Alemannia Aachen), Thomas Romeikat (VfB Gießen), Frank Glaß (VfB Langenfeld), Günther Drews, Thomas Zechel (beide Blau-Weiß Berlin), Stefan Kohn (Stuttgarter Kickers), Peter Zanter (SV Dabringhausen).

Angesichts dieser Liste maulte Uli Hoeneß, der mal als Kinderschreck der Bundesliga verschrien gewesen ist, weil er Talente nach München gelockt hat:»Über den Herrn Cramer in Leverkusen hat noch nie einer ein böses Wort gesagt.« Was reizt die jungen Kicker an Bayer 04? Einmal sicher der Ruf von Dettmar Cramer, eine glückliche Hand zu haben mit den Berufsanfängern. Schließlich ist der früher DFB-Jugendtrainer gewesen zu einer Zeit, als Franz Beckenbauer die ersten Schritte zu einer großen Karriere tat. Karl-Heinz Rummenigge rühmte ihn als nimmermüden Mentor, der ihm in vielen Sonderschichten das Rüstzeug vermittelt habe zu Ruhm und Reichtum. Herbert Waas sagt, daß Cramer Trainer sei in Leverkusen, habe ihm die Entscheidung leicht gemacht beim Wechsel von 1860 München zu Bayer 04.
Das andere gewichtige Argument ist die Lehrstellen-Garantie. Bundeskanzler Helmut Kohl hat zwar jedem Jugendlichen eine verspro-

chen, aber deshalb haben noch lange nicht alle eine erwischt. Wer weiß schon, ob er den Sprung schafft in den Bundesliga-Kader, ob er nicht gewogen und zu leicht befunden wird? Dann hat so ein Nachwuchskicker wenigstens eine solide Ausbildung. Dettmar Cramer achtet darauf, anders als früher. Vollborn, obwohl die Nummer eins im Tor, hat seine Lehre abgeschlossen, Kohn lernt Regelmechaniker.
Den Verein kostet das rein gar nichts, so wenig wie die Überbrükkungshilfe für die DDR-Flüchtlinge Falko Götz und Dirk Schlegel, die ein Jahr lang gesperrt sind. Sie arbeiten im Bayer-Kaufhaus als Verkäufer. Trotzdem warnt Walter Posner, der als Profi ausgeschieden ist, Starkstromelektriker gelernt hat und eine EDV-Ausbildung begann, vor allzu großen Erwartungen und rät: »Wer im Werk was werden will, tut gut daran, sich schon um seinen Beruf zu kümmern, wenn er als Spieler noch gefragt ist.«
Geschenkt gibt es auch bei Bayer Leverkusen nichts, wohl aber wird jedem die Chance geboten, was zu werden, sei es beruflich oder als Fußballspieler oder beides. Dettmar Cramer hat das erkannt und ist bekümmert, daß ihm die Konkurrenz dies neidet:»Die Möglichkeiten, die ich bei Bayer Leverkusen habe, werden immer in einem so vorwurfsvollen Unterton aufgelistet. Weshalb eigentlich? Wegen dieser Möglichkeiten bin ich zu Bayer gegangen. Hier ist, weil das Werk die Patronage übernommen hat, der Erfolgsdruck nicht so groß wie in anderen Vereinen. Hier kann ich ruhiger arbeiten, als ich es woanders konnte und könnte.« Weshalb also der Vorwurf, daß er diese Möglichkeiten nütze? Andere hätten andere Vorteile: »Nürnberg mit dem riesigen Hinterland, Schalke mit der Tradition, München mit dem Olympiastadion. Wir haben eben das Werk.«
Mutter Bayer sorgt für ihre Kinder. Für das eine, Bayer 04 Leverkusen, mehr, für das andere, Bayer 05 Uerdingen, weniger. »Wir«, sagt Arno Eschler, der Uerdinger Bayer-Präsident, »wir haben stets größten Wert darauf gelegt, daß wir unseren Spielbetrieb aus eigener Kraft aufrechterhalten können.« Eine Zeitlang schien es, als würde Bayer 05 Uerdingen die Konzernmeisterschaft gegen Bayer 04 Leverkusen für sich entscheiden. Die Uerdinger starteten wie eine Rakete, gezündet von Trainer Timo Konietzka, schlugen die vom Stammwerk 2:1 und hielten sich, nur einen Punkt hinter Tabellenführer Bayern München, an der Spitze. Der Leverkusener Schatzmeister Fischer zeigte sich damals ungerührt: »Uerdingens

Start war super, meine Hochachtung! Aber am Ende werden wir die Elf überrundet haben.« Er hat recht behalten.
Trainer Dettmar Cramer ist seinem Ziel, der Mannschaft von Bayer 04 Leverkusen ein dauerhaftes Engagement auf der europäischen Fußballbühne zu verschaffen, ein gutes Stück nähergekommen; hat aber die Premiere im UEFA-Cup knapp verpaßt. Wer zweifelt daran, daß er sich dennoch seinen zweiten Traum verwirklichen läßt, das Stadion auszubauen: ohne Laufbahn, mit Stehrängen und Tribünen bis hart an die Spielfeldbegrenzung?
Uli Hoeneß, der Klubmanager des FC Bayern, beobachtet im fernen München die Aktionen mit Interesse und Skepsis zugleich. Er glaubt, die Zeit werde für ihn arbeiten und für seinen Klub. »Ich bin gespannt, wie lange Bayer durchhält. In zwei Jahren gibt es die nächste Rezession in der Wirtschaft, und dann will ich mal sehen, wie die Bayer AG sich da verhält.«

Sprüche

»Er ist wie ein Straßenköter. Für ihn braucht man besonderes Gefühl und eine spezielle Sprache. Ich kriege den sofort in den Griff.«

(Jean Löring, Präsident von Fortuna Köln, der den Torjäger Dieter Schatzschneider zu seinem Klub zurückholen wollte.)

»Fußball in der Halle ist wie Training in der Badewanne, bevor man den Ärmelkanal durchschwimmen will.«

(Lothar Buchmann, Trainer des Bundesligaklubs Kickers Offenbach.)

»Der springt wirklich unwahrscheinlich hoch. Wenn der nach einem Kopfball auf den Boden zurückkommt, dann liegt auf seiner Glatze tatsächlich Schnee.«

(Norbert Nachtweih vom FC Bayern München über seinen Mitspieler Dieter Hoeneß.)

»Immer tiefer mit Höher.«

(Trainer Klaus Schlappner vom SVW Mannheim über den 1.FC Nürnberg, der mit seinem neuen Trainer auf den letzten Platz zurückfiel.)

Aufsteiger: Schlappner, Waldhof

Hat man Ernst Happel, den Wiener Griesgram, mal dem Spiel den Rücken zukehren sehen und diskutieren mit den Fans im Hamburger Volksparkstadion oder anderswo? Nein! Der sitzt auf seiner Bank und starrt aufs Rasenrechteck, wie sich das gehört. Oder Otto Rehhagel, den impulsiven Trainer von Werder Bremen Autogramme geben, solange der Ball rollt, Dettmar Cramer vielleicht Schokolade verteilen an die Zuschauer im Stadion?

Klaus Schlappner schon. Autogramme und Schokolade, auf der Bielefelder Alm. Und in Hamburg hat der Trainer des SV Waldhof Mannheim sich sogar ein HSV-Wapperl schenken lassen und es an seinen Pepita-Hut geklebt, unter dem Beifall der Besucher. »Ich mag die Fans, und die Fans mögen mich«, glaubt Schlappner und findet das alles gar nicht so außergewöhnlich. Der Happel, der verbreite doch keine Freude mehr, rügt er den erfolgreichen Kollegen. Er aber könne über das Gerede vom Streß in der Bundesliga nur lachen. »Den Spaß an meinem schönen Beruf lasse ich mir von niemand verderben.« Schließlich hätten ja alle ihre Gaudi gehabt, als er sich nach dem Aufstieg in die Bundesliga in einer weißen Kutsche mit Frack und Zylinder von seinem Wohnort Biblis die 40 Kilometer zum Waldhof habe fahren lassen, die anderen und er vor allem.

Die Feste zu feiern, wie sie fallen, ist Klaus Schlappners Devise, der behauptet: »Wer kein Bier trinkt, kann auch nicht kicken.« Kein Gefasel von den Asketen in kurzen Hosen. So hat der Trainer in Bielefeld und Hamburg auch allen Grund gehabt zur Leutseligkeit, angesichts des 1:1 auf der Alm und des sensationellen 3:1-Siegs über den Titelverteidiger HSV. Es sind lebensnotwendige Reisepräsente gewesen, die der Bundesliga-Neuling mit nach Hause gebracht hat, denn der Punkte-Ertrag aus den Heimspielen hätte nicht gereicht, um existieren zu können in der höchsten bundesdeutschen Fußball-Spielklasse. Die Heimbilanz: 29:26 Tore, 17:17 Punkte. Und unterwegs: 16:32 Tore, 14:20 Punkte, damit auf Platz sieben der sogenannten Auswärtstabelle.

Wenn man so will, haben die Waldhöfer allerdings lauter Auswärtsspiele bestritten, allerdings die Hälfte davon vor heimischer Kulisse, im Ludwigshafener Südweststadion, jenseits des an dieser Stelle 270

Meter breiten Rheins. Die Stadien in Mannheim sind entweder zu klein oder renovierungsbedürftig. Gelohnt hat sich der Weg über die Rheinbrücke trotz des schmalen Punkte-Gewinns. Die finanzielle Bilanz fiel ungleich besser aus. Statt der kalkulierten 17 000 Zuschauer fanden sich duchschnittlich 25 955 ein.
Sie haben überlebt in der Bundesliga, obwohl Schlappners Jungmannen im Endspurt fast noch schlapp gemacht hätten: Drei Heimniederlagen in Serie, und gegen Arminia Bielefeld sind bloß noch rund 10 000 Zuschauer angerückt, weil des Trainers Devise nicht mehr gestimmt hat: »Wir spielen Fußball, den der Zuschauer mag.« Keiner mehr wolle ja »Fußball der Langeweile« sehen, sondern »engagiertes Spiel«. Und dem Schatzmeister Manfred Göth sind gewisse Bedenken gekommen wegen der heilen Welt des SV Waldhof, und ob sie nicht doch Risse zeige am Ende der ersten Bundesligasaison: »Es kommt mir vor, als wären die Spieler alle satt, weil sie ihre Verträge schon unter Dach und Fach haben.« Das Resultat halbherziger Bemühungen war eine 1:4-Niederlage.
Auch vorher sind Rückschläge nicht ausgeblieben, weil selbst der Trainer dazulernen mußte. So hatte sich Klaus Schlappner den Auftritt seiner Mannschaft im Münchner Olympiastadion folgendermaßen vorgestellt: »Wir steigen morgens in den Intercity, sind um 13.15 Uhr in München, fahren mit dem Bus ins Stadion, schütteln uns aus, und dann geht's ran an den Speck, alla!«
Abgespielt hat sich das dann ein bißchen anders. Erst mal war der Bus nicht da am Münchner Hauptbahnhof, die Waldhöfer sind zu spät ins Stadion gekommen, aber noch rechtzeitig, um ziemlich kräftige Prügel zu beziehen: 0:6. Des Münchner Kollegen Latteks Lob für »die faire, anständige, saubere Mannschaft« ist Schlappner sauer aufgestoßen: »Die haben uns im Zweikampfverhalten gezeigt, wo's langgeht.« Und geschworen hat er: »In der Rolle der ehrfürchtigen Autogrammsammler auf dem Platz« würden die Seinen bestimmt nicht noch einmal auftreten gegen Rummenigge & Co. Aber eigentlich hätte er wissen müssen, was passiert, wenn man nicht aufpaßt, denn das war ihm vorher klar: »Die Bundesliga ist grausam und wird jeden Fehler tödlich bestrafen.«
Noch hält die große Familie der Balltreter im Waldhof zusammen. Keiner »spinne durch die Gegend«, beteuert Trainer Schlappner, trotz zunehmender Berücksichtigung von Quaisser, Schön, Zimmermann, Dickgießer und Walter in den Auswahlmannschaften des

DFB. Bekomme einer 1000 Mark für eine Autogrammstunde, zahle er die Hälfte in die Mannschaftskasse. Dorthin fließt auch der Überschuß aus dem Verkauf des Buches »Wunder Waldhof«. Konzeption und Finanzier: Klaus Schlappner. Er hat 70 000 Mark vorgeschossen, rund 3000 Exemplare sind verkauft worden, zum Stückpreis von 25 Mark.

Aber einer hat schon ausbrechen wollen aus dem trauten Kreis: Fritz Walter, der kleine Stürmer mit dem großen Namen. Über Nacht stand er beim 1. FC Kaiserslautern im Wort, will nun doch beim SVW Mannheim bleiben und muß mit einer Bestrafung durch den DFB rechnen, weil er zwei Verträge unterschrieben hat. Es scheint sich inzwischen rumgesprochen zu haben, daß es Klubs gibt, die mehr bezahlen als den Waldhof-Höchstsatz von 150 000 Mark jährlich, wenngleich Ulf Quaisser versichert: »Wir sind eine sehr heimatverbundene Mannschaft.«

Dieser Quaisser hat in jener Elf des SV Waldhof gespielt, die im Sommer 1980 bundesdeutscher Jugendmeister geworden ist und den Grundstein gelegt hat für den Neuaufbau. Weitere vier Mitspieler zählen heute noch zum Bundesliga-Kader: Uwe Zimmermann, der Torhüter, Alfred Schön sowie die griechischen Brüder Dimitrios und Pando Tsionanis. Uwe Rahn brilliert inzwischen im Mittelfeld von Borussia Mönchengladbach, Egbert Zimmermann wechselte über den VfB Stuttgart zum 1. FC Saarbrücken, Volker Kispert zu Darmstadt 98, Karl-Heinz Emig zu Hertha BSC Berlin; ein guter Jahrgang.

Diese Mannschaft bekam Klaus Schlappner 1980 in die Hand, eben erst engagiert, ein Mann, der beim VfR Bürstadt in der Hessenliga verteidigt hat und dann ganz unten anfing als Trainer in der Kreisklasse, von 1977 bis 1981 Co-Trainer beim SV Darmstadt 98, dann sich mit 40 noch einmal auf den Hosenboden gesetzt hat in der Sporthochschule Köln. Schlappner erwarb die Lizenz des DFB, wurde Fußball-Lehrer, belegte mit dem SVW Mannheim die Plätze sieben und sechs in der Zweiten Liga, schaute sich nebenbei im nordamerikanischen Fußballbetrieb um.

Und alles quasi mit links. Denn Klaus Schlappner ist auch, ist vor allem Elektromeister mit Zwölf-Mann-Betrieb, spezialisiert auf Beleuchtung von Straßen und Gebäuden, einer, der früh um halb sieben Hand anlegt in der Werkstatt, und später anderen ein Licht aufsteckt im Fußball. Der braucht sich nicht zu sorgen um seine

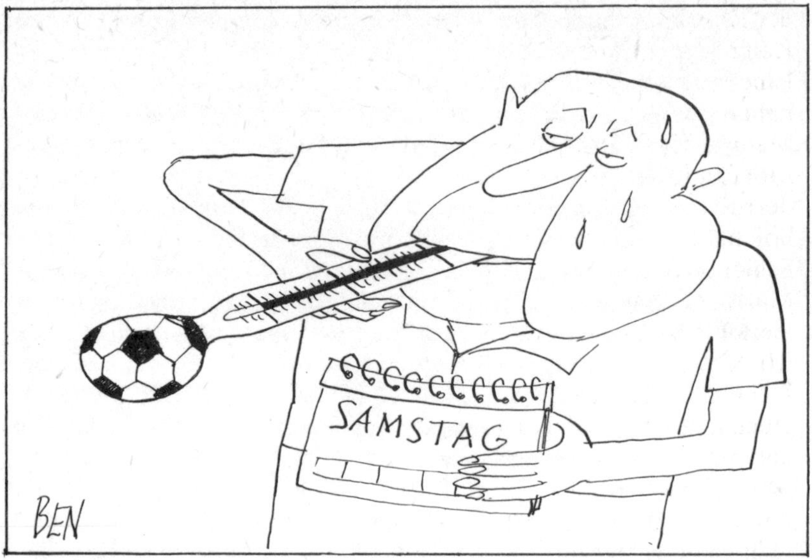

Wochenendfieber

Existenz, zu zittern auf dem Schleudersitz des Trainers. Schlappner begnügt sich mit Verträgen für eine Saison, die er auch noch zu jedem Quartalsschluß kündbar haben will.
Heute sagt Klaus Schlappner, wenn er stolz auf sein Werk blickt: »Ich habe einen Verein, der 1980 um die Qualifikation für die eingleisige zweite Liga bangen mußte, in die Bundesliga gebracht.« Eine großartige Sache sei das, nicht bloß für den Waldhof, für ihn selbst, sondern auch für den deutschen Fußball. Dafür hat er die Goldene Ehrennadel verliehen bekommen, von der die meisten seiner Kollegen vermutlich, wenn vielleicht auch nicht laut, sagen würden, der Präsident solle sich die sonstwohin stecken, weil ihnen Geld lieber sei, und sich ehrlich darüber gefreut, der Schlappi: »Das zählt.«
Der Aufstieg ist mit einem Kader gelungen, in dem zwölf von 19 Spielern aus dem Vereinsnachwuchs aufgerückt waren nach Schlappners Motto: »Der beste Transfer ist der aus der eigenen Jugend.« Und was für ein Kapital ist vorher verschleudert worden, in alle Winde zerstreut: Die Förster-Brüder Karl-Heinz und Bernd (VfB Stuttgart), Paul Steiner (1. FC Köln), wie andere Talente aus

der Kurpfalz, dem Hinterland: Uli Stielike (Real Madrid), Manfred Kaltz (Hamburger SV).

Einer der wenigen, die nach 1980 der Heimat den Rücken gekehrt haben, ist Uwe Rahn, und es war ein schwerer Weg, wie der junge Mann eingesteht. Durchbeißen habe er sich müssen bei Borussia Mönchengladbach, sich an die Mentalität der Menschen am Niederrhein nur schwer gewöhnen können. »Die Jungs beim SV Waldhof haben's viel leichter, weil sie seit Jahren zusammenspielen.« Schlappner hat Rahn damals klaglos ziehen lassen, für 250 000 Mark, und sorgt sich nicht, daß sie ihm seinen Talentschuppen leerkaufen: »Wir konnten Rahn guten Gewissens weggeben, weil wir wußten, Schön und Quaisser können die Lücke schließen.« Denn das zähle zum Kalkül: »Der Verein könnte wieder mal in die glückliche Lage kommen, einen Spieler zu transferieren, weil er einen anderen schon parat hat.« Zwei billige für einen, der zu teuer geworden ist.

Aber allzu viele will Klaus Schlappner nicht wegziehen sehen, denn: »Ich glaube, daß diese Mannschaft erst im nächsten oder übernächsten Jahr an ihre Grenzen stößt. Wenn sie zusammenbleibt und auf zwei, drei Positionen eine Ergänzung erfährt, kann sie über vier Jahre Höchstleistungen bringen, auch in der Bundesliga.«

Also, Vorsicht vor Klaus Schlappner, aufgepaßt auf den SVW Mannheim!

Sprüche

»Meine Beliebtheit in der Mannschaft hängt nur von meiner Leistung auf dem Spielfeld ab.«

(Torhüter Jean-Marie Pfaff von Bayern München.)

»In Italien gibt es dreimal so viele Zuschauer, viermal so hohe Prämien und fünfmal so viele Fouls.«

(Der Österreicher Walter Schachner, der beim AC Turin spielt.)

»Unser Platz ist wie das Bermuda-Dreieck. Wer drauf spielt, geht unter!«

(Uwe Klimaschefski, Trainer beim 1. FC Saarbrücken.)

»Was heißt hier Krise? Wir spielen doch die ganze Saison schon so.«

(Uli Stein, Torhüter beim Hamburger SV.)

Das Selbstverständnis der Profis

Als Miesmacher haben sie sich nie verdächtig gemacht. Was also hat die beiden Macher beim FC Bayern München zu so abgrundtief pessimistischen Aussagen über Fußballspieler veranlaßt? Cheftrainer Udo Lattek: »Die Spieler sind nicht mündig; die werden nie mündig.« Klubmanager Uli Hoeneß: »Es ist leider Gottes so, daß es zwar überall heißt, die Spieler spielen gerne Fußball, aber ich habe nicht bei jedem das Gefühl, daß ihm die Sache so viel Spaß macht. Die würden auch ohne Geld spielen, sicher, aber nur bis dahin, wo's nicht weh tut.«
Zwei arge Vorwürfe sind das. Gegen die verhätschelten Kicker, die ihr schön einträgliches Geschäft ruinieren durch Maßlosigkeit, Arroganz, Leistungsverweigerung, Desinteresse, Wohlleben? Nicht gegen die eigenen, versichert Lattek, denn die Seinen seien im Training durchaus leistungswillig, da habe er nicht zu klagen. Sehr groß sei das Problem beim FC Bayern nicht, wohl aber anderswo. Na ja, das eigene Personal zu schelten, zumal in der Öffentlichkeit, wäre weder hilfreich noch klug, weil es gebraucht wird und Mißstände auch den Verantwortlichen anzukreiden wären.
Aber so ganz kann das nicht stimmen, wie die Ereignisse deutlich gemacht haben. Eine Mängelrüge aus dem Spielerkreis am Traningsprogramm hat Lattek aus der Reserve gelockt, und dabei scheint ihn am meisten getroffen zu haben, daß es keiner gewesen sein will. Über Lüge und Feigheit hat er da Klage geführt und zurückgeschlagen: »Was hat das damit zu tun, ob man viel oder wenig Gymnastik macht, wenn man sich beim Elfmeter in die Hosen scheißt und wenn man auf dem Platz die Verantwortung nicht übernehmen will?« Daß im UEFA-Cup gegen PAOK Saloniki Torhüter Pfaff schießen mußte im entscheidenden Augenblick, weil Beierlorzer sich verdrückt hatte, machte dem Trainer zu schaffen. Jetzt tritt er als Vorturner auf beim Vorprogramm, damit keiner mehr sagen kann, er sei schuld, wenn einer sich die Muskulatur zerrt.
Aber eigentlich hätte jeder selbst wissen müssen, was ihm und seinem Muskelapparat guttut. Denn Klubarzt Müller-Wohlfahrt hatte jedem Kicker eine fünfseitige Stretching-Anleitung übereignet nebst Lehrbuch mit der Empfehlung: »Bitte, nehmt euch die Zeit,

das wohl grundlegende Buch von Bob Anderson in Ruhe zu studieren«; wohl wissend, »daß allgemein eine Abneigung gegen gymnastische Übungen besteht. Aber der Nutzen für euch im Beruf ist einfach zu groß, als daß man diese Erkenntnisse ignorieren kann«. Leider hat es dann aber doch drei Mann erwischt mit Faserrissen und Zerrungen, weshalb sich der Arzt um das Vertrauen in die Muskeltherapie sorgt, die südamerikanische Ballartisten längst praktizieren, dabei nicht selten belächelt.

Weshalb also ist es schiefgelaufen beim FC Bayern? Darüber gehen die Ansichten auseinander. Trainer Lattek meint, der Grund liege möglicherweise in der unabdingbaren Forcierung des Übungspensums wegen offenkundigen Nachholbedarfs aus der Endzeit seines Vorgängers Pal Csernai. Andererseits hätten sich Dremmler und der jüngere Rummenigge unter Bundestrainer Jupp Derwalls Verantwortung wehgetan. »Bei Wolfgang Dremmler hat man beim DFB gesagt, das ist keine Muskelverletzung, und Michael Rummenigge hat mit einer Zerrung weitergespielt; das geht natürlich auch nicht.«

Klubmanager Uli Hoeneß scheint anderswo fündig geworden bei der Ursachenforschung, aber wo, sagt er nicht. »Ich hab' schon eine feste Meinung zu den Dingen, aber ich möchte die im Moment nicht äußern, da müßte ich doch den einen oder anderen zu sehr packen.« Immerhin aber lüftet er einen Zipfel der Decke des Schweigens: »Ich glaube, daß das ein bißchen auch an jedem einzelnen liegt. Paul Breitner liegt nicht so schief mit seiner Meinung, daß die jungen Leute sich viel zu wenig Gedanken über ihren Beruf machen.«

Damit sind wir an den Anfang dieser Geschichte zurückgekehrt. »Wir«, erinnert sich Uli Hoeneß, der unter Lattek 1970, gemeinsam mit Breitner, zu einer bemerkenswerten Karriere gestartet war, während der das Duo Europa- und Weltmeistertitel gewinnen half. »Wir haben Tag und Nacht nur über Fußball nachgedacht. Bei uns hat sich keiner um jeden Dreck gekümmert. Da gab es keine medizinische Abteilung wie heute, keinen Arzt, der Tag und Nacht für uns da war. Da hat man sich um seine Fitneß selbst gekümmert.«

Hoeneß, der einsame Rufer in der Wüste, ein Veteran mit 32, der von der guten alten Zeit schwärmt und davon, was für tolle Burschen sie damals gewesen sind? Der Mahner weiß, »daß man sich lächerlich macht, wenn man sagt, die müssen früher ins Bett« und

Der Unbestechliche

ähnliches mehr. Aber er habe sich seinerzeit nun mal um diese Zeit aufs Ohr gelegt, habe auf sein Gewicht geachtet. Was er fordere, sei dies: »Die Spieler müssen sich hundertprozentig auf ihren Beruf konzentrieren und nicht das ganze Jahr über die Vertragsverhandlungen nachdenken. Wenn einer dreimal gut gespielt hat, kommt er und sagt, ich verdiene zu wenig.«
Das Hauptproblem läge freilich an dem, »was so um sie herumspringt, ihre guten Freunde, ihre Berater; das sind die Schlimmsten«. Auf dem Kieker hat Hoeneß da vor allem den Spielerberater Holger Klemme, mit dem er sich nicht an einen Tisch setzen würde. Er und Breitner, Netzer und Overath, die hätten schließlich alle keinen Manager gebraucht. »Die Unmündigkeit der Spieler« beklagt der Kritiker und ihre Faulheit: »Die wollen am liebsten nur noch Videofilme anschauen und zu Hause rumliegen. Aber wenn Sie die hören, dann sind sie voll im Streß.«
Natürlich passiere auch das alles vorwiegend nicht beim FC Bayern, sondern bei der Konkurrenz, versichert Hoeneß. Trotzdem muß der Bazillus auf das Domizil des Münchner Klubs an der Säbener Straße

übergegriffen haben. »Jetzt werde ich teilweise sehr ernst genommen«, hat Hoeneß beobachtet. »Aber wenn's wieder gut läuft, werde ich belächelt.« Freilich muß der ehemalige Profi auch in Frage stellen, was er einst als seine wichtigste Aufgabe erachtet hat: Dem Spieler alles abnehmen, damit der sich voll aufs Kicken konzentrieren kann. Es scheint jedoch eher so, als würden die Bemühungen des Managers vornehmlich dazu dienen, den Fußballern die Freizeit zu verlängern und zu verschönen. »Wir Verantwortlichen müssen uns ehrlich eingestehen, daß etwas passieren muß.«

Zu diesem Schluß ist Uli Hoeneß nicht erst im Frankfurter Waldstadion beim Zu-Null-Spiel seines Teams gegen die Eintracht gelangt. »Was ich da gesehen habe, hat mich doch sehr bestürzt. Vom Engagement her nicht einmal so sehr, sondern wo das Niveau angesiedelt war. Ich kann mir nicht vorstellen, daß einer der 50 000 Zuschauer zufrieden nach Hause gegangen ist.« Frustriert sei er, jetzt sei »Matthäi am letzten«, jetzt müsse man nachdenken, »sonst geht alles den Bach runter. Jetzt müssen auch die Spieler umdenken, sonst werden sie schnell merken, daß ihre Verträge nichts mehr wert sind.« Weil nämlich kein Geld mehr da sei. »Die Schizophrenie ist, daß es dem FC Bayern nach wie vor gutgeht. Wir werden immer noch Wege finden, um Geld aufzutreiben, aber wir sind wirklich bald die einzigen.«

Eine Episode aus jüngster Vergangenheit läßt allerdings Zweifel aufkommen bei Manager Hoeneß an der Lernfähigkeit und an der Einsicht der Profis. Ein Spieler habe ihn gefragt, um wen es sich denn bei diesem Herrn Bernhardt handle, als jener wegen Personalnot in den Kader aufrückte. Der sei Libero bei den Amateuren, beschied Hoeneß den Frager und meinte, es wäre ganz nützlich gewesen, wenn der beim Bayernligaspiel mal zugeschaut hätte. Darauf habe ihn der Gesprächspartner beschieden: »Ich glaube nicht, daß das zu meinen Aufgaben gehört.«

Auch im Fußball ist eine neue Generation herangewachsen, die in ihrem Beruf nicht immer auch Berufung sieht. »Wenn alle so denken, gehen wir schönen Zeiten entgegen«, fürchtet Hoeneß. Der Fußball aber wird es vermutlich schon aushalten. Da hat mancher schon hineingestochen, und die Luft ist nie ganz rausgewesen. Bloß, ob sie noch zum Atmen reicht?

Das Ende der Clowns

Wie ein Indianer schlich Sepp Maier durch den Strafraum und weiter bis nahe der Mittellinie. Dort stand schnaufend Rudi Brunnenmeier, Torschützenkönig der Bundesliga von 1965, und legte eine Pause ein im Spiel der Münchner Kicker-Veteranen, die im Sommer 1983 Gerd Müllers Abschiedsabend im Olympiastadion rahmten. 50000 Zuschauer schauten zu, nur das Opfer bemerkte nichts. Brunnenmeier traf fast der Schlag, als ihn der Maier Sepp unvermittelt laut bellend ansprang. Alles hat gejubelt und gelacht über den gelungenen Scherz und erst recht, als beim nächsten Angriff der verdutzte Gegner feststellen mußte, daß Maier sein Tor aus den Angeln gehoben hatte.

Um ein bißchen Spaß zu haben im Stadion, muß man heutzutage zu den Stars von gestern gehen, weshalb die sich bei ihren zahlreichen Gastspielen kreuz und quer durch die Republik gewaltigen Zulaufs erfreuen und mancher nicht schlecht lebt von dieser Fußballerrente. Denn für Gaudiburschen, die einige von ihnen mal gewesen sind, ist kein Platz mehr in der Bundesliga. Dort hat Trainer Michels beim 1. FC Köln mal dem begnadeten Ballkünstler Pierre Littbarski das Dribbeln verboten, was freilich häufig außer Spaß fürs Publikum nichts einbringt. Aber das hat sich mit seinen Ansprüchen längst dem Erfolg unterzuordnen, der auf geraden Wegen zwar langsam, aber sicherer winkt denn auf verschlungenen Pfaden.

Solchermaßen gegängelte Kicker merken bald, daß es ratsamer ist, schön brav zu sein und fleißig zu rennen. Mehr und mehr erscheinen uns deshalb Fußballspieler als austauschbar, versinkt alles in grauer Masse, aus der nur selten einer herausragt. Nicht von ungefähr mangelt es dem bundesdeutschen Fußball an Persönlichkeiten auf dem Rasenrechteck, und Clowns, die zwischendurch an ihr Publikum denken.

Dieser Sepp Maier hat als Welt- und Europameister, mit den Münchner Bayern als Weltpokalsieger, Gewinner des Europacups der Landesmeister und Pokalsieger, bundesdeutscher Meister und DFB-Pokalsieger sowie in 95 Länderspielen bewiesen, daß einer ein Urvieh sein kann und trotzdem ein Könner. Nach watschelnden Wildenten ist er gehechtet wie nach der Lederkugel, und einmal hat er in Osnabrück aus Langeweile ein Arsenal von Schneebällen geformt, die er nach dem Linienrichter warf. Welcher Torhüter würde heute schon auf die Idee kommen, sich Osterglocken ins Tor pflanzen zu lassen, wie der Maier Sepp vom Platzwart im alten Münchner Sechziger-Stadion?

Und wer hat jemals ein Interview gegeben wie dieses, nach dem 12:0-Sieg über Zypern, 1969 in Essen? »I hob heit vui Zeit ghobt. Es warn genau 53 738 Zuschauer im Stadion, davon 11 721 Frauen und 58 mit Fahnen; die Alkoholfahnen hob i net alle zähln können.« Als Mitte der Sechziger Jahre der Jugoslawe Petar Radenkovic als Torhüter des Meisters 1860 populär war und Sepp Maier noch ein Niemand, sang der große Konkurrent auf Platte: »Bin i Radi, bin i König, alles andre schert mich wenig.« Darauf dichtete der junge Lokalrivale: »Bin i Radi, bin i Depp, König ist der Maier Sepp.«

Zu Sepp Maiers Zeiten glänzte auch Willi Schulz, der es auf 66 Länderspiele brachte als Abwehrrecke und leicht hätte eins mehr machen können. Aber bei der Weltmeisterschaft 1970 in Mexiko hat ihn Bundestrainer Helmut Schön nicht einwechseln können im Kampf um den dritten Platz gegen Uruguay (1:0), weil Schulzens Fußballschuhe fehlten und von der kleinen Größe 39 keine vorrätig waren. Bis heute weiß keiner, ob das Schlamperei gewesen ist oder Absicht nach der Schelte für schlechte Leistung im Semifinale gegen Italien (3:4), das später als Spiel des Jahrhunderts bezeichnet worden ist. Denn Schulz war gefürchtet wegen seiner Schlitzohrigkeit, und einer Sparsamkeit, die an Geiz grenzte. In Rio de Janeiro hat er mal einem Taxifahrer hundert Cruzeiro gegeben, im Gegenwert von ein paar Pfennigen, und, deshalb getadelt, das so gerechtfertigt: »Dat is für die hier viel Geld.« Als Schulz von Schalke 04 zum Hamburger SV wechselte, sind ihm zu Hause viele deshalb gram gewesen und haben seinen Stehausschank boykottiert. Sie hatten die Rechnung ohne den Wirt gemacht. Schulz lächelte darüber bloß: »Die sind alle über die Straße in die nächste Kneipe. Die wußten gar nicht, daß die mir auch gehörte.«

War Willi Schulz ein harter und eher schmuckloser Fußballer, so ist Willi Lippens von den Essener Rot-Weißen das genaue Gegenteil gewesen, einer, dem man stundenlang hätte zuschauen können. Dessen Beine schienen verkehrt herum eingehängt, weshalb er watschelte wie eine Ente und schwer auszurechnen war für den bedauernswerten Gegner, der zudem noch in ein ewig grinsendes Gesicht blickte. Lippens vermochte den Ball mit dem Hinterteil zu

Die Angst des Torwarts beim Elfmeter

stoppen, über ihn zu steigen, dann antäuschen, vorbeiflitzen und die Lederkugel dem verdutzten Widerpart durch die Beine zu schieben. Worauf er diesen auch noch verspottete wie den früheren Verteidiger im Weltmeisterteam und heutigen DFB-Nachwuchstrainer Berti Vogts, »weil der so schön kurze Beine hat«.
Gelegentlich setzte Lippens kurz die Mütze eines Fans auf, wenn er beim Eckball auf Tuchfühlung ging mit den Massen. Mit Sepp Maier wollte er sogar beim Abschlag Doppelpaß spielen, aber da hat der eine Komiker dem anderen nicht getraut: »Moanst, i bin narrisch. I kenn' des Schlitzohr doch!«
Ein Mann des Volkes ist Willi Lippens damals im Kohlenpott gewesen. Anfangs führte er nebenbei noch einen Obst- und Gemüseladen. Da gab er gelegentlich eine Extravorstellung und beförderte unter dem Beifall der Hausfrauen Krautköpfe per Fallrückzieher in die Auslage. Als ihn ein Fernsehteam beim Angeln an der Ruhr filmte, wollte kein Fisch anbeißen. Lippens wußte auch den Grund: »Die sind alle drüben in Bottrop beim Begräbnis. Dort ist

ein Hecht gestorben.« 1979 ist »Ente« Willi Lippens in Richtung USA abgeflogen, dem damaligen Paradies der Austragsfußballer, »weil ich meinen Onkel Donald Duck besuchen will«.
Komische Nummern als Imitator hatte Horst Köppel auf Lager, ehemaliger Nationalspieler, der zweimal zwischen dem VfB Stuttgart hin- und herwechselte. Im zarten Alter von 24 Jahren bedeckte er seinen schütteren Schopf mit einem Toupet, allerdings nicht, um den Preis der Schönheit, sondern des Geldes wegen. Köppel warb für den Haarschmuck und warf das Ding nach zwei Jahren weg, als sein Vertrag ausgelaufen war. Besonders gut vermochte der Schwabe den sächsischen Tonfall des Bundestrainers Schön nachzuahmen. Als sich während des Bundesliga-Bestechungsskandals das Schalker Brüderpaar Helmut und Erwin Kremers mit seinen gesperrten Schalker Teamkameraden solidarisch erklärte und für ein Länderspiel gegen Ungarn absagte, gab Köppel folgendes erfundene Schön-Interview wieder: »Herr Schön, was sagen Sie zu den Kremers-Zwillingen?« Schön: »O, ich bin froh, daß es keene Drillinge sind.«
Alles andere als ein Komiker war Paul Breitner, ein Exzentriker eher, Polit-Clown, böser Bube, Guru, Fußball-Ayatollah, der schon als 20jähriger erkannt hatte: »Solange ich gut bin, kann ich mir alles erlauben.« Weitere Weisheiten, verzapft im Laufe eines Jahrzehnts: »Ich verehre Mao. Wenn ein Mann jeden Tag 800 Millionen Menschen eine Schale Reis verschafft, dann ist das eine tolle Sache« (1972). »In diesem Scheißverein kann keiner richtig feiern«, als Bayern München den Titel gewann (1974). »Ich fühle mich nicht als Deutscher und ganz bestimmt nicht als Bayer«, worauf die Bürger von Freilassing verlangten, ihm die Bürgermedaillen in Gold abzuerkennen (1974). »Der Handel mit Ablösesummen ist unmoralisch und widerspricht den Grundrechten und der Grundwürde des Menschen«, vor dem Wechsel von Real Madrid zu Eintracht Braunschweig (1976). »Ich suche mich selbst und meine Ruhe«, in Braunschweig (1978). »Verweigert den argentinischen Generälen den Händedruck«, eine Forderung an die bundesdeutschen WM-Teilnehmer in Argentinien (1978). »Ich nehme mir die Freiheit, meine Meinung von heute auf morgen zu wechseln, wenn ich es für nötig halte« (1980). »Die Vergangenheit zählt nicht«, vor dem Comeback in der Nationalmannschaft.
Was ist uns geblieben? Wolfgang Kleff beispielsweise, der Torhüter

von Fortuna Düsseldorf, der ausschaut wie der Blödel-Otto Waalkes. Kleff war mal Sepp Maiers schärfster Konkurrent um den Platz im Tor der Nationalmannschaft. Weshalb er keinen Hund mehr habe, ist Maier damals gefragt worden, und die Antwort war: »Weil der immer kleff, kleff gemacht hat.« Kleff hat heuer Schluß gemacht, zum Abschied seine Torwartausrüstung ins Publikum geworfen und zum Schluß seinen nackten Hintern präsentiert. Und noch ein Torhüter: der Belgier Jean Marie Pfaff von den Münchner Bayern, der den Ball nach einem Einwurf des Bremers Reinders hat ins Tor rutschen lassen und mit seinem Elfmeterschuß nach Verlängerung sein Team ins Viertelfinale des Europacups gehievt hat, der immer nett ist zu seinen Fans; aber eine Zugnummer im Fußballzirkus? Oder der brillante Rumäne Marcel Raducanu bei Borussia Dortmund, der alles kann mit dem Ball.
Glücklicherweise auch ein paar Trainer, die nicht nur starren Gesichts auf der Bank sitzen, sondern ihren Gefühlen freien Lauf lassen, wie Otto Rehhagel von Werder Bremen oder Klaus »Schlappi« Schlappner vom Aufsteiger SVW Mannheim. Aber ob man von denen nach 20 Jahren noch spricht, wie von Max Merkel, der die Münchner Löwen einst mit Zuckerbrot und Peitsche dressiert hat und über seinen Torhüter Radenkovic gelästert: »Der ist auf dem Esel aus Jugoslawien eingeritten. Heut fährt er Mercedes und ißt Hummer.« Zur Begrüßung hat Merkel seine Mannschaft in Reih und Glied antreten und die Spieler ausgiebig den Kopf schütteln lassen, um sie danach über den Zweck der seltsamen Übung aufzuklären: »Damit ihr wißt, was ihr sagen müßt, wenn euch einer fragt, ob ihr Fußballspielen könnt.«
Auch der kleine Jugoslawe »Tschik« Cajkovski hat in den Gründer-Jahren der Bundesliga die Szene belebt als Trainer des 1. FC Köln und der Münchner Bayern. »Du tschupp, du tschupp, und dann tschupp, tschupp« soll ein häufig gebrauchter Kernsatz seiner taktischen Anweisungen gewesen sein. Vor einem Aufstiegsspiel zur Bundesliga hat er den Bayern in Berlin fetten Gänsebraten bestellt, weil er selber gern und viel aß, und dann den Reservetorhüter als Linksaußen nominiert. Cajkovski rühmt sich heute noch als Entdekker von »kleines, dickes Müller«, dem nachmaligen Rekordschützen. Doch als er den zum erstenmal gesehen hat, sind ihm die verbürgten Worte entschlüpft: »Was soll ich mit diese Junge? Diese Figur, unmöglich!«

Damals trieb sich auch Rudi Gutendorf in der Bundesliga herum, genannt Riegel-Rudi, der mit seinem Defensivsystem den Meidericher SV, später in MSV Duisburg umbenannt, 1964 auf den zweiten Platz führte. Der ließ die Schalker Kicker morgens in aller Frühe an den Zechentoren vorbeilaufen, damit die Kumpel sehen konnten, daß auch Fußballer arbeiten. Später ist Gutendorf durch die Welt gebummelt als Wanderprediger des Fußballs und bis nach Tonga in die Südsee gekommen als königlicher Trainer seiner schwergewichtigen Majestät Taufàahau Tupou IV.
Alle diese bunten Vögel haben aber nicht nur ihre Gefieder gespreizt und sich bewundern lassen wie radschlagende Pfauen, sondern was geleistet. Denn allen war klar, was Sepp Maier aussprach: »Der größte Spaß nützt nichts, wennst fünf Stück kassierst«, was auch ihm passierte. Und Willi Lippens wußte: »Je mehr du alberst, desto besser mußt du sein. Sonst kippen se dich schnell.«

Entartete Ballkunst

Rückblende: Gerd Müller

Müller, ein Allerweltsname. Auch in der Fußball-Bundesliga haben viele Müller gespielt oder kicken immer noch: 18 exakt. Einige von ihnen sind längst vergessen wie Heinrich und Heinz Müller, beide vom 1. FC Nürnberg, Christian Müller, beim 1. FC Köln von Anfang an dabei, oder Jürgen, Kurt, Klaus Müller, andere verschwunden aus dem Blickfeld ins Ausland: Hans-Peter Müller, genannt Hansi, vom VfB Stuttgart zu Inter Mailand, ein Mann mit 42 Länderspielen immerhin, oder Dieter Müller, 1977 (34) und 1978 (24) im Trikot des 1. FC Köln Torschützenkönig der Bundesliga. Der wurde allerdings als Dieter Kastner geboren, spielte unter diesem Namen in der Amateur-Nationalmannschaft und ließ sich später adoptieren.

Doch wenn sie an den Stammtischen vom Fußball reden oder als Kiebitze auf den Trainingsplätzen der Profiklubs in der Erinnerung kramen, und es fällt der Name Müller, dann ist meist nur dieser gemeint: Gerd Müller. Der hat als Schütze vom Dienst alle Rekorde gebrochen, im Trikot des FC Bayern München, in der Nationalmannschaft: ein stämmiger Kerl mit kurzen Beinen, aber Oberschenkeln wie ein Gewichtheber, die Spitze der berühmten Achse Maier–Beckenbauer–Müller bei den Münchner Bayern. Siebenmal ist er erfolgreichster Stürmer in der Bundesliga gewesen, 1972 mit der Rekordzahl von 40 Treffern, hat fünfmal fünf Tore geschossen in einem Spiel. Zweimal war Gerd Müller Europas trefflichster Schütze, bei der Weltmeisterschaft 1970 in Mexico traf keiner häufiger als er, und in 62 Länderspielen hat er 68 Tore erzielt, ehe er nach dem Titelgewinn 1974 seinen frühen Rücktritt aus der Nationalmannschaft bekanntgab, in der langen Nacht, als alle feierten, 28 Jahre alt erst.

Keiner hat alle seine Tore gezählt. Für sein Lebenswerk fand sich kein Chronist, wie bei Pelé, dessen tausendsten Treffer die Brasilianer mit südamerikanischer Leidenschaft feierten. Gerd Müller schätzt, daß er die gefleckte Lederkugel runde 1500mal ins Ziel befördert hat. Nicht nur mit den Füßen und dem Kopf, sondern auf jedwede erlaubte Weise, notfalls mit dem Hinterteil. Weil er das so unnachahmlich tat, wie keiner vor oder nach ihm, haben die Journalisten dafür ein neues Wort geprägt: »müllern«.

Auch vom »Bomber der Nation« ist die Rede gewesen. Wie falsch! Gerd Müller war eher ein »sanfter Killer« auf dem Fußballfeld, und seine Distanzschüsse hatten Seltenheitswert. »Strafraumgespenst« war schon eher richtig. Sein Instinkt ließ Gerd Müller meist im richtigen Augenblick an der entscheidenden Stelle auftauchen.
Ein Spezialist ist er gewesen, zu nichts anderem zu gebrauchen auf dem Rasenrechteck denn als Einzelkämpfer im Strafraum. Wie gerne hätte er Libero gespielt, und gelegentlich hat er das auch versucht, auswärts im Europacup, wenn es galt, glimpflich davonzukommen. Da assistierte er Franz Beckenbauer, da versuchte Gerd Müller sich als Dirigent. Aber wenn er auf seinen kurzen Beinen aus der Abwehr heraus zum Konterangriff startete, über das Spielfeld watschelte, mit beiden Armen rudernd, haben sie ihn ausgelacht.
Als Gerd Müller in die Jahre kam, ist die Torflut langsam verebbt. 33 Jahre alt war er, als ihn Trainer Pal Csernai ausgewechselt hat in einem Bundesligaspiel, kurz vor Schluß. Das war der Anfang vom Ende. »Jetzt sind die sogenannten Freunde weg, jetzt stehst allein da und kriegst den Schuß«, hat er damals traurig gesagt, und die Konsequenzen gezogen, ehe er einen Tritt in den Hintern bekam: Hals über Kopf ab in die USA, zu Fort Lauderdale, ohne Ablösung immerhin. Bei den Strikers hat Gerd Müller dann noch zwei Jahre lang gekickt, schnell vergessen hierzulande. Während der gleichaltrige Franz Beckenbauer, sein genialer Doppelpaßpartner der frühen Jahre, sich mit 36 noch einmal verdingte beim Hamburger SV, unterhielt Müller bundesdeutsche Touristen in seinem Steakhaus *The Ambry* am Commercial Boulevard in Fort Lauderdale.
So manches war, trotz aller Erfolge, schiefgelaufen im Leben des Gerd Müller aus dem schwäbischen Nördlingen. Schlechte Berater hat er sich gehalten in finanziellen Angelegenheiten, zu früh aufgehört in der Nationalmannschaft, sich mit dem Trainer angelegt, obwohl er die schlechteren Karten besaß, Haus und Hof verkauft in München, alle Brücken abgebrochen, vier Jahre später erst sein versprochenes Abschiedsspiel gekriegt, im Herbst 1983. Ein Risiko, nach so langer Zeit, und Müller hat es gewußt und befürchtet: »Wahrscheinlich wird es eine traurige Veranstaltung.« Die Angst bedrängte ihn, wie sonst nur beim Fliegen: Vor leeren Rängen Wiedersehen und späten Abschied zugleich zu feiern im Münchner Olympiastadion, wo er am 7. Juli 1974 um 16.43 Uhr im WM-Finale mit seinem wohl wichtigsten Tor dem bundesdeutschen Team zum

2:1-Sieg über Holland und zum Weltmeistertitel verholfen hatte. Aber es ist ein Wunder geschehen. Plötzlich haben sie sich wieder gerissen um Gerd Müller, wie in seinen besten Zeiten: Fernsehen, Rundfunk, die Zeitungen. Müller auf allen Kanälen, in allen Gazetten. Nur von seinem ehemaligen Arbeitgeber, dem FC Bayern, hatte der Veteran ein bißchen mehr erwartet als die Auskunft seines alten Spezels und jetzigen Klubmanagers Uli Hoeneß, so ein Spiel verkaufe sich von selbst oder eben nicht. Schließlich hat der Klub kräftig mitkassiert als Veranstalter, auf der Basis halbe-halbe.
Der späte Abschied ist ein rauschendes Fest geworden für Gerd Müller. 50 000 Zuschauer strömten unters Zeltdach, dem gefeierten Helden von einst zuliebe. Und die Pfiffe haben nicht ihm gegolten, sondern Bundestrainer Jupp Derwall, der das DFB-Team üben ließ für sein EM-Qualifikationsspiel gegen Österreich. Eine Halbzeit trug Müller das Hemd des FC Bayern, dann schlüpfte er ins Nationaltrikot mit der Nummer 13, das er bei zwei Weltmeisterschaften getragen hatte, durfte aber nur fünf Minuten lang spielen. »Jetzt hat er Angst, daß er verliert«, vermutete Müller von Derwall, dessen Mannschaft in der Tat 0:2 zurücklag, als Gerd Müller beifallüberschüttet auf die Ehrenrunde trabte. 4:2 haben die Münchner Bayern gewonnen, mit Franz Beckenbauer (38), obwohl am Schluß nur noch vier Stammspieler gegen Derwalls Mannen kämpften und sie dem Gespött der Zuschauer preisgaben.
Den Gerd aber störte das nicht mehr. Er feierte mit Freunden und vielen Gästen und ist eine Viertelmillion Mark reicher zurückgeflogen in die USA. Und froh gewesen, daß alles vorbei war: »Die letzten drei Wochen haben mich Nerven gekostet.« Diesen Rummel war er nicht mehr gewöhnt. »Auf die Dauer wäre das nichts für mich, so viel Arbeit.« Ein Geständnis voll entwaffnender Offenheit. Kein bißchen Neid auf die Kameraden von einst, die mitten im Fußballerleben stehen auch nach Ende ihrer Laufbahn, wie die Manager Uli Hoeneß und Günter Netzer, wie die Trainer Werner Olk, Sigi Held, Rainer Ohlhauser, oder als Sportartikelvertreter reisen wie Uwe Seeler, Wolfgang Overath, und mit ihrem Altstartum noch reichlich Kohle machen. »Wer's kann«, sagt Müller. »I könnt's net.« Ein freier Mensch wolle er sein, und so lebe er in Fort Lauderdale: Morgens die Tochter zur Schule bringen, Raquetball spielen, dem Squash ähnlich, ein bißchen Segeln mit Freunden, und abends seine Gäste unterhalten im Restaurant. »Ich weiß, daß viele

Alle Erfolge

1954–1964 TSV Nördlingen
1964–1979 FC Bayern München
1979–1981 Fort Lauderdale Strikers
62 Länderspiele von 1966–1974, mit 68 Toren.
Dritter Platz bei der Weltmeisterschaft 1970 in Mexiko, erfolgreichster Schütze mit zehn Toren.
Weltmeister 1974 in München.
Europameister 1972.
427 Bundesligaspiele mit 365 Toren für den FC Bayern München.
74 Europacupspiele mit 66 Toren.
Bundesdeutscher Meister 1969, 1972, 1973, 1974.
DFB-Pokalsieger 1966, 1967, 1969, 1971.
Europacup der Landesmeister 1974, 1975, 1976.
Europacup der Pokalsieger 1967.
Weltpokalsieger 1976.
Bundesliga-Torschützenkönig 1967 (28 Tore) gemeinsam mit Lothar Emmerich (Borussia Dortmund), 1969 (30), 1970 (38), 1972 (40), 1973 (36), 1974 (30) gemeinsam mit Jupp Heynckes (Borussia Mönchengladbach), 1978 (24), gemeinsam mit Dieter Müller (1. FC Köln).
Fußballer des Jahres in der Bundesrepublik Deutschland 1970.
Europas Fußballer des Jahres 1970.
Goldener Schuh für Europas erfolgreichsten Torschützen 1970 und 1972.
Silberlorbeer 1974.
Bundesverdienstkreuz 1978.

nicht glauben, daß ich zufrieden bin«, räumt er ein, doch das störe ihn nicht.
Alles vorbei, als wär' es nie gewesen? Dieser kometenhafte Aufstieg eines jungen Burschen aus der Provinz, den die Eltern mit 14 Jahren in eine Weberei gesteckt haben? Mit 18 zum FC Bayern München geholt, für 6000 Mark Handgeld und 500 Mark monatlich, ein stämmiger Kerl, der gelernt hatte, zuzupacken, und sich ein Zubrot verdiente als Möbelpacker in der ersten Zeit? Die Tore, die Siege? Goldener Schuh, Silberlorbeer, Bundesverdienstkreuz sogar? Schade. Was hätte Gerd Müller alles weitergeben können an Erfahrung, Wissen, Können. Es gibt kein Müller-Buch, keine Müller-Filmkassette, wie von Franz Beckenbauer.
Noch immer lockt er Fans an, nicht mehr ins Stadion, aber zu

Autogrammstunden, überall in der Bundesrepublik, fünf, sechs Tourneen im Jahr. Aber wie lange noch. Am Tag vor dem Abschiedsspiel ist Tochter Nicole in München eingeflogen, mit 47 Gastronomen aus Fort Lauderdale. Gerd Müller hat Plätze reservieren lassen, aber nicht im Stadion, sondern auf dem Oktoberfest und hatte Verständnis dafür. Seine Tochter kennt ihn nicht mehr als Fußballer; dafür ist sie zu jung. Bald wird Gerd Müller nur noch für die älteren Fußballfans ein Begriff sein, und das ist schlecht fürs Geschäft.
Doch um Geschäfte hat sich Gerd Müller noch nie gesorgt.

Sprüche

»In Deutschland wird ein Trainer schon als Fußball-Professor bezeichnet, wenn er drei Sätze ohne grammatikalische Fehler formulieren kann!«

(Dettmar Cramer, Trainer bei Bayer Leverkusen.)

»Hier hat man den Verfall der Fußballkultur erlebt. Früher haben s' geklatscht, wenn wir das Tor getroffen haben. Jetzt applaudieren s' schon, wenn einer den Ball trifft.«

(»Buffy« Ettmayer, Österreicher, ehemaliger Bundesligaspieler, nach dem Europacupspiel Wacker Innsbruck gegen 1. FC Köln).

»Jupp Derwall wäre der beste DFB-Referent für Altersversorgung. Da könnte er die Seniorenheime verwalten, die der DFB für alte Spieler einrichtet.«

(Holger Klemme, vom DFB verfolgter, ehemaliger Berater des Stürmers Rudi Völler, über den Bundestrainer.)

»Es ist blödsinning, wenn ein kaum flügger Bursche, der einmal pro Woche seinen Flaum zu rasieren hat, über 200 000 Mark kassiert.«

(Der ehemalige Fußballer Paul Breitner über die Gehälter der jungen Bundesliga-Profis.)

Brüderpaare in der Bundesliga: Die Försters

Über die richtigen Beziehungen zu verfügen ist wichtig in unserer Gesellschaft, wie jeder weiß. Wenn man einen kennt oder zumindest einen kennt, der einen kennt, der was billiger beschafft, einen Arzt im Krankenhaus, einen Spezi bei der Behörde hat, geht manches leichter vonstatten. Auf den richtigen Draht kommt es an. Wenn ein Fußballer den findet, rückt er mitunter schneller auf von der Reserve ins erste Glied, und für den Sprung in die Nationalmannschaft ist so was auch eine vorteilhafte Basis. Der Beckenbauer hat einst den Schwarzenbeck protegiert, der Breitner den Dremmler, Mannschaftskameraden allesamt beim FC Bayern München. Und wenn gar ein Bruder für den anderen eintritt wie der Karl-Heinz Förster für den Bernd, ist ohnehin alles geritzt.
Die Rechnung, versichert Karl-Heinz Förster, geht nicht auf. Als Hindernis gar erweise sich das brüderliche Band. »Wenn ich ein gutes Wort einlege für den Bernd, dann sagt jeder: Ja, der Bruder! Und wenn der Bundestrainer mich fragen würde, ob er den Bernd aufstellen soll, müßte ich immer ja sagen, weil ich eine so gute Meinung von ihm habe. Herr Derwall weiß das, und wahrscheinlich fragt er mich deshalb nicht.«
Der Bernd kennt die Problematik, sie haben oft darüber gesprochen. »Aber unsere Bindung ist so eng, daß sie mir über vieles hinweghilft. Es hat nie einen Moment gegeben, in dem ich neidisch war oder unzufrieden. Ich freue mich über jedes gute Spiel von Karl-Heinz.«
Das klingt keineswegs resigniert, obwohl Bernd Grund genug hätte, an seinen Fähigkeiten als Fußballspieler zu zweifeln, mit dem Glück und seinem Geschick zu hadern. In der DFB-Jugendauswahl hat er einst Vorstopper gespielt, ehe ihn der damals erst 16jährige Karl-Heinz ablöste, um ihn bald zu überflügeln: Erstes A-Länderspiel mit 19, zuerst beim VfB Stuttgart und gleich Stammspieler, Heirat, Vaterglück, immer vorneweg. »Meine Laufbahn ist nicht so glatt verlaufen wie die von Karl-Heinz«, sagt Bernd.
Die ersten Schritte waren vorgezeichnet: Badenia Unterschwarzbach, der Heimatverein im Odenwald; Waldhof Mannheim, die Talentschmiede; dann der große Sprung zum FC Bayern München, der 440000 Mark zahlte, ein Privatspiel inklusive. Der 19jährige

Bernd Förster stand mit monatlich 10 000 Mark auf der Gehaltsliste und mußte dafür vornehmlich die Koffer tragen. Er wechselte zum 1. FC Saarbrücken, doch der stieg ab. Wenigstens damals hat sein Bruder etwas für ihn tun können. Er ebnete ihm den Weg zum VfB Stuttgart, wo die beiden seitdem Tore verhindern.
Konkurrenzlos darf Karl-Heinz Förster in der DFB-Auswahl Anspruch auf den Posten des Vorstoppers erheben: Eine verbesserte Ausgabe des »Katsche« Schwarzenbeck, der Mitglied der Weltmeistermannschaft 1974 gewesen ist, mit Zierleiste quasi. Der Schwarzenbeck hat so grimmig dreingeschaut, wie er spielte. Karl-Heinz Förster kämpft nicht weniger kompromißlos, aber mit dem adrett gescheitelten blonden Haar und dem stets fröhlichen Gesicht vermittelt er den Eindruck, als könne er kein Wässerchen trüben, so daß manche von ihm behaupten, er sei der Treter mit dem Engelsgesicht.
Sein Bruder Bernd gilt als vielseitig verwendbarer Spieler, und für so einen ist der Weg nicht weit zum Lückenbüßer. »Das ist auf die Dauer gefährlich«, hat er erkannt. »Erst spielst du hier, dann da, und auf einmal bist du weg vom Fenster.« Das widerfuhr ihm bei der Europameisterschaft 1980, als er Platz machen mußte für Bernd Schuster. Danach hat er sich wieder rangekämpft und in jener Mannschaft verteidigt, die bei der Weltmeisterschaft 1982 erst im Finale den Italienern unterlegen ist.
Die Kraft, nicht aufzugeben, Enttäuschungen zu überwinden, finden beide, so versichern sie, in ihren familiären Beziehungen. »Das Familienleben ist für uns wichtige Basis«, versichert Bernd. »Wir haben eine enge Bindung zum Elternhaus. Meiner Mutter war die Arbeit nie zuviel, wenn wir dreimal am Tag schmutzige Wäsche heimgebracht haben. Das geben wir jetzt zurück.« Eine Autostunde bringt sie in den Odenwald zu den Eltern, den beiden Schwestern, sooft es die Zeit zuläßt.
Daß einer für den anderen einsteht, ging so weit, daß sie mit dem Fußballgesetz in Konflikt gerieten. Im UEFA-Cup-Spiel gegen den 1. FC Köln im Jahre 1980 stellte sich Bernd vor seinen Bruder Karl-Heinz, als dieser mit der gelben Karte verwarnt werden sollte und daraufhin gesperrt worden wäre. Der schwedische Schiedsrichter Ericsson ließ sich täuschen: Ein Blonder, ein Förster. Der Fehler dabei war bloß: Die beiden Schwindler erzählten die Geschichte im regionalen Fernsehen, sie machte die Runde, und die Strafe traf

Lokalderby

hart: vier Spiele Sperre – für beide. Der VfB Stuttgart flog aus dem Wettbewerb und büßte Millionen ein.
Das sind zwei liebe, nette junge Burschen, die immer freundlich Grüß Gott sagen, was in ihrer Branche durchaus nicht mehr als selbstverständlich gelten kann. Doch dieser Eindruck täuscht. Bei der Arbeit auf dem Spielfeld wirken sie eiskalt und knallhart, zeigen sich nach dem Schlußpfiff als gewiefte Geschäftsleute. Mit 17 hat Karl-Heinz Förster, damals jüngster Profi beim VfB Stuttgart, schon verkündet, er werde bei seinem Verein um jede Mark kämpfen, »denn irgendwann kriegt in diesem Job jeder einen Tritt«. Nach der Weltmeisterschaft sollte ein Buch über das Duo erscheinen, im Auftrag einer Kaufhauskette, mit dem Titel: »An uns kommt keiner vorbei.« Das Projekt hat sich damals zerschlagen. Jetzt werben sie für eine Bausparkasse, als sympathische Garanten des schwäbischen Mottos: Schaffe, schaffe, Häusle baue.

Chelsea-Andy im Stadion: Eine Müllkippe für Gefühle

Irgendwann hat Inge die Gretchenfrage gestellt. Andy ging mit Herbert nach dem Spiel gerade auf ein paar Dortmunder los, als sie plötzlich wissen wollte, was ihm lieber sei: »Ich oder Fußball?« Fußball natürlich, hat Andy geantwortet – und schon saß ihre Ohrfeige. Peinlich war das, weil er »ganz schön blöd« dastand vor Herbert und den Dortmundern. Und man konnte wieder mal feststellen, »daß das mit den Frauen nix is', solange du Fußballfan bist«. Man sehe es ja an den laschen Kerlen, die »mit den Krähen in die Disco rennen«, oder an den alten Freunden, die auf einmal nicht mehr kommen, »weil s' a Keule ham« und den Kinderwagen schieben müssen.
Nein, bis jetzt ist Fußball Andys Leben, seit zehn Jahren schon. Damals ist er ein Fan des TSV München von 1860 geworden, hat begonnen, die ganze Woche für den Samstag zu sparen. Heute, mit 20, hat er die lange, prügelharte Karriere hinter sich, die einer machen muß, wenn er die »Nummer eins« unter den anderen sein will. Sollte es einen harten Kern geben, der für einen großen Teil der üblichen Gewalt in den Fußballstadien verantwortlich ist, dann zählt Andy sich dazu. »Ich bin einer, der gern rumhaut«, sagt er. »Mehr als drei oder vier sind es meistens nicht, die anfangen. Die ziehen die Masse mit. Ich bin auf jeden Fall bei denen, die am Anfang mitmachen. Die meisten haben das Herz nicht.«
Dabei ist »alles eine totale Sache vom Herz«: Stehenbleiben, »zeigen, daß du einer bist, zack, bumm«, ein Kämpfer sein, nicht weglaufen vor anderen Fans. Denn, sagt Gary vom Fanklub Blue Soldiers, »wenn du wegläufst, dann bist du fett, dann machen s' dich fertig«. Es sind Ideale von Härte, von Marlboro-Männlichkeit, die Andy, Gary und die anderen beherrschen. Cool mußt du sein, stark, erfahren, ein »Guter«; kein »Luhtscher«, der die Lieder mitsingt, aber abhaut, wenn es ernst wird. Alle Symbole weisen darauf hin: Andys gewaltige Zahnlücken, die es nicht mehr lohnt, dauernd zu reparieren, sein kahlgeschorener Skinhead-Schädel, die Stiefel mit den Stahlkappen, die olivgrüne Bomberjacke und immer wieder die Hakenkreuze und die kleinen Aufkleber mit den »Ausländer-raus«-Sprüchen.

Nach dem 2:1-Sieg von Juventus Turin gegen den FC Porto im UEFA-Cupfinale zeigt Gaetano Scirea stolz den Pokal den jubelnden Fans.

Beim Stande von 8:8 kann Jean-Marie Pfaff einen Elfmeter abwehren (oben), um dann selbst zum siegreichen 9:8 einzuschießen (unten).

Im Kampf um den UEFA-Cup FC Bayern gegen PAOK Saloniki war Jean-Marie Pfaff der gefeierte Held des Abends.

Fernando Gomez vom portugiesischen FC Porto debattiert im UEFA-Cup-

Endspiel mit Schiedsrichter Adolf Prokop aus der DDR.

Nach mächtigem Sturmlauf überfliegt Flügelflitzer Calle Del' Haye Torwart Clemence. Im Rückspiel des UEFA-Cups gegen Tottenham Hotspur kam das Aus für den FC Bayern.

IVECO
MAGIRUS

Beim Endspiel des AC Rom gegen den FC Liverpool im Europacup der Landesmeister kam es zu turbulenten Szenen.

Egghead war vor anderthalb Jahren der erste Skin im Stadion. »Ich war in England«, sagt er. Mittlerweile rasieren sich noch dreißig oder vierzig andere den Kopf. »Neunzig Prozent der Skinheads«, sagt Andy, »sind Faschisten.« Andy selbst allerdings nicht. »Ich bin total God save the Queen. Monarchist.« Neben 1860 hängt er vor allem dem englischen Zweitligisten FC Chelsea an. Andy bewundert die bedingungslose Verehrung der Chelsea-Fans für ihren Klub. Seine Wohnung ist mit Chelsea-Fahnen tapeziert. Zwanzig Chelsea-Schals liegen im Regal, daneben dreißig Chelsea-Wimpel. Hunderte von Chelsea-Nadeln rasseln aus einer Schachtel. Ins Stadion schleppt Andy häufig einen großen Union Jack mit. Wo andere auf der Fanjacke, der Todesjacke, der Superjacke einen Aufnäher »Ich bin stolz, ein Deutscher zu sein« tragen, steht bei Andy das Chelsea-Abzeichen. Das hat ihn bekanntgemacht, ihm fast eine zweite Identität verschafft. »Chelsea-Andy« sagen die anderen. Franz hält zu einem irischen Klub. An der Wand seiner Bude hängt ein großes Bild vom Papst.

Chelsea-Andy sagt, er habe bisher immer Glück gehabt mit der Polizei. Einmal haben sie ihn wegen Beamtenbeleidigung und Nötigung ein Wochenende lang in eine Jugendstrafanstalt gesteckt und danach 24 Stunden lang das Dantestadion putzen lassen. Wegen unerlaubten Besitzes einer Gaspistole mußte er einmal hundert, ein weiteres Mal fünfhundert Mark zahlen. Für schwere Körperverletzung kam er später noch mal zwei Wochen in Haft. »Total arschig, echt«, war es da, langweilig vor allem. Bücher hat er bekommen, auch gelesen. Einen Western und einen Landser-Roman. »Die waren gut, echt.« Zwei weitere Wochen wurden ihm schließlich erlassen, weil er bereit war, einen psychotherapeutischen Kursus zu besuchen. »Totaler Schmarr'n«, sagt Andy. Aber er sei der einzige gewesen, der bei allen fünfzehn Terminen da war. »Da bin ich heut' noch stolz d'rauf.« Außerdem findet er: »Für das, was ich gemacht hab', waren die Strafen verdient. Warum soll ich rumjammern?« Man müsse einsehen, »daß die Polizei im Stadion sein muß. Wenn keiner da wär', der auf uns aufpaßt, müßte man von neun Spielen acht abbrechen.«

Chelsea-Andys fußballbesessener Vater, der eigentlich nicht sein Vater ist, hat ihn beim Endspiel der Fußball-Weltmeisterschaft aus dem Haus geworfen, weil Andy auf »Scheiß-Deutschland« fluchte und behauptete, allein Chelsea sei »die Macht«. Seitdem wohnt er

Rückrunde

allein, mit einem Bild der Mutter und eines Bruders. »Scheiß drauf«, sagt er. »Ich brauch' keinen Vater. 1860 ist mein Vater.«
Als Andy ein Anfänger war (und noch nicht der Chelsea-Andy), hat er eine große Klappe gehabt und viel Prügel bezogen. »Ich bin zuviel stehengeblieben. Da hab' ich gemeint, ich muß mich beweisen. Ich wollte ja schließlich dazugehören. Ich hab' doch nach Kameraden gesucht.« Mit 14 haben sie ihn in Stuttgart einmal so verdroschen, daß er wochenlang zwei große blaue Augen hatte. »Danach war ich schon bekannt, aber sie haben halt gemeint, ich soll doch auch mal allein was bringen.« Auch diese Probe hat er schließlich bestanden, aber trotzdem haben sie ihn nie in die Blue Army aufgenommen, wo seine großen Vorbilder waren, der Igor zum Beispiel.
So hat Chelsea-Andy woanders mitgemacht, bei Mighty Blues zuerst. »Das war der beste Klub, der war in ganz Deutschland bekannt, bei den Punks, überall. Gleich am Gründungstag hatten wir mit denen eine Schlägerei. Das war die Einweihung.« Aber bald kannte die Polizei sie zu gut. Andy verbrannte das Mighty-Blues-Abzeichen und gründete Blue Death. Auch dieser Fanclub ging

auseinander, spaltete sich in die Blue Soldiers und die Danger Freaks. Da sitzen welche, für die Chelsea-Andy ein Vorbild war. »Er hat«, sagt Gary, »viele von uns großgemacht.«
Klubs? Gut, eine Satzung haben sie, auch einen Vorstand und einen Kassierer. Aber andererseits reicht zum Austritt ein dahingeworfener Satz, wie der von Egghead und Gary neulich: »Übrigens – wir gehen. Es langweilt uns.« Solche Fanclubs sind keine festgefügten, auf immer verschworenen Bünde. Gerade ihre diffuse Struktur macht sie schwer faßbar. Den großen etablierten Fanclubs mißtraut Andy, weil er annimmt, daß die, da sie Gewalttäter meist konsquent ausschließen, mit der Polizei zusammenarbeiten. Die Gemeinschaft hält nur der Fußball zusammen. Wie lieblos diese Welt eigentlich ist, wurde Andy klar, als Mücke von den Blue Soldiers in Untersuchungshaft kam. »Wir kennen uns schon so lange, aber es wird wenig über persönliche Probleme geredet. Mücke im Gefängnis – das macht mich so fertig. Aber viele sagen bloß: Ach, der ist auch weg.«
Mücke ist einer von denen, die immer zuviel trinken. Der Alkohol schafft die eine Angst aus der Welt: die Angst davor, daß vielleicht der Lehrherr von den Dingen des Samstags erfährt, daß man den Job verliert. Gary zum Beispiel hat, als 1860 zuletzt in der zweiten Bundesliga spielte, »kein Spiel nüchtern gesehen. Ich war so verzweifelt, weil wir immer verloren haben. Und wenn wir besoffen waren, war uns meistens alles wurscht. Dann sind wir sogar auf die Polizei losgegangen.« Nüchtern würde er das nie tun. Andy trinkt nicht mehr viel, »weil ich nach zwei Bier zur Sau werde«. Da habe er schon mal in Bielefeld »auf alles geschlagen, was sich bewegte«, habe sogar den Heinzi die Treppen hinuntergeprügelt.
Sicher: Der Asoziale – der Aso, der Assi, die Assel, die Kellerassel – ist ein Mythos unter den Fans, weil »er sich um nix scheißt« (Andy), weil er die Rücksichten auf das bürgerliche Leben abgestreift hat. »Wenn einer einen absticht ohne Gewissensbisse«, sagt Andy, »dann ist das ein Aso, dann ist das ein total cooles Schwein. Wenn du ein Messer im Bauch hast, dann sagst du schon Grüß Gott.«
Aber so weit wie ein Aso will eigentlich keiner wirklich gehen. Beschränkungen werden schnell akzeptiert. Seit zum Beispiel die Staatsanwaltschaft dazu übergegangen ist, Fans, die Schals anderer als Souvenirs stehlen, wegen schweren Raubs zu belangen, hat

Andy keine solche Trophäensammlung mehr. Das lohne sich nicht, sagt er, wegen eines Schals für zehn Mark. Ganz im Gegensatz zu einer weitverbreiteten Meinung sind Fußballfans keineswegs vor allem arbeitslose Jugendliche: Bei den Blue Soldiers, zum Beispiel, treffen sich Bankkaufleute, Maler, Schlosser. Andy ist Schuhmacher. Sein Besuchsprogramm bei 1860 hat er in letzter Zeit drastisch reduziert, »weil mir die Bullen so auf die Eisen steigen. Die haben das Gesetz hinter sich. Da mußt du auch ein bissel an dich selber denken. Du mußt den Punkt kennen.«

Andererseits hängen Chelsea-Andys seltener gewordene Visiten auch damit zusammen, daß die Mannschaft mittlerweile als Amateurelf in der Bayernliga spielt. Das macht den Fall so interessant: Den einst berüchtigten Sechzigerfans ist das verlorengegangen, was sie in der Bundesliga hatten – die große Bühne. Es ist vorbei mit den Auswärtsfahrten, der Aufmerksamkeit des Fernsehens, der Zeitungen. Die Kurve stürmen, die absolute Großtat im Leben jedes Fans, »das müßte man noch mal bringen«, sagt Andy. Aber es geht schon deswegen nicht mehr, weil es keine gegnerischen Fans mehr gibt. So bleiben noch die Erinnerung und ein paar alte Feindschaften: Die mit Schalke zum Beispiel.

Jeder von ihnen hat sein Archiv, sammelt Photos, hebt Artikel auf über Schlägereien. Andy hat Europacupspiele englischer Vereine auf Kassette aufgenommen, weil er sich zu Hause die ungeheuer geschlossenen Choräle englischer Fans anhören will. »Da schaust du deine alten Albums an«, sagt Gary, »und denkst: Whow, bumm. Und dann denkst du an die Bayernliga.« Andy hat schon »gar keine Durchpeil mehr, was da so los ist«.

Ohne den großen Zirkus geht es nämlich nicht. Die Aggressionen der Fans brauchen ihr Publikum, sie können das Gefühl, gehört zu werden, wenigstens auf diese Weise ernst genommen zu werden, nicht entbehren. Sie selbst erklären sich ihre Welt mit der simplen, unabänderlichen Notwendigkeit, fünf Tage lang aufgestaute Enttäuschungen abzureagieren. »Irgendwo«, sagt Egghead, »müssen die Aggressionen doch hin. Irgendwo mußt du doch prügeln.« Aber wenn es so wäre, wenn der Fußball eine quasi reinigende Kraft hätte, wenn das Stadion bloß eine Müllkippe der Gefühle wäre, könnte Chelsea-Andy dann sagen, »daß neunzig Prozent der schlimmeren Tobereien nach dem Spiel sind«? Kann das erklären, daß er, als ein 2:7 von 1860 in Karlsruhe einmal den Abstieg besiegelte, erst

Pokalendspiel

weinend wie ein dreijähriger Bub in der Kurve saß und dann mit den anderen gesucht hat »wie ein Wahnsinniger, damit wir was finden zum Prügeln«?

Da scheint doch das Spiel selbst erst die Emotionen zu produzieren, die sich entladen, das Reizklima der Gewalt erst bereitzustellen. Wesentlich plausibler als die These vom ewigen Aggressionstrieb klingt da die Erklärung, die Autoren einer wissenschaftlichen Projektgruppe des Bundesinstituts für Sportwissenschaft zum Thema »Sport und Gewalt« erarbeiteten. Jugendliche, so heißt es da zum Beispiel, »wollen (wie Erwachsene) aktiv Einfluß nehmen auf sich und ihre Umwelt und dies auch bestätigt bekommen, erleben jedoch gerade über die Normierung und Kontrolle ihres Verhaltens ein ständiges Defizit an eigener Wirksamkeit«.

Demnach wäre alles vor allem ein altersspezifisches Phänomen, das Jugendliche in den Stadien zu lösen versuchen. Da können sie für etwas kämpfen, können sie zeigen, daß ihre Ideale stark sind. Da kann aus dem Schuhmacher Andy der Chelsea-Andy werden, der die Superjacke anlegt wie einen Sonntagsanzug und bekannt und geachtet ist. Da ist was los, da kann er seinem Alltag für ein paar

kleine Sensationen entrinnen. Die Aufmerksamkeit der Medien steigert das Geschehen ins Monströse. Muß das alles nicht sehr wichtig sein, wenn die Zeitungen große Schlagzeilen darüber produzieren? Hat nicht der Fanclub Andy eine neue Heimat gegeben, ihn allerdings auch gelehrt, daß er sich nur mit Gewalt durchsetzen kann? Diese sich gegenseitig hochschaukelnden Aggressionen werden unter den Fans wie eine Art wechselseitige Aufrüstung gesehen, die mittlerweile zur Verwendung von Distanzwaffen wie Leuchtstiften und Rauchbomben geführt hat, schließlich auch zu Todesopfern. Vorbilder beziehen sie aus ihrem eigenen Bereich, nicht aus der Erwachsenenwelt, die ihnen abweisend gegenübersteht. »Die Spieler verachten dich«, hat Andy gespürt. Und ist vielleicht jener Bamberger Polizeidirektor so untypisch für die Haltung der Älteren (nicht der gesamten Polizei), der einmal seine Männer zum Einsatz Handschuhe anlegen ließ, weil, wie er in einem Radio-Interview erläuterte, die Fans so furchtbar dreckig seien?
»Wenn ich Eltern wär'«, hat Egghead neulich gesagt, »würd' ich uns auch nicht verstehen.« Gary hat gefragt: »Weißt du, wovor ich Angst, habe?« und gleich geantwortet: »Daß ich älter werde.« Mit 25 wird keiner mehr ernst genommen. »So nüchtern«, findet Chelsea-Andy, »mußt du einfach sein, daß die Zeit mal aus ist. Ich werd' auch irgendwann mal von der Bildfläche verschwinden.« Dann könne man sich ja mal treffen, »mit den Wilden von früher, so mit Frauen und Kindern. Wenn ich mal dreißig oder vierzig bin: Ich glaub', ich denk' dann schon gern zurück.« *Axel Hacke*

Sprüche

»Der Vorwurf trifft mich nicht, weil Alkohol ein Kulturgut ist, mit dem die Masse der Bevölkerung umgehen kann.«

(Eintracht Braunschweigs Präsident Günter Mast auf die Frage, ob er mit der geplanten Umbenennung des Klubs in »Jägermeister« den Alkoholismus fördere.)

»Das einzig Venünftige, was der Schiedsrichter an diesem Tag gemacht hat, war, vor Spielbeginn bei den Spielern darauf zu achten, daß sie ihre Uhren abnehmen.«

(Günter Netzer, Manager beim Hamburger SV, über Schiedsrichter Correll nach der 1:3-Niederlage gegen Bayer Uerdingen.)

Fußballfans im Rollstuhl: »Manchmal tut's weh«

In gewohntem Schleppschritt hat Paul Breitner Anlauf genommen zum Strafstoß gegen den VfL Bochum und die Lederkugel zielsicher in die rechte Torecke geschlenzt. Jetzt feiert das Publikum im Olympiastadion seinen Helden. Die jugendliche Anhängerschaft der Münchner Bayern in der Südkurve gerät in Ekstase, tobt vor Begeisterung, brüllt, hüpft in die Höhe.

Fan Roman (19), rot-weiß das Stirnband und den langen Schal, die Fahne gehißt, freut sich auch, aber es reißt ihn nicht vom Sitz, weil es sich bei diesem um einen Rollstuhl handelt. Dabei ist Roman vergleichsweise noch gut dran mit seiner Behinderung, wiewohl der junge Mann, mittlerweile schwergewichtig, seit seinem fünften Lebensjahr die Beine nicht mehr gebrauchen kann (»ein Wäscheschleuder-Unfall«). Als Selbstfahrer steuert er sein mit Elektromotor getriebenes Gefährt ins Münchner Olympiastadion, obwohl er es auch mit Armkraft vorwärtsbewegen könnte, aber, gibt er zu: »Ich bin ein fauler Hund.«

Herbert (26) kämpft mit mancherlei Schwierigkeiten, wenn er seiner Fußball-Leidenschaft frönt. Ohne Beine geboren, reicht seine Körpergröße nicht aus, um vom angewiesenen Standplatz am rechten unteren Ende der Haupttribüne dem Spiel zu folgen, zumal ihm da Trainer und Reservisten vor der Nase sitzen und die Sicht auf das nördliche Tor verdecken. Deshalb parkt Herbert vor der Bande, was er eigentlich gar nicht darf. »Lieber tät' i natürlich oben 'nauf«, versichert der Verwaltungsangestellte aus Germering. Manchmal, wenn viele leere Sitze einladend locken, trägt ihn ein Spezi vom Burschenverein Unterpfaffenhofen, dem er als zweiter Vorsitzender dient, die für ihn unüberwindlichen Stufen hinauf, auch das verbotenerweise (»ma derf's gar net laut sag'n«).

100 Karten für Rollstuhlfahrer stehen für das Olympiastadion zur Verfügung. 43 hat die Geschäftsstelle des FC Bayern München diesmal ausgegeben, zuzüglich je einer Freikarte für Begleitpersonen. Da sitzen sie also und schauen zu, wie gesunde Mitmenschen mit eben jenen Extremitäten ihr Geld verdienen, die bei ihnen nutzlos herunterbaumeln oder fehlen. Stets ihr Schicksal kraß vor Augen geführt, scheint uns, die wir einigermaßen gut zu Fuß sind, dies ein geradezu masochistischer Zeitvertreib.

»Für andere vielleicht«, behauptet Herbert, sehe das so aus, »für mi net«. Christian (20), der bis zu seinem 15. Lebnsjahr draußen in Dachau gekickt hat, ehe ihn das Schicksal nach einem Autounfall in den Rollstuhl zwang, gibt zu: »Manchmal tut's scho' weh.« Weshalb er trotzdem kommt? Weil er am Fußball hängt und weil er ein Fan von 1860 ist. Wie sich das zusammenreimt? »Ich hoff' immer, daß Bayern verliert, ehrlich.« Roman, das Bayern-Mitglied, regt sich darüber schon gar nicht mehr auf. »Wenn i a Fußgänger wär', würd' i mi net mit ihm vertrag'n«, erklärt er das merkwürdige Verhältnis. »Aber wir Rollstuhlfahrer sind eine große Gemeinschaft.«

Viele kommen »zu Fuß« ins Stadion, wie sie sagen, auch Christian, dessen Auto auf der Parkharfe steht, was ihn klagen läßt: »Die Bonzen dürfen reinfahren, und wir müssen draußen parken; da hab' i mi schon oft beschwert.« Doch glücklicherweise sei er »no besser beianand«. Uli (24) schwindelt sich ab und zu durch mit seinem Behindertenausweis. Auch er ist Mitglied beim FC Bayern, aber nicht nur Fußballfan, sondern schaut beim Handball zu und mag Eishockey, »aber da geht leider nix mehr in München«. Von ihm, dem Angestellten beim Fernmeldeamt, könnte man sagen, daß er mitten im Leben stehe, wenn dieses Bild nicht so schief hinge wie irgend möglich. Seine Freizeit ist prall gefüllt, er spielt Schach und kurvt durch die Diskotheken, »oder was man sonst noch so macht in meinem Alter«.

Auch Uli meidet im Stadion den zugeteilten Standplatz, nimmt nahe des 100-m-Ziels Aufstellung, wo sein Nachbar Werner erläutert, weshalb: »Da fahr' i nimmer rein. Wenn du bieseln mußt, kommst nimmer raus.« Der Kontrolleur drückt beide Augen zu »bei solche Spiel' mit wenig Zuschauer«. Aber ab und zu muß er durchgreifen, wenn es seine Schützlinge gar zu bunt treiben. »Man muß sie behandeln wie normale Menschen, weil, des wolln s' ja.« Gefahr droht nur in Ausnahmesituationen, wie vor zwei Jahren bei der Meisterschaftsfeier, als die Rollstuhlfahrer von der begeisterten Menge überrannt wurden.

Bisweilen springt ein Funke über von den Stars auf dem Rasenrechteck zu dieser besonderen Gruppe Zuschauer. Hans-Josef Kapellmann, früher im Trikot von 1860, hat einem schon mal einen Ball in den Schoß gelegt, anstatt ihn ins Publikum zu treten, und auch Paul Breitner fand den Weg zu den Rollstuhlfahrern. Doch Roman meint, das sei überflüssig und Autogramme auch, »die dat i scho krieg'n, wenn i mecht«. Viel lieber wäre ihm, die Männer des Ordnungsdienstes würden sich nicht neben oder hinter dem südlichen Tor postieren und den Ausblick versperren. Am meisten trifft das Thomas (22). Der liegt, warm eingepackt, auf seinem Wagen; nur der Kopf schaut raus. Vor ein paar Jahren hat Thomas noch sitzen können. »Muskelschwund«, flüstert er, während die wachen Augen das Spiel verfolgen, »ein schlechtes Spiel«, wie er fachmännisch urteilt.

Hans-Joachim (42) zeigt sich auch alles andere als begeistert von den kargen Darbietungen der Münchner Kicker. »Ich wär' besser zu Waldtrudering gegangen, da hätt' ich mehr davon gehabt«, grantelt der ehemalige Fußballer bei Vorwärts Halle und dem Münchner Post SV. »Daß so namhafte Spieler keine Spielzüge zusammenbringen!« Früher, als er noch Busfahrer gewesen ist bei der Post, hat sich Hans-Joachim mit einer Freikarte auf die Tribüne setzen dürfen. Jetzt, da Nieren und Leber den Dienst versagen, »kann ich nur ein paar Meter gehen mit Krücken und komm' nicht mehr hoch.«

Auch für den winzigen Ossi (18) führt kein Weg hinauf. Trotzdem fühlt er sich in seinem E-Rollstuhl recht mobil und sichtlich wohl in Gesellschaft zweier junger Mädchen, die unbefangen erzählen, daß ihr Freund Glasknochen habe und nur Hilfe brauche, wenn er aufs Klo müsse.

Als Karl-Heinz Rummenigge das 3:0 erzielt, hat Christian, der Löwenfan, die Nase voll und rollt von dannen. Herbie, der Mann mit der Mütze, zuckelt hinterdrein. Ihm reicht's an diesem Samstag erst recht. Weshalb, erzählt Werner: »Der hat unterwegs einen Typen kennengelernt und ihn mitgenommen mit seiner Begleitkarte. In der Halbzeit hat er ihm 20 Mark gegeben für einen Glühwein. Gesehen hat er ihn nimmer!« Und kopfschüttelnd fügt Werner hinzu: »Manche Leut' ham überhaupts kein G'wissen.«

Wenn Hoeneß »in der Mitte durchbricht«

»Dieter Hoeneß erschießt die Eintracht.« Eine Schlagzeile, aus der Blut trieft. Amoklauf eines Fußballers, Blutbad im Olympiastadion? Alles harmlos. Der Schütze ist kein Massenmörder, sondern bloß Mittelstürmer, und hat dem Braunschweiger Torhüter Franke fünfmal den Ball ins Netz getreten. Ungestraft ist die Tat dennoch nicht geblieben. Zweimal soll Hoeneß »in der Mitte durchgebrochen« sein. Gerettet worden ist der Schwerverletzte von den Opfern, die wenig später im Mittelfeld »geschickt operiert« haben. Daß die Braunschweiger sich nicht nur in der Ballbehandlung auszeichneten, ist auch dem Münchner Dremmler zugute gekommen, der mittlerweile voll »in den Gegner hineingegrätscht war, um sich bei dieser günstigen Gelegenheit in den Unglücklichen »zu verbeißen«. Beide sind gleich »mit verarztet« worden von den Operateuren im Mittelfeld, die deshalb früher mal »Verbinder« genannt wurden.

Wer das Fußballspiel für einen schönen und gesunden Zeitvertreib gehalten hat, dem müssen beim Lesen dieser blutrünstigen Beschreibungen Bedenken kommen. Aber nicht des Fußballs wegen, sondern ob der diese Sprache verdient hat, deren sich Reporter bei Funk, Fernsehen und in den Zeitungen befleißigen. Das hört sich oft haarsträubend an. Nehmen wir doch mal jene bemitleidenswerten kickenden Invaliden, die nur über einen linken oder rechten Fuß verfügen, weil sie das andere Bein irgendwo haben stehen lassen, damit der Gegner darüber stolpert, und zwangsweise Gleichgewichtsstörungen beklagen, wenn sie den Ball zu treffen versuchen. Oder bedenken wir die furchtbaren Schmerzen, die den Hamburger Kaltz jedesmal peinigen, wenn er ein langes Bein macht und trotzdem immer wieder diese wunderschönen ausgereiften Bananenflanken serviert. Auch Rummenigge schraubt sich unter Ächzen und Stöhnen in die Höhe zum Kopfball. Kaum oben angekommen, muß er einen Luftkampf bestehen mit besagtem Torwart Franke und schwebt dabei in Gefahr, abgeschossen zu werden. Die droht aber diesmal nicht, dank Lerby, der den Torhüter zuvor mit einem gewaltigen Schuß zur Hergabe seines ganzen Könnens gezwungen hat, welches jener nun sehr vermißt.

Da wollen sie den Verkauf von grauslichen Videokassetten an

Jugendliche verbieten, aber im Stadion kriegen die auch noch verbilligten Eintritt. Und was müssen sie mitansehen: Wie Völler den Reinders küßt statt seine Frau, wie Matthäus eine Granate losläßt und Waas bombt wie früher Gerd Müller, den sie den Bomber der Nation genannt haben, was sonst nur den meistgesuchten Terroristen widerfährt. Jeder darf den Gegner ungestraft überrennen, ihm den K.o.-Schlag versetzen, ihn schlagen, manchmal sogar vernichtend, nach Hause schicken, ihn aufreiben, demoralisieren, naß machen, in die Abseitsfalle locken und ihm dann auch noch die Lederhosen ausziehen. Pfui!
Wie tröstlich, daß zwischen all den Gewalttätern sich brave Sportler tummeln und fleißige, wie der unermüdliche Ausputzer, der seinen Strafraum so blitzsauber hält, daß seine Braut stolz auf ihn sein und ihn auch daheim brauchen kann. Bei dieser nützlichen Beschäftigung stört ihn lediglich der aufdringliche Abstauber, welcher sich aber schwer tut mit dem unhandlichen, weil runden Leder, das zuvor ein übelwollender Mitspieler bei seinem Flankenschlag auch noch angeschnitten hat.
Alle sind froh, als Schatzschneider endlich das Tor köpft, worauf dieses zusammenbricht. Eine reife Leistung angesichts der ständig wiederholten Behauptung, es bestehe aus vier Pfosten und werde durch zwei Netze gesichert: Je zwei Innen- und Außenpfosten, welche immer dann Erwähnung finden, wenn der Ball von dort zurückprallt, und dem Innen- und Außennetz. Was bleibt dem schwarzen Mann anderes übrig, als den Kickern ihr Spielzeug wegzunehmen. Schlußpfiff. Alles scheint doch noch gut ausgegangen. Doch was müssen wir anderntags lesen in der Zeitung? Werder Bremen entführt einen Punkt aus München. Wie die das bloß geschafft haben, trotz des riesigen Polizeiaufgebots?

Sprüche

»Einen Abwehrspieler, der eineinhalb Stunden kein Foul macht, schmeiße ich raus.«

(Helmut Benthaus, Trainer beim VfB Stuttgart.)

»Was will der, Geld? Der soll froh sein, wenn er auf unserem Platz den Sauerstoff kostenlos einatmen darf.«

(Uwe Klimaschefski, Trainer des 1. FC Saarbrücken.)

Urteile im Namen des Fußballs: Wenn der Schiedsrichter als Sündenbock büßen muß

Das ist die Leidensgeschichte eines bayerischen Fußball-Schiedsrichters, aufgeschrieben von ihm selbst. »Nach Spielschluß erwartete beim Gang zur Kabine eine aufgebrachte Menge die Schiedsrichter. Trotz des Schutzes von vier Platzordnern wurden sie von oben mit Whisky-Cola beschüttet und der Schiedsrichter außerdem noch angespuckt. Zirka eine halbe Stunde nach Spielende wurde auf Verlangen des Schiedsrichters die Polizei verständigt, nachdem die Zuschauer weiterhin vor dem Umkleideraum randalierten. Das Schiedsrichter-Gespann wurde von den zwei Polizisten und einigen Ordnern zum Auto geleitet. Auf dem Wege dorthin wurde der Schiedsrichter erneut angespuckt. Eine sofortige Abreise war nicht möglich, weil das Auto eingeklemmt und der vordere rechte Reifen zerschnitten war. Das Auto war rundherum bespuckt. Beim Reifenwechsel, den beide Linienrichter vornahmen, wurde ein Linienrichter zweimal von hinten getreten. Außerdem wurde während des Reifenwechsels in den Kofferraum gespuckt.«

Passiert ist das in Grafenwöhr in der Oberpfalz und alles bloß, weil der Schiedsrichter einen einheimischen Kicker des Feldes verwiesen hatte, worauf seine Mannschaft prompt verlor. Dabei hat dieser Pfeifenmann noch Glück gehabt, nicht mit schmerzhafteren Andenken von der Ausübung seines Hobbys nach Hause gekommen zu sein wie sein Kollege, dem ein erzürnter Zuschauer in Esselbach bei Würzburg den Hals zudrückte, so daß er die Besinnung verlor, was den Würger 400 Mark kostete. Oder jener in Wiesenfeld, wo ein Dutzend Sportsfreunde den Platz stürmte, darunter auch drei Frauen, wie der Bericht vermerkt, und sich der Schiedsrichter nach einem Faustschlag ins Genick blutend rettete.

Diese Jagdszenen von bayerischen Fußballfeldern finden sich im Mitteilungsblatt des Bayerischen Fußball-Verbands (BFV), in dem allwöchentlich seitenlang Urteile seiner 40 Sportgerichte veröffentlicht werden. Da wimmelt es geradezu von gewalttätigen Zuschauern, brutalen Spielern, schimpfenden Funktionären und geschundenen Schiedsrichtern, die aber nicht nur als Opfer auftreten, sondern auch mal blau.

So hat der Hofmeister, Josef ein Jahr lang darüber nachdenken können, ob er nicht besser seinen 2,8-Promille-Rausch ausgeschlafen hätte, anstatt im niederbayerischen Schaufling zur Pfeife zu greifen. Angezeigt haben den fröhlichen Zecher die geschlagenen Mariaposchinger in der Hoffnung, das Spiel werde annulliert. Sie trog, denn auch ein betrunkener Schiedsrichter schafft Tatsachen. »Es mußte mit aller Strenge vorgegangen werden«, urteilte das Sportgericht, »da Schiedsrichter Hofmeister durch seine Trunkenheit dem gesamten Fußballsport einen sehr schlechten Dienst erwiesen hat.« Doch wehe, es holt einer die Polizei zum Alkoholtest, wie der Trainer Rauh vom TSV Bernlohe, und das Röhrchen verfärbt sich nicht. Das stellt in den Augen des Gerichts »eine grobe Unsportlichkeit« dar, weil es nicht angehe, »daß Schiedsrichter vor Zuschauern und Spielern kompromittiert werden«.
Das stimmt schon, doch erfahren Hunderttausende erst durch die Veröffentlichung von den mancherlei Missetaten auf den Fußballplätzen, und da hätten sich die Rechtskundigen im BFV längst fragen müssen, ob das rechtens ist, weil besagter alkoholisierter Schiedsrichter ebenso Schwierigkeiten kriegen kann am Arbeitsplatz und Unannehmlichkeiten zu Hause wie die Schläger, Treter und Schimpfkanoniere. Das hat auch Kurt Renner schon gewundert, der dem Bezirkssportgericht Oberbayern vorsitzt, aber kein Jurist ist, sondern Steuerberater. »Gott sei Dank«, sagt Renner, gäbe es wenig juristisch bewanderte Fußballrichter, und wenn ein Verein mit einem Anwalt auftauche, sei das kein Problem, »weil der meistens viel vernünftiger ist als sein Mandant und mehr zugibt. als dem recht ist«.

Bestraftes Opfer

Denn gelogen wird allenthalben, daß sich die Balken biegen, wie weiland vor dem Königlich Bayerischen Amtsgericht. Er habe, machte der Fußballer Hagler vom FC Schöninger-Luhe glauben, dem Schiedsrichter bloß ganz freundschaftlich auf die Schulter geklopft, worauf sich dieser absichtlich habe zu Boden fallen lassen. Das Gericht sah eine Tätlichkeit als gegeben und verhängte sechs Monate Sperre, natürlich gegen den Spieler.
Bisweilen macht sich freilich mangelnde juristische Schulung doch nachteilig bemerkbar, wie beim Fall des Martin W. vom FC Ham-

Begleitschutz

merau. Der wurde beim Spiel in Berchtesgaden Opfer einer Schlägerei, als Zeuge vor das Kreisgericht Inn-Salzach geladen und mußte später der Verbandszeitung entnehmen, daß er wegen Tätlichkeit zwei Monate gesperrt sei. Der FC Hammerau legte Berufung ein wegen eines Verfahrensfehlers.
Also kommen die Hammerauer am Dienstagabend 150 km weit gefahren ins Münchner Haus des Sports, damit dem Ihren Gerechtigkeit widerfahre durch das Sportgericht Oberbayern, denn es handelt sich um den Torjäger, und den brauchen sie im Kampf gegen den Abstieg aus der A-Klasse. »I bin dreimal der Lackierte«, klagt der Beklagte, ein blonder Kerl mit einem Kreuz wie ein Möbelpacker, dem einer gar nicht so recht glauben mag, daß er sich duckt, wenn's Prügel gibt. »Erst die Schmerzen von meim Riß im Schienbein, wo mi der Puhl treten hat, zweitens a Hodenprellung, die wo zur Impotenz führn ko, hat der Arzt g'sagt, und drittens wer' i no g'sperrt a.« Richter Renner, seine Beisitzer Mally und Edith Tischler, die einzige weibliche Geschworene der bayerischen Fußball-Gerichtsbarkeit, hören aufmerksam zu, obwohl sie schon wissen, wie's ausgeht. Trotzdem bittet Renner die Hammerauer für

einige Minuten aus dem Verhandlungszimmer, »damit sie nicht glauben, daß sie umsonst hergefahren sind«, gibt danach dem freudestrahlenden Martin W. seinen Spielerpaß zurück und den Fall dorthin, wo er hergekommen ist.

So an die 14600 Urteile jährlich sprechen die 40 bayerischen Fußballgerichte, meist im schriftlichen Verfahren. Rund zwei Drittel sühnen Beleidigungen des Schiedsrichters und der Linienrichter, die allerdings alle »zuviel sehen und hören«, wie der Beisitzer Mally findet. Aber angesichts von 25000 kickenden Mannschaften beiderlei Geschlechts und aller Altersklassen und mithin rund 12000 Spielen an jedem Wochenende geht es eigentlich recht friedlich zu auf Bayerns Fußballplätzen. Bloß, wen's halt trifft, der hat nichts zu lachen. Grad froh muß er sein, der Schiedsrichter, wenn aufgebrachte Mitmenschen in Trikot oder Zivil ihn nur verbal treffen und nicht mit der Faust oder dem Regenschirm, wie jüngst in Leidersbach, wo sich der zuvor wegen Unfähigkeit abgelöste Linienrichter mit einem Schlag seines zusammengeklappten Regenschutzes rächte. Den hat der Getroffene wenigstens gekannt und seiner gerechten Strafe überantworten können. Denn wenn so ein Schiedsrichter nicht im Spielbericht aufführt, was ihm, außer Gegenständen, an den Kopf geworfen wird, dazu die Schmähredner namhaft macht, nützt es ihm gar nichts, wenn die Sache gerichtsmäßig wird. Die weit verbreitete Ansicht, gegen die Allmacht der Unparteiischen sei nichts auszurichten, läßt sich anhand überraschender Urteile widerlegen. Das hat der Schiedsrichter-Kamerad Steger erfahren müssen, der in seinem Bericht aus Waldthurn folgende infame Beleidigungen vermerkte und Genugtuung verlangte: »Du bist der größte Depp, der rumläuft, der Blödian, so ein Dreckhund.« Doch bei der Verhandlung beteuerten die Angeklagten, Steger hätte ihnen vorher klipp und klar angeboten: »Ihr A-löcher könnt mich am A- lecken.« Das Gericht sah Aussage gegen Aussage und stellte das Verfahren ebenso ein wie in einem anderen Fall, als der Schiedsrichter zugeben mußte, »den Ausdruck Arschloch nicht mit Sicherheit gehört« zu haben.

Weil pauschale Anschuldigungen nicht genügen, geraten die Berichte der Schiedsrichter zu ansehnlichen Sammlungen von Schimpfwörtern und die Urteile zu einer Preisliste für Beleidigungen. Den Spieler Herget vom oberfränkischen TSV Schlüsselfeld hat die Aufforderung »laßt mich los, ich schlag' die Drecksau tot«,

Ideal-Nationaler

angereichert mit »du Schwein, du Verbrecher« drei Monate Sperre und 75 Mark gekostet. »Wir machen da schon Unterschiede«, erläutert Sportrichter Renner. Eine »Sau« beispielsweise muß mit zwei Wochen Sperre gesühnt werden, eine »blinde Sau« doppelt solang.

Es geht zwar häufig um handfeste oder verbale Schläge unter die Gürtellinie, aber der Alltag bringt auch viele Bagatellfälle wie den zweier Grußmuffel der SpVgg Heigenbrücken, die nach Spielschluß den Mund zum dreifach kräftigen »Gut Sport!« nicht aufbrachten, vom Schiedsrichter angezeigt wurden, aber straffrei ausgingen. Doch als am darauffolgenden Sonntag gleich sieben Mann dieses Vereins nicht grüßen mochten, kostete das zehn Mark. Ein Mitglied des TV Marktheidenfeld mußte »unter Vereinshaftung« gar einen Leserbrief im »Main-Echo« mit 50 Mark büßen, in dem er das Auftreten der TG Höchberg als »unsportlich und skandalös« bezeichnet hatte. Dadurch sei TG Höchberg »in seiner sportlichen Ehre verletzt« worden, urteilte das Kreissportgericht Würzburg.

Die Rechtsgrundlage bildet ein Passus in der Satzung des BFV, der seinen Mitgliedern untersagt, sich »in verbands- oder vereinsschädigender Weise beleidigend« an die Presse zu wenden. Ein Maulkorbparagraph, den der oberbayerische Fußballrichter Renner nicht gelten lassen will: »Wir haben schließlich Pressefreiheit.«
Was tun, damit die Fußballer im Nächsten weniger den Gegner als den Sportkameraden sehen und auch den Schiedsrichter pfleglicher behandeln? »Wer den Schiedsrichter beleidigt, belästigt oder herabwürdigt, hat unnachsichtlich Platzverweis zu gewärtigen«, steht auf den Schildern, die jeder Verein auf seinem Sportgelände aufstellen muß, die aber wohl mehr durch ihr holpriges Deutsch abschreckend wirken.
Da gilt es, wenigstens die Jugend zu aufrechten und aufrichtigen Kickern zu erziehen, weshalb einen minderjährigen Balltreter schon die ganze Härte des Gesetzes trifft; ein Jugendstrafrecht gibt es nicht im Fußball.
»Da gehen die zwei Deppen«, hat ein Zehnjähriger aus der E-Jugend des TSV Forstenried zu seinem Spezi gesagt, aber dabei angeblich gar nicht den Schiedsrichter gemeint, sondern zwei Mitspieler wegen ihrer schlechten Leistungen. Da hat das Richtertrio im Münchner Haus des Sports lachen müssen, aber trotzdem die Berufung gegen die Sperre abgelehnt. Doch der Wert der erzieherischen Maßnahmen bleibt zweifelhaft, wenn das gute Beispiel fehlt wie beim SV Burgwallbach, wo zwei alles andere als vorbildliche Jugendbetreuer den Schiedsrichter »Drecksau« und »Schieber« betitelt und ihm »Betrug und Schweinerei« unterstellt haben.

Sprüche

»Wir haben derzeit neun verletzte Spieler. Wenn das so weitergeht, werden wir noch das Rote Kreuz als Vereinssponsor engagieren.«

(John Lyall, Manager des englischen Klubs Westham United.)

»Solang ich Trainer bin, kann der höchstens den Handstand versuchen, aber nie den Aufstand.«

(HSV-Trainer Ernst Happel über seinen Verteidiger Manfred Kaltz, der rebellieren wollte.)

Egon Hascher, Hofjuwelier des DFB: Klunkerkönig und die goldenen Ketten der Kickerstars

Ob sich das gelohnt hat für den Fußballer Stephan Engels aus Köln? Der ist frühmorgens zum Länderspiel nach London geflogen, um abends im Wembleystadion als Einwechselspieler eine knappe Minute lang dem Ball nachzujagen, den er nicht erwischte. Aber klar! Dabeisein ist alles, weshalb sich der junge Mann danach selbst belohnte, mit einer goldenen Halskette, exklusive Handarbeit. Geliefert erhielt er das Stück Prämie direkt ins Hotelquartier von Egon Hascher aus Pforzheim, einer Art Hofjuwelier des Deutschen Fußball-Bunds.
Der schmucke Egon hat seine Karriere 1978, gleichzeitig mit Cheftrainer Derwall, als biederer Schlachtenbummler gestartet, die kikkende DFB-Elite aber schnell als Zielgruppe ausgemacht, die geradezu danach lechzte, von ihm als solche entdeckt zu werden, »weil die Spieler irgend etwas brauchen, das sie nicht am Handgelenk oder am Hals irgendwelcher anderer Leute sehen wollen«. Am Gelde hängt, mit Gold behängt sich der renommierte Fußballer gern, weshalb Hascher stolz behaupten kann: »Es gibt keinen Nationalspieler, der bei mir noch nicht gekauft hat.«
Sie ordern Ketten und Ringe mit Diamantbesatz, Glitzersteine für Stars und Sternchen, für Frau und Freundin, wobei Verlaß scheint auf den Egon, der sich rühmt: »Ich kenn' die Spielerfrauen und auch ein bißchen ihren Geschmack.« Das erwies sich ganz praktisch im spanischen WM-Streß. »Da haben sie mir gesagt, komm' mach du was, wir haben keine Zeit.« Fünf-, sechsmal sei er hin- und hergependelt damals, zwischen Pforzheim, Gijon und Madrid. Bisweilen darf's auch ein bißchen mehr sein, beispielsweise eine Uhr für 40000 Mark, das Zifferblatt besetzt mit 350 Diamanten, so daß es dem Besitzer schwer wird, die Zeit abzulesen, aber diesem Glücklichen schlägt sowieso keine Stunde. Der Käufer? Geschäftsgeheimnis.
So ein Monstrum trägt Hascher am Handgelenk, am anderen und um den Hals schwere Goldketten, auf denen Steine funkeln. An der Hand prangt ein Ring mit riesigen Brillant-Initialen E H, die den Träger als Goldfinger ausweisen, und vor der Brust baumelt ein

Anhänger mit dem Emblem des DFB. Das ist zwar geschützt, aber weil Hascher 42 DFB-Nadeln in Gold mit Brillanten zum Stückpreis von rund 300 Mark gratis an Spieler und Funktionäre geliefert hat, »vom Trainer über den Koch bis zum Ballwart«, geht's schon in Ordnung.

Das schaut alles so furchtbar protzig aus, daß der Goldbehangene sich nicht zu wundern braucht über die Frage, ob's ihm nicht graust, als Kunsthandwerker, denn Hascher hat als Juwelen-Einfasser gelernt, und wie sich das verträgt mit einer 30000-Mark-Anzeige in einem Magazin für die schönen Dinge des Lebens, in der versichert wird, jedes Schmuckstück sei ein Meisterwerk mit Charakter. Da lacht der Meister und gibt ein Geschäftsgeheimnis preis: »Du mußt auffallen, du mußt Blickfang sein. Ich bin mein eigenes Schaufenster.« Das zieht an, auch im Dunstkreis der Länderspiele: »Die Leute haben mich angesprochen aufgrund meines Auftretens. Die Spieler sind auf mich zugekommen.« Egon Hascher fährt mit einem Zwitter zwischen Auto und Motorrad vor, 25000 Mark teuer, »weil nur noch etwas Verrücktes zieht. Nach einem dicken Auto dreht sich keiner mehr um«.

Inzwischen verkauft der ehemalige A-Klassen-Spieler Hascher ein Drittel dessen, was er entwirft und elf Mitarbeiter fertigen, an Starkicker, Schlachtenbummler aus dem erlauchten Kreis der Freunde der Nationalmannschaft und was sonst noch im Troß zu Länderspielen reist, den Rest an Barbesitzer und Schausteller, was in etwa schon eine gewisse Geschmacksrichtung andeutet. Liebste Kundschaft sind ihm die Balltreter, weil Hascher Fußball als Hobby pflegt und »Fußballer werbewirksam sind; die machen für mich Reklame«.

Nicht nur gratis, sondern auch gegen Honorar. Der »totale Außenseiter« (Hascher über Hascher) schockt schon mal die ohnehin vergrätzte Pforzheimer Schmuck-Branche. Mal ließ er das Münchner Multi-Werbeduo Breitner/Rummenigge mit einer Privatmaschine einfliegen, zu einer »Riesenparty im Hohen Eck, das war gerade im »Playboy«-Restaurant des Monats, mit 150 geladenen Gästen, von Hamburg bis München«. So befriedigt der clevere Klunker-König das Geltungsbedürfnis der High Snobiety, der die Scheine locker in der Tasche stecken, wenn sie mit hochkarätigen Ballartisten auf Tuchfühlung gehen darf. Das tut auch not, denn Hascher kassiert bar.

Anruf genügt, und der Goldexpreß fährt auch zu Hause vor, eine weiße Luxuslimousine, kugelsicher gepanzert, Leibwächter als Beifahrer. Zwar ist es nicht so gekommen wie erhofft. (»Wenn sie Weltmeister werden, dann muß ich wie ein Verrückter durch Deutschland kurven.«) Aber die Fußballer vergolden ihren freudlosen Alltag trotzdem. »Durch die Nationalspieler bin ich bei jedem Bundesligaverein im Geschäft«, verrät Hascher. »Die tun mich empfehlen.« Am liebsten steuert er Trainingslager an; da hat er sie alle beisammen. In Bayern paßte alles am besten. Erst besucht Hascher seine Freunde vom FC Bayern München, vergoldet alsdann den Schaustellern auf der Wies'n den Oktober und sieht sich schließlich im Olympiastadion ein Spiel an.
»Es gibt reiche Leute, an die kann man nur kommen, wenn man was Verrücktes anbietet«, hat Hascher erkannt, bestreitet aber entschieden, daß der Neger-Schlumpf mit goldener Zipfelmütze, der an einer der fünf Ketten am Hals des Kölner Dribbelkünstlers Littbarski baumelt, seiner Phantasie entsprungen ist. Statt dessen formt er so nützliche Dinge wie Brillantbesatz fürs Lenkrad und mit Brillant-Initialen besetzte Schalthebel von Nobel-Karossen, Schiffsschrauben und Tennisschläger als Anhänger. »Wenn einer eine Jacht für 200000 Mark hat, dann braucht er das.« Und wenn einer sein kostbares Auto zu Schrott fährt, bleibt ihm immerhin der diamantbesetzte goldene Schlüssel für 15000 Mark als teures Andenken. Diamantbestickte Trikots, eine golddurchwirkte Spielführerbinde und güldene Fußballschuhe fehlen in der Kollektion. Noch...

Sprüche

»Die Tore waren Wasser auf der Mühle des einsamen Rufers in der Wüste des Defensiv-Fußballs.«

(Deutsche Presse-Agentur – dpa)

»Bei mir zählt nur ein glatter Bruch.«

(Otto Rehhagel, Trainer bei Werder Bremen, über Verletzungen.)

Mut zum Risiko

Fußballspielen ist noch immer ein lukrativer, aber längst kein krisensicherer Beruf mehr. Die Liste der arbeitslosen Balltreter und -fänger wird immer länger. Meist hören wir ja nur von den einst prominenten Kickern, wenn sie stempeln gehen oder eine kurzfristige Beschäftigung annehmen, wie einst Torhüter Wolfgang Kneib bei den Mönchengladbacher Borussen als Krankenurlaubsvertreter quasi. Da muß sich einer schon zweimal überlegen, ob er seinen bürgerlichen Arbeitsplatz aufkündigt, um sein Glück hauptberuflich auf dem Rasenrechteck zu suchen. Denn dort darf er zwar täglich seiner Lieblingsbeschäftigung nachgehen und kriegt auch noch Geld dafür, lernt was, wird massiert und gepflegt. Aber wenn seine Fertigkeit im Umgang mit der Lederkugel nicht ausreicht, kann er nach einem Jahr schauen, wo er bleibt.
Vor einem Jahrzehnt hat Robert Schwan, damals Klubmanager bei den Münchner Bayern, damit geprahlt, es sei selbstverständlich, daß auch ein begabter Anfänger wie damals Jugend-Nationalspieler Bernd Dürnberger seine 100000 Mark im Jahr bekomme. Heute muß sich so einer unter Umständen mit dem dritten Teil bescheiden. Gelacht hätte ein hoffnungsvoller Kicker vor kurzem noch über so ein bescheidenes Angebot. Jetzt muß er froh sein, eins zu erhalten, weil alle Klubs aus Kostengründen ihren Personalstand verringert haben. Außerdem versichert Schwans Nachfolger Uli Hoeneß, lohne sich die Ausbildung junger Kicker angesichts der Sparpläne und des Preisverfalls bei den Ablösezahlungen nicht mehr. Früher sei einer für 30000 Mark angeworben worden und nach einem Jahr verkauft für 150000. Doch dafür will ein Interessent heutzutage schon was Besseres als einen für den FC Bayern untauglichen und ungeübten Reservisten. Der vom Zuschauer durch Abwendung vom Fußball miterzwungene Umdenkungsprozeß bei den Klubs mit Berufsfußballbetrieb kann zu einer Normalisierung in diesem weit überbewerteten Metier der Unterhaltungsbranche führen, durch eine wie überall in der Wirtschaft übliche Gehaltstreppe von den Führungskräften bis hinunter zu den unteren Lohngruppen. Das braucht keineswegs einherzugehen mit Leistungsabfall. Vielmehr darf erwartet werden, daß das Publikum

honoriert, wenn Fußballer genauso hart ums berufliche Überleben kämpfen wie viele in anderen Berufszweigen auch.
Was die jungen Burschen betrifft, die es riskieren, in einen Job ohne garantierte Altersversorgung umzusteigen, kann sich das insgesamt nur positiv auswirken. Nicht jedem Amateur anderer Sportarten bekommt die durch Bundeswehr und Grenzschutz mit Hilfe einer Scheinverpflichtung garantierte und durch die Sporthilfe flankierte sogenannte soziale Absicherung. Da turnen, laufen, fahren und schwimmen auch reichlich Versorgungssportler durch die Gegend ohne Perspektive, es sei denn die, sich ihre Pfründe noch lange zu sichern.
Ganz so schlimm ist das ja nicht mit den jungen Kickern. Mit monatlich 3000 Mark läßt sich ganz gut leben, zumal sich der Arbeitgeber fürsorglich zeigt mit Wohnen und Essen. Und wenn's schiefgeht, hält mancher Vereinsvorstand eines Amateurklubs einen Arbeitsplatz parat für einen gescheiterten Jungprofi.

Homo sapiens

Nächstenliebe, Nächstenhiebe

Es liegt in der Natur des Spiels, daß Fußballer mehr Nächstenhiebe austeilen denn Nächstenliebe üben. Und wenn schon gar die Roten Teufel aus Kaiserslautern die Gegend unsicher machen wie einmal im Karlsruher Wildpark, müssen sie mit dem Beelzebub ausgetrieben werden. Deshalb hat Trainer Werner Olk den Emanuel (Gott mit uns) Günther auf sie gehetzt, weil Teufel für ihn als gläubigen Katholiken ein Reizwort sei, wie er den Kaiserslauterer Präsidenten Udo Sopp wissen ließ. Trotzdem wird ihm dieser vergeben müssen, denn als Kirchenrat wacht Sopp über Pfälzer Gläubige, evangelische allerdings.

Ernst ist diese Angelegenheit natürlich nicht gemeint gewesen, obwohl Günther dreimal zuschlug und traf und die Roten Teufel wie geprügelte Hunde zum Betzenberg zurückschickte. Der Beelzebub aber findet seine Rolle gar nicht so lustig. Günther leidet unter seinem schlechten Ruf, seit er mal dem Braunschweiger Schweden Hasse Borg das Bein zertrümmert hat. Und jetzt wollen sie ihm an den Kragen, weil er dem Kölner Hutwelker unsanft an die Nieren gegangen sein soll.

Nomen ist halt nicht immer Omen und sein Schicksal in Demut zu tragen nicht jedermanns Sache; Hoffart kommt weit häufiger vor. So hat beispielsweise Günter Netzer, der Manager des Hamburger SV, im Mai versichert, in diesem Kaff spiele sein Verein nie wieder, nachdem er seiner ersatzgeschwächten Mannschaft wegen in Freiburg 5000 Mark von der Privatspielgage nachlassen mußte. Aber wie das Leben so spielt, führte das Pokallos den SC Freiburg und den Titelverteidiger Hamburger SV erneut zusammen, der 4:1 gewann und grußlos wieder entschwand. Netzer ließ ausrichten, Trainer Ernst Happel könne nicht zur Pressekonferenz kommen, da das Flugzeug in Zürich nicht warte. Das flog allerdings erst um 21.25 Uhr.

Das Geschäft muß doch kaputtzumachen sein. Statt guten Fußball, wie sich das gehört, spielen diese Kerle den großen Maxe. Nicht alle, glücklicherweise. In Regensburg, nach dem 3:0-Sieg von Werder Bremen über den Landesligisten ASV Burglengenfeld, ist Torjäger Rudi Völler noch lange nach Schlußpfiff inmitten einer Schar Autogrammjäger gesichtet worden. An den beiden Elfmetern, mit

denen der Schiedsrichter die Festtagsfreude trübte, sind die Bremer ja nicht schuld gewesen.
Acht Klubs aus der ersten und fünf aus der Zweiten Bundesliga haben das Achtelfinale im DFB-Pokalwettbewerb erreicht, zusammen mit drei Amateurvereinen. Wer ausgeschieden ist, mag sich ein Beispiel nehmen an Kirchenrat Sopp, der versicherte, man gehe weiter aufrecht und ungebeugt seinen Weg. Weise, kann man da nur sagen. So heißt auch der Kaiserslauterer Trainer, und der weiß jetzt wenigstens, wo's langgeht.

Sprüche

»Die Technik vieler Bundesliga-Spieler ist so schlecht, daß einem der Ball leid tut.«

(Dettmar Cramer, Trainer bei Bayer Leverkusen.)

»Ich bin da jetzt seit 25 Jahren raus, aber die Kohlen brennen immer noch, die ich damals losgemacht habe.«

(Bayer Uerdingens Trainer Timo Konietzka zu seiner Vergangenheit als Bergmann.)

»Beschäftige dich so oft wie möglich mit dem Regelheft. Du wirst staunen, was es vor, während und nach dem Spiel alles gibt, was du bereits wieder vergessen hast.«

(Aus dem vom Deutschen Fußball-Bund, DFB, herausgegebenen Handbuch für Schiedsrichter.)

»Wir haben ein neues System in der Bundesliga vorgestellt: Wir haben vorne zu- und hinten aufgemacht.«

(Rudi Kröner, Trainer des 1. FC Nürnberg, nach der 0:4-Niederlage beim Hamburger SV.)

»Hopfen und Walz, Gott erhalt's«.

(Felix Magath vom Hamburger SV zur Leistung von Schiedsrichter Winfried Walz beim 4:0-Sieg von Borussia Mönchengladbach.)

»Sie haben vor dem Gladbach-Spiel schlecht trainiert. In der Nacht vor dem Spiel sollten Sie mit Täuber ins Doppelzimmer. Sie waren aber mit Heck im Zimmer. Das ist disziplinlos.«

(Aus einem Brief der Vorstandschaft des 1. FC Nürnberg an den Fußballspieler Reinhold Hintermaier.)

Teure Gastspiele

Der Not gehorchend, nicht dem eigenen Triebe, treten die Fußballprofis in den heißen Tagen der Vorbereitung auf die Saison nach vollbrachtem Tagewerk noch vors zahlende Publikum, anstatt ihre strapazierten Wadln pflegen zu lassen. Denn wer essen will und trinken, muß vorher was verdienen. Am Ersten gibt's zwar Gehalt, aber woher nehmen und nicht stehlen in der punktspiellosen Sommerzeit?

Glücklicherweise finden sich immer noch reichlich kleine Vereine mit Wagemutigen, Idealisten, Möchtegern-Geschäftemachern oder Gschaftlhubern, die sich so eine ausgelaugte Bundesligamannschaft leisten, damit die Fans sich freuen und die Urlauber und der Kassier und der Vorsitzende sich anerkennend auf die Schulter klopfen lassen kann, weil er ein ganz verrückter Hund ist und den HSV oder so rumgekriegt hat fürs Gastspiel. Nachher kann es aber durchaus sein, daß sie ein Defizit machen und lange Gesichter, weil sie ein Fixum zahlen müssen, das nicht eingespielt worden ist, weil justa-

Benefizspiel

Stargewicht

ment in entscheidenden Augenblick ein Gewitter sich entladen hat über dem Sportplatz. Den Augsburger Schwaben ist es so ergangen mit der Frankfurter Eintracht. Das vermeintlich große Geschäft endete mit einem Reinfall und 3000 Mark Verlust.
Nun ist es keineswegs so, daß die Großen die Kleinen schröpfen wollen. Aber wer zählt die Zuschauer, nennt die Zahlen? Natürlich der Veranstalter, wobei schon mancher übers Ohr gehauen worden ist. Deshalb läßt beispielsweise Manager Uli Hoeneß die Münchner Bayern nur gegen garantierte Mark einlaufen, wie während des Trainingslagers im Schwarzwald in Wehr. Der Verein hat 50000 Mark riskieren müssen, aber am Ende runde 10000 Mark übrigbehalten für neue Trikots, neue Spieler und was gegen den Durst.
In Lenzkirch nahe dem Schluchsee, wo die Bayern übten, hat der smarte Hoeneß allerdings auf Granit gebissen beim Bürgermeister Denzinger, weil der auch kein heuriger Hase mehr ist im Fußballgeschäft. Im gemeindeeigenen Stadion traten nicht bloß Bundestrainer Derwalls WM-Kicker gegen den Ball, sondern gab sich fast die komplette Bundesliga ein Stelldichein. Weil sie sonst den schönen

Fußballplatz nicht hätten benützen dürfen, mußte Hoeneß einer Einnahmeteilung von 70:30 zustimmen.
Das Gemeindeoberhaupt schätzte mit geübtem Blick mindestens 5000 Besucher, doch abgerechnet haben die Lenzkirchner nur knapp 3000, was dem FC Bayern zwar runde 20000 Mark bescherte, aber auch die Ungewißheit, ob der Bürgermeister sich getäuscht hat oder der FC Lenzkirch den Hoeneß. Das Geschäft lohnt sich für die Amateure, die sich als Prügelknaben für Profis innerhalb von drei Jahren ein neues Klubhaus zusammengekickt haben.
Vergleichsweise mühelos ist dagegen der SC Freiburg zu seinem Anteil aus dem Ablösespiel für Hans Meisel gekommen, der zum FC Bayern wechselte, obwohl das Spiel gar nicht stattgefunden hat und keine Mark übriggeblieben ist, und das kam so: Die Münchner sagten ab und wiesen die vereinbarten 50000 Mark an, freilich zweckgebunden zur Schuldentilgung der Freiburger beim VfB Stuttgart, wo noch eine Rechnung offenstand aus dem Transfer des inzwischen längst über Frankfurt heimgekehrten Spielers Löw. Manager Hoeneß ließ seine Mannen stattdessen in seiner Vaterstadt Ulm antreten, für 70000 Mark, was für den in die Zweite Bundesliga aufgestiegenen SSV Ulm 46 ohne Risiko gewesen ist. Denn einmal war das Stadion ausverkauft, und zum anderen mußte für die Gage ein Spielevermittler geradestehen, der Ajax Amsterdam als Partner verkauft hatte, ohne daß die Holländer was davon gewußt hätten. In Lenzkirch haben Fußballer, Bürgermeister, Gastronomen und Urlauber gleich nach dem Festspiel wieder ein Datum rot angestrichen im Kalender. Am 27. Juli gaben sich Fortuna Düsseldorf und die Grasshoppers aus Zürich die Ehre. Auch die Fuhrunternehmer haben sich den Termin gleich vorgemerkt. Sie werden bei solchen Anlässen allerdings nicht zur Beförderung der Zuschauer gebraucht, sondern stehen schon da, wenn die kommen. Dann haben sie im Dienste des Vereins ihre Busse und Lastzüge lückenlos längs des Stadions geparkt – als Sichtschutz gegen Zaungäste!

Fußball-Amateur: Die Netto-Liga

Wer ist Amateur? Franz Klammer beispielsweise ist einer, obwohl der kühne Abfahrer für jeden Weltcupsieg ganz legal 15 000 Mark einstreicht, und ein Mehrfaches als Testpilot seiner Skifirma. Oder die Marathonläufer, die wie alle Weltklasse-Leichtathleten längst keinen Schritt, Sprung, Stoß oder Wurf tun ohne Honorar, und schön brav dort zu traben haben, wo sie ihre Ausrüsterfirma hinschickt, um der Werbestrategie zu genügen. Und die Tennisspieler, die 1988 wieder auf olympischem Centre-Court den Schläger schwingen wollen. Handballspieler natürlich auch, und die Eishokkey-Cracks, die Verträge schließen dürfen, denn erlaubt ist, was dem jeweiligen Verband gefällt.

Sogar der Deutsche Fußball-Bund hat sich nicht geniert, Großverdiener wie Schatzschneider, Mill, Hartwig, Groh als Amateure in die Olympia-Qualifikation zu schicken, wo doch in Paragraph fünf seiner Satzung zu lesen steht: »Amateur im Fußballsport ist ein Spieler, der das Fußballspiel ohne vertragliche Bindung betreibt.« Aber wehe, dagegen verstößt einer, der nicht unbedingt begehrt, im Olympiastadion von Los Angeles die Fahne der bundesdeutschen Mannschaft voranzutragen, wie William Hartwig, der farbige Modellathlet vom Hamburger SV, der in der kommenden Saison 1984/85 beim 1. FC Köln spielt. Sondern einfach nimmt, was er kriegen kann, gleich, von wem, wie die Kicker Roland Peitsch und Volker Graul, vormals Arminia Bielefeld, jetzt FC Gütersloh. Denen hat die Spruchkammer des Fußball- und Leichtathletik-Verbandes Westfalen den Unterschied deutlich gemacht, und ihrem Klub FC Gütersloh auch: Drei Jahre Sperre für beide, 25 Punkte Abzug und 30 000 Mark Buße insgesamt.

Natürlich sind Graul und Peitsch nicht die einzigen schwarzen Schafe der Branche gewesen. Daß bis weit hinunter in die unteren Klassen keiner mehr bloß aus Spaß an der Freud gegen den Ball tritt, weiß jeder. Doch wo keine Beweise, da kein Kläger, und wo kein Kläger, auch kein Richter. Die beiden Sündenböcke aber haben sich selbst ans Messer geliefert mit einer Klage beim Oberlandesgericht Hamm, wo sie ihre Bezüge geltend gemacht haben, als ihr Gönner und Arbeitgeber, der Geschenkartikel-Kaufmann Heinz Steinkamp, nicht mehr hat zahlen wollen. Denn da ging es nicht nur um ein Taschengeld, sondern um Beträge, die so manchen Profi vor Neid erblassen ließen, wie die Verträge bewiesen. Hier einige Auszüge:

»Herr Steinkamp verpflichtet sich hiermit, an Herrn Graul für die Zeit vom 1. 6. 1981 ab

a) für zwei volle Jahre, insgesamt also bis zum 30. 6. 1983, einen Betrag in Höhe von monatlich 15 000 DM (fünfzehntausend) Nettolohn zu zahlen

b) für zwei weitere Jahre, also vom 1. 7. 1983 bis 30. 6. 1985, einen Betrag von mindestens 8000 DM (achttausend) Nettolohn zu zahlen«

Diesen Vertrag schloß Steinkamp am 21. 9. 1980 mit Volker Graul. Im Fall des Aufstiegs in die Zweite Bundesliga hätte Graul dazu noch 50 000 Mark netto kassiert.

Roland Peitsch hat es billiger gemacht: 65 000 Mark netto pro Saison; 10 000 Mark netto bei Aufstieg.

Als Gegenleistung forderte Steinkamp, neben der Tätigkeit im Betrieb, wo sich Peitsch um die Geschäftsreisen kümmerte und Graul um den Fuhrpark, folgendes:

»Herr Graul verpflichtet sich dazu, für die Zeit vom 1. 6. 1981 bis zum 30. 6. 1985 seine Dienste als Fußballspieler für den Verein FC Gütersloh zur Verfügung zu stellen.«

Die beiden Fußballer gewannen den Prozeß gegen ihren Arbeitgeber. Daß der DFB nicht tatenlos zusehen würde, haben sie natürlich gewußt, aber so viel Geld ist für zwei Kicker über Dreißig mehr wert gewesen als die Sicherheit, auch weiterhin spielen zu dürfen. Trotzdem taten sie empört, als das Sportgericht sie sperrte. »Das hat man nun davon, wenn man ehrlich sein und keine Steuerhinterziehung begehen will«, schimpfte Graul, was sich etwas merkwürdig anhörte, denn er hatte ja brutto für netto verdient; für die Steuer stand der Arbeitgeber gerade. Und sein Spezi Peitsch klagte: »An uns wurde stellvertretend für den gesamten Amateurfußball ein Exempel statuiert. Ich bin zwar gerne der Sündenbock, wenn dadurch der Amateurstatus genau definiert und reglementiert wird. Doch daß der Verein mit hineingezogen wurde, finde ich unverschämt. Er hat nichts von unseren Vereinbarungen mit Steinkamp gewußt.«

Wer's glaubt, wird selig. Denn Rainer Schils, Präsident des FC Gütersloh, Rechtsanwalt von Beruf, zählte die Firma Steinkamp,

Umsatz jährlich 50 Millionen Mark, zu seiner Klientel. Doch Freundschaft und Geschäftsverbindung gingen in die Brüche, und das ist wohl der Anstoß gewesen für das ganze Theater. Keine Ahnung gehabt zu haben, beteuerte auch Manfred Hahne, Vorstandsmitglied beim FC Gütersloh: »Wir haben doch nichts von den Verträgen gewußt.« Und gedroht hat er auch: »Wenn's uns erwischen sollte, dann dürfte für ein paar andere das schöne Leben auch vorbei sein. Davon sollten ruhig alle ausgehen.«
Soweit ist es nicht gekommen. Ungläubiges Staunen zuerst, dann lauten Jubel hat der Spruch des DFB-Bundesgerichts am 7. Mai 1984 als Berufungsinstanz in Frankfurt ausgelöst: Keine Sperren, kein Punktabzug, nur Geldstrafen für Graul, Peitsch und den FC Gütersloh. Zwar sei die Höhe der Bezüge nicht hinnehmbar, wenn nicht der gesamte Nichtprofisport gefährdet werden sollte. Andererseits aber sei wegen fehlender eindeutiger Bestimmungen die Unsicherheit in der Sportöffentlichkeit so groß, daß das Urteil nicht aufrechtzuerhalten gewesen sei. Georg-Adolf Schnarr, der Vorsitzende des Sportgerichts: »Die Vereine wissen nicht mehr, was zulässig ist und was nicht.«
Das wissen sie schon: 700 Mark monatlich. Zahlt ein Verein mehr und läßt sich erwischen, verliert er die sogenannte Gemeinnützigkeit, und das kommt teuer. Zuschüsse werden gestrichen, die Steuer kassiert wie von einem Geschäftsbetrieb. Schnarr aber meint: »Die Aufwendungspauschale von 700 Mark ist kein Abgrenzungskriterium«, und forderte »verständliche, praxisnahe und zeitgemäße Bestimmungen.«
Leicht gesagt, denn dazu muß die Satzung geändert werden. Derweil lachen sich andere Sportler schief über die blöden Fußballer, weil der DFB seine Vereine zu einem Balanceakt zwischen Sportgericht und Finanzbehörde zwingt, während die kleineren Verbände viel schlauer gewesen sind. Es ist doch lächerlich, wenn zum Beispiel über 30 000 Zuschauer ins Stadion geströmt sind, um die Amateure von 1860 München spielen zu sehen, und über eine Viertelmillion an Eintrittsgeldern bezahlt haben, von denen aber die Kicker nichts abhaben hätten dürfen.
An eines aber muß sich der Amateurfußballer künftig gewöhnen: Daß er eine Steuerkarte braucht, und daß ein Unterschied besteht zwischen brutto und netto, wie im richtigen Leben.

Die Jugend-Weltmeister des Jahres 1981: Was aus ihnen geworden ist

Strömender Regen im Cricket Ground von Sidney. Finale der Jugend-Weltmeisterschaft im Fußball zwischen den Mannschaften aus der Bundesrepublik Deutschland und Katar, dem Zwergstaat am Persischen Golf. 18 531 zahlende Zuschauer feiern die Schützlinge von Trainer Dietrich Weise nach ihrem 4:0-Sieg. Teamkapitän Ralf Loose präsentiert stolz den Pokal, den ihm FIFA-Präsident Joao Havelange überreicht hat. Loose, der zwei Elfmetertore zum Erfolg beisteuerte, und Michael Zorc wurden als Beste ihrer Mannschaft gelobt. Weitere Torschützen: Roland Wohlfahrt und Holger Anthes.

Diesen jungen Burschen ist damals, am 17. Oktober 1981, die Überraschung im fünften Kontinent gelungen:

Vollborn (Bayer Leverkusen); Zorc (Borussia Dortmund), Winklhofer (Bayern München), Schmidkunz (1860 München), Trieb (FC Augsburg), Schön (SVW Mannheim), Sievers (SK Lüneburg), ab 67. Minute: Brunner (1. FC Nürnberg), Loose (Borussia Dortmund), Anthes (Eintracht Frankfurt), Wohlfahrt (MSV Duisburg), Brummer (1. FC Kaiserslautern), ab 87. Minute: Herbst (Bayern München).

Wenn das kein glänzender Start zur Karriere als Berufsfußballer gewesen ist! Da müssen sich die Klubs geradezu gerissen haben um diese erfolgreichen Talente. Was ist aus ihnen geworden, wo sind sie geblieben?

Also, den Sprung in die Nationalmannschaft hat noch keiner geschafft, und von einigen hat man schon lange nichts mehr gehört. Nehmen wir mal den langen, gebürtigen Berliner Thomas Herbst. Der hat bei den Münchner Bayern keine Chance gehabt, weil dort der gleich große, aber erfahrene Dieter Hoeneß seinen Platz im Angriffszentrum behauptete. Herbst wechselte zu Eintracht Braunschweig, wurde weitergereicht an Borussia Mönchengladbach, wo er ebenfalls nicht Fuß fassen konnte.

Und was geschah mit Holger Anthes, dem Endspiel-Torschützen von Sidney? Den riß eine schwere Verletzung aus allen Träumen, und er hat lernen müssen, daß Lorbeer schnell welkt im harten Fußballgeschäft. Die Frankfurter Eintracht hat ihn abgestoßen an

den VfL Osnabrück in die zweite Liga, wo er auch nicht gebraucht worden ist. Jetzt will Anthes wieder im hessischen Neu-Isenburg kicken, wo er hergekommen ist, als Amateur, denn hauptberuflich geht nichts mehr; er ist Sportinvalide. Er habe Pech gehabt, sein guter Jahrgang, der Weltmeister geworden ist, meinte der damalige DFB-Trainer Weise, mittlerweile als Coach von Eintracht Frankfurt tätig. »Bei ihnen ist alles passiert, was passieren kann, aber nicht passieren sollte: Trainerwechsel, Vereinswechsel, Systemwechsel, Abstieg, Verletzungen, bei Anthes bis an die Grenze der Invalidität. Es ist wichtig, daß man in den ersten Bundesligajahren bei Trainer und Mitspielern anerkannt wird, zumindest Glauben findet oder rechtzeitig auf Vordermann gebracht wird. Ich rechne es Dettmar Cramer hoch an, daß er den Mut aufbrachte, Vollborn dem etablierten Greiner vorzuziehen.«
Torhüter Rainer Vollborn also hat Glück gehabt mit Bayer Leverkusens Trainer Dettmar Cramer, der sich ein Leben lang um Talente bemüht hat, in Diensten des DFB, bei der FIFA, der manche zusätzliche Stunde mit dem jungen Karl-Heinz Rummenigge in München übte. Und Vollborn hat die Chance beim Schopf gepackt und ist längst zum Bayer-Torhüter Nummer eins aufgestiegen.
Die Dortmunder Michael Zorc und Ralf Loose hatten bei Trainer Branko Zebec nicht einmal einen Stammplatz auf der Ersatzbank, bevor sie nach Australien flogen. Inzwischen sind sie längst Stammspieler geworden unter Trainer Karlheinz Feldkamp. Das gelang auch dem Mittelfeldspieler Alfred Schön vom SVW Mannheim, was zwar leichter gewesen ist, weil die Mannheimer damals noch in der zweiten Liga kickten und Trainer Klaus Schlappner nicht bloß auf Talente angewiesen ist, sondern aus Überzeugung mit ihnen arbeitet, aber auch nicht einfach, denn Schön hatte vor der WM nicht ein Jugendländerspiel bestritten.
Manch einer ist stehengeblieben in seiner Entwicklung. Der Kaiserslauterer Axel Brummer, der schon als Jugendlicher in der Bundesliga stürmte, aber zuletzt immer seltener. Auch Thomas Brunner vom 1. FC Nürnberg, wie Brummer vielleicht zu früh an große Aufgaben herangeführt.
Andere haben es mit Luftveränderung versucht, mit unterschiedlichen Erfolgen. Helmut Winklhofer sah beim FC Bayern München kein Fortkommen und wechselte zu Bayer Leverkusen. Mittlerweile

Trost vom Düsseldorfer Löhr für Pierre Littbarski. Der Kölner blieb hinter seiner früheren Glanzform weit zurück.

Als »Joker« beim FC Bayern bewährte sich Reinhold Mathy.

Als großes Talent entpuppte sich Ralf Falkenmayer bei Eintracht Frankfurt.

Edvaldsson (links) von Fortuna Düsseldorf bleibt Sieger gegen Strack und

Steiner. Die Kölner verloren 2:0.

Ein Späßchen mit dem Schiedsrichter. Bayerns Lerby und »Schiri« Wuttke.

Oben: Originell und erfolgreich: Waldhof-Mannheims Trainer Klaus Schlappner. Links: Meistermacher Helmut Benthaus vom VfB Stuttgart. Rechts: Kettenraucher Ernst Happel vom Vizemeister HSV.

Gruber (links) gegen Schatzschneider. Beim Nord-Derby im Weser-Stadion

trennten sich Werder Bremen und der Hamburger Sportverein 0:0.

Benzin gegen Bier: Hamburgs Spielführer Felix Magath (BP) im Duell mit

Stuttgarts Abwehrspieler Karl-Heinz Förster (Dinkelacker).

Beim direkten Vergleich am 29. April 1984 trennten sich die beiden Aufsteiger in die erste Bundesliga Schalke 04 und der Karlsruher SC unentschieden 3:3.

PADDOCK'S

Jubel im Neckarstadion. Karl-Heinz Förster mit der Meister-Schale.

glänzt der Außenverteidiger dort so, daß sein ehemaliger Arbeitgeber wieder auf ihn aufmerksam wurde. Doch den Auswanderer zog es nicht zurück in die bayerische Metropole, weil ihm sein Stammplatz unter Trainer Cramer lieber ist als ein Reservesitz bei Udo Lattek. Auch der Augsburger Martin Trieb hat seinen Wechsel zu Eintracht Frankfurt nicht bereut, wo er sich unentbehrlich gemacht hat. Dort ist auch Ralf Sievers gelandet, bei seinem Wunschtrainer Dietrich Weise. Dem Münchner Anton Schmidkunz ist gar nichts anderes übriggeblieben, als sich anderswo zu verdingen, denn sein Verein 1860 verlor die Lizenz und wurde strafversetzt in die Amateur-Oberliga. Er wechselte zu Fortuna Düsseldorf, verletzte sich jedoch und spielte kaum.
Treu geblieben ist Roland Wohlfahrt, der verhinderte Torschützenkönig der Jugend-Weltmeisterschaft, dem MSV Duisburg, und das hat er sicher nicht selten bereut. Zeitweise verbannte Trainer Melzig »das fette Schwein« auf die Tribüne. Dann löste den der Peruaner Zacharias ab, und Wohlfahrt blühte auf. 30 Tore erzielte der Rekordschütze in der zweiten Liga und stieß damit die Tür auf zur Bundesliga, nicht nur für den MSV Duisburg, sondern auch für sich selbst, allerdings im Trikot von Bayern München. Für 800 000 Mark zog Wohlfahrt von der Wedau an die Isar.
Nun muß gerechterweise gesagt werden, daß anno 81 nicht die Crème des bundesdeutschen Fußball-Nachwuchses gewesen ist, die nach Australien flog und überraschend Weltmeister wurde, und das kam so. Die DFB-Auswahl war bei der Europameisterschaft 1980 in der DDR, die als Qualifikation galt, schon in der Vorrunde gescheitert. Doch einigen Verbänden ist die Reise auf die andere Seite unseres Globus dann doch zu teuer gewesen, und sie haben verzichtet. Als Lückenbüßer aber wollte Trainer Weise nicht einspringen. Doch DFB-Präsident Hermann Neuberger hat ihn zu seinem Glück gezwungen, obwohl sich Weise 13 Absagen einhandelte. Kein Wunder: Die WM fand im Oktober statt, die Meisterschaft lief auf vollen Touren.
Die Frankfurter Eintracht winkte ab. Sie brauchte Ralf Falkenmayer selber, unabkömmlich schon mit 18; er ist mittlerweile aufgestiegen in Bundestrainer Derwalls A-Kader. Weiter: Uwe Rahn (Borussia Mönchengladbach), Günther Schäfer (VfB Stuttgart), Thomas von Heesen (Hamburger SV), Reinhold Mathy (Bayern München), alle von ihren Klubs beansprucht. Selbst der damals erst

17jährige Herbert Waas (1860 München) durfte nicht mit, und Ulf Quaisser (SVW Mannheim), dem eine Berufsabschlußprüfung wichtiger war, dazu Alois Reinhardt (1. FC Nürnberg), Klaus Theis (Karlsruher SC) und gleich vier Schalker: Opitz, Winkel, Kugler, Siewert, als ob von denen das Wohl und Wehe des abstiegsgefährdeten Klubs abhängig gewesen wäre!
Während die anderen im fernen Australien um den Jugend-Welttitel kämpften, sicherten sich die Daheimgebliebenen in den wichtigen Wochen der Vorbereitung auf die neue Saison und der Vorrunde Stammplätze. Die gefeierten Spätheimkehrer hatten nicht selten das Nachsehen.

Sprüche

»Wir wollten in Mannheim gewinnen. Aber daß wir ohne Beinbruch davongekommen sind, ist auch schon ein Erfolg.«

(Wolfgang Kraus, Mittelfeldspieler beim FC Bayern München, nach dem 0:0 gegen den Neuling.)

»Als Fußballtrainer ist man mit 50 Jahren reif für die Klapsmühle. Und da möchte ich mir wenigstens 1. Klasse leisten können.«

(Otto Rehhagel, Trainer von Werder Bremen, auf die Frage nach seinem Jahreseinkommen.)

»Es ist keinesfalls so, daß meine Frau nur in bestimmte Städte will und ich dann versuche, zu einem dieser Klubs zu wechseln.«

(Bernd Schuster, FC Barcelona.)

»Ich habe keine besonderen Merkmale, außer meinen Zähnen. Die trage ich mal drinnen, mal draußen.«

(Martin Chivers, englischer Nationalspieler.)

»Wenn man unsere Fußbälle orange anmalt und sie dann einem Linienrichter zuwirft, wird er bestimmt versuchen, sie abzuschälen.«

(Jimmy Gabriel, Trainer der Seattle Sounders, über die Funktionäre im US-Fußball.)

»Wehe dem Hund, der den Tscha Bum mal in den Schenkel beißt. Der braucht garantiert neue Zähne.«

(Bernd Hölzenbein, Mitglied der bundesdeutschen Weltmeistermannschaft von 1974.)

Jugend U 16 Europameister

Wie die Alten sungen, so zwitschern die Jungen. Seit der Weltmeisterschaft 1982 ist der Wurm drin im bundesdeutschen Fußball und die DFB-Auswahl samt ihrem Trainer Jupp Derwall ist immer wieder im Kreuzfeuer der Kritik gestanden. Dem ganzen Deutschen Fußball-Bund ist es schwergefallen, vom hohen Roß herunterzusteigen. Wer gibt schon gerne zu, daß er seinen Vorsprung verspielt hat, die Konkurrenz ihm auf den Fersen ist, ihn teilweise schon überholt hat. Der DFB hat es fertiggebracht, nicht einmal einen Beobachter zur Junioren-Weltmeisterschaft nach Mexiko zu schikken, nachdem sich seine Auswahl nicht qualifiziert hatte.
Wie wichtig das gewesen wäre hat Karl-Heinz Marotzke berichtet, früher Trainer bei Schalke 04, jetzt als Fußball-Entwicklungshelfer für den Weltverband FIFA unterwegs. Im Finale, das Brasilien 1:0 gegen Argentinien gewann, sei die moderne Richtung des Fußballs deutlich geworden. »Dauerrenner sind nicht mehr gefragt. Schnelligkeit mit und ohne Ball ist Trumpf. Der Spieler muß geschmeidig sein, was viel Gymnastik voraussetzt. Das ist die Grundlage für eine gute Technik und beugt Verletzungen vor. Nicht ein einziger Juniorenspieler mußte während der WM mit einem Muskelkrampf den Platz verlassen.«
Im Herbst 1983 ist die Misere des bundesdeutschen Fußballs innerhalb von zwei Tagen deutlich geworden. Dienstags scheiterten die Junioren U 21 in der EM-Qualifikation an Albanien. Das 1:1 reichte nicht fürs Viertelfinale. Es war kein einmaliger Ausrutscher, sondern der Nachwuchs aus dem Land der Skipetaren erwies sich unter vier Teams mit Hin- und Rückspielen als der Beste. Und tags darauf hat in Saarbrücken Gerd Stracks Treffer zum 2:1-Sieg über die albanische A-Auswahl das DFB-Team davor bewahrt, zuschauen zu müssen bei der Europameisterschaft in Frankreich. Was Wunder, daß auch die bundesdeutsche Mannschaft U 18 gescheitert ist in der EM-Qualifikation, an Italien. Allerdings plagten Trainer Berti Vogts große Aufstellungsschwierigkeiten wegen Krankheit, Verletzung und Unabkömmlichkeit. Schule, Lehre gehen oft vor.
Doch einen Lichtblick hat es gegeben im tristen Einerlei von Mißerfolgen und Enttäuschungen. »Berti, ich gratuliere dir«, sagte Jupp Derwall gerührt zu Vogts und umarmte den kleinen DFB-

Trainer, dessen Team U 16 gerade die Europameisterschaft gewonnen hatte. Das geschah am 5. Mai in Ulm, mit einem 2:0-Sieg über die UdSSR, durch Treffer von Olaf Janßen von Bayer Uerdingen und Daniel Simmes von der Dortmunder Borussia. Rund 10 000 Zuschauer bejubelten den Erfolg, und Derwall freute sich mit den beiden Schützen: »Das sind große Talente. Es ist erfreulich, daß wir wieder starke Stürmer haben. Das kommt davon, wenn man immer mit drei Spitzen spielt. Berti Vogts und unsere Jugendtrainer legen darauf großen Wert.« Denn wenn besser gespielt werden solle, müsse man sich an der Offensive ausrichten, und nicht an der Abwehr.

Blind drauflosgestürmt aber sind Vogts Jungmannen keineswegs. Unübersehbar hat die Taktik eine große Rolle gespielt in diesem Finale, über das Trainer Byshowets vom Verlierer urteilte: »Besser als diese 17jährigen kann man kaum noch spielen.« Sein Kollege Vogts räumte gewisse Vorsichtsmaßnahmen ein: »Den ganz großen Erfolg vor Augen, läßt man die Jungs natürlich nicht im bedingungslosen Hurra-Stil ins Verderben rennen.«

Schon im Semifinale hatte die DFB-Auswahl ihre Stärke bewiesen und die Jugoslawen in Heilbronn vor 16 000 Zuschauern 5:1 geschlagen. Dabei imponierte Martin Fritz vom VfB Stuttgart, ein Debütant, der trotzdem mutig genug gewesen ist, den Elfmeter zur 1:0-Führung kaltblütig zu nutzen, und danach die Vorarbeit geleistet hat zu zwei weiteren Toren. Nach dem Finalsieg jubelte der Schwabe: »Ich kann's noch gar nicht fassen. Da muß ich erst ein paarmal drüber schlafen, um zu kapieren, was wir da erreicht haben.«

Zum 4:1 erzielte der Jugoslawe Mise eines jener beiden Tore, die Torhüter Bodo Illgner vom 1. FC Köln während der gesamten Europameisterschaft zuließ. »Ein toller Mann«, lobte Derwall. »Man sieht ihm an, daß er gelegentlich mit Toni Schumacher trainiert.« Was er von ihm besonders gelernt habe? Illgner: »Abwürfe und lockeres, aber konzentriertes Stellungsspiel.«

In der Abwehr bewährte sich Denni Strich (1. FC Kaiserslautern) als Koordinatior und Feuerwehrmann in brenzlichen Situationen. Strich – der Name kommt dem Fußballfreund bekannt vor. Richtig: Denni ist der Sohn von Horst-Dieter Strich, früher Torhüter beim 1. FC Kaiserslautern und dem 1. FC Nürnberg in der Bundesliga, und dann noch einige Jahre in der zweiten Liga bei Bayern Hof.

DFB-Trainer Berti Vogts dachte in der Stunde des Triumphs schon an die Zukunft: »Ich hoffe, daß für viele meiner Spieler dies nicht schon der Höhepunkt ihrer Laufbahn war, daß wir heute viele kommende Nationalspieler gesehen haben. Vielleicht ist schon bei der WM '86 in Mexiko der eine oder andere mit dabei. Am wichtigsten sind jetzt Trainer mit Geduld.«
Aber wer hat die heute noch? Wo bleibt einem Talent noch Zeit, sich zu entwickeln, zu reifen, wenn der Zweck die Mittel heiligt und nur der schnelle Erfolg zählt? Und dann lassen die Trainingsmethoden sehr zu wünschen übrig, ausgerechnet in der Bundesrepublik, wo der DFB-Trainer für die Welt ausbildet. Haarsträubende Erlebnisse haben die jungen Fußballer ihrem Chef Berti Vogts anvertraut. Es gibt einen Trainer, der die Jugendlichen zum Aufwärmen 18 Runden im Höchsttempo laufen läßt, und einen anderen, der nach der Winterpause erst mal Läufe von insgesamt 27 Runden anordnete. Da wundert es einen, daß die Mannschaft U 16 Europameister im Fußball geworden ist und nicht im Marathonlauf.

Die Jahresbilanz 83/84 der Jugend-Nationalmannschaften

U 18 (Ältere A-Junioren – Stichtag 1. 8. 65)
Trainer Berti Vogts – 15 Spiele, 8 Siege, 5 Unentschieden, 2 Niederlagen, 28:11 Tore – Turnier in Jugoslawien: 1. 9. Ungarn 3:0, 3. 9. Schweiz 2:2, 5. 9. England 0:2, 7. 9. Jugoslawien 1:0, damit Turnierzweiter hinter England – 18. 10. (H) Dänemark 3:1, 20. 10. (H) Dänemark 5:0, 9. 11. Schottland (H) 1:1 – 23. 11. (H/EM) Österreich 1:1, 7. 12. (A/EM) Italien 0:3. – Turnier Leningrad (Halle/Großfeld – Kunstrasen): 5. 1. Frankreich 2:0, 6. 1. Belgien 7:0, 10. 1. USA 1:0, 12. 1. UdSSR 1:1. Damit Turniersieger und Gewinner des Granatkin-Pokals. – 21. 3. (H/EM) Italien 0:0, 10. 4. (A/EM), Österreich 1:0. Damit Gruppenzweiter und ausgeschieden.

U 17 (Jüngere A-Junioren – Stichtag 1. 8. 66)
Trainer Berti Vogts – 9 Spiele, 5 Siege, 3 Unentschieden, 1 Niederlage, 18:10 Tore – 30. 8. (H) Frankreich 1:3, 1. 9. (H) Frankreich 1:1, 14. 9. (A/EM) Schweden 1:0, 1. 10. (H/EM) Schweden 2:0, 12. 10. (A/EM), Norwegen 2:0, 6. 11. (H/EM) Norwegen 4:3. Damit Gruppensieger einschließlich der Siege im Frühjahr 83 über die

DDR – 11. 2. (A) USA 1:1, 7. 3. (A/EM) Holland 4:0, 30. 3. (H/EM) Holland 2:2. Damit für das EM-Endturnier qualifiziert.

U 16 (Ältere B-Junioren – Stichtag 1. 8. 67)
Trainer Horst Köppel – Kein Wettbewerb, ein Spiel: 1. 4. (H) Schweiz 1:0

U 15 (Jüngere B-Junioren, »Schüler-Nationalelf« – Stichtag 1. 8. 68)
Trainer Holger Osieck – Kein Wettbewerb, 7 Spiele, 5 Siege, 2 Unentschieden, 18:3 Tore – 24. 8. (A) Frankreich 4:1, 26. 8. (A) Frankreich 1:1, 15. 10. (A) Ungarn 0:0, 14. 3. (H) Wales 5:0, 16. 3. (H) Wales 2:0, 4. 4. (H) England 4:1, 6. 4. (H) England 2:0.

Zeichenerklärung: A auswärts, H daheim, EM Europameisterschaft

Das Finale in Ulm: Deutschland – UdSSR 2:0 (1:0)

Deutschland: Illgner (1. FC Köln) – Eichin (Freiburger FC), Strich (1. FC Kaiserslautern), Hahn (VfL Kamen), Hafner (1860 München) – Drews (Bayer Leverkusen), Knäbel (VfL Bochum), Fritz (VfB Stuttgart) – Simmes (Borussia Dortmmund), Janßen (Bayer Uerdingen), Ostermann (FC Gütersloh) – Ab 48. Krümpelmann (Fortuna Düsseldorf) für Ostermann, ab 69. Reuter (1. FC Nürnberg) für Fritz – Trainer: Berti Vogts.
UdSSR: Kalinauskas (Jalgiris Wilna) – Schiroky (Dynamo Minsk), Duldin (Dynamo Kiew), Mirzojan (Ararat Erewan), Pasko (Kairat Alma Ata) – Minibajew (Lokomotiv Tscheljabinsk), Skliarow (Armee Rostow), Kuzlew (Spartak Moskau), Gaglojew (Spartak Orschonokidse) – Gutschin (Dynamo Kiew), Bubliauskas (Jalgiris Wilna) – Ab 59. Bagdasarian (Ararat Erewan) für Schiroky, ab 63. Karapetian (Ararat Erewan) für Kuzlew – Trainer: Anatoly Byschewets.
Tore: 1:0 Janßen (39.), 2:0 Simmes (71.). – SR: Nemeth (Ungarn)
Zuschauer: 10000 in Ulm – Gelbe Karten: Knäbel – Pasko

Hallenfußball

Fußball in der Halle? »Das ist wie Training in der Badewanne, bevor einer den Ärmelkanal durchschwimmen will.« Hat Lothar Buchmann gesagt, Trainer in Stuttgart, Frankfurt und Offenbach. Und hat seine Offenbacher Kickers zum Turnier in die Frankfurter Stadthalle einlaufen lassen, um Geld zu verdienen in der Winterpause, und das zahlten die Zuschauer gern für das Spektakel. Insgesamt kamen 15 500 Besucher, am Finaltag mußte die Halle, als 7500 drin waren, wegen Überfüllung geschlossen werden. 275 000 kostete das Turnier, 30 000 Mark blieben trotzdem übrig und flossen der Frankfurter Sportstiftung zu. Und am meisten gefreut hat sich bestimmt Joachim Eichhorn von den Amateuren der Offenbacher Kickers, die als Sieger ihres Turniers ins Hauptfeld eingereiht wurden. Er wurde Torschützenkönig mit acht Treffern und erhielt zur Belohnung einen Diamanten im Wert von 5000 Mark.

Hallenfußball ist bei uns in Mode gekommen. In Bremen war die Halle zweimal ausverkauft, Werder blieb ein Gewinn von 70 000 Mark, und die Zuschauer sangen »O, wie ist das schön«, als ihre Mannschaft Fortuna Düsseldorf im Finale geschlagen hatte. Manager Lemke entwickelte hochfliegende Pläne: »Noch mehr internationale Beteiligung, am besten die bei uns gut bekannten UEFA-Cup-Gegner Dundee United und Lok Leipzig.« Der Lokalmatador muß gewinnen, sonst reagiert das Publikum sauer wie die 11 500 in der Dortmunder Westfalenhalle, wo die Borussia einer westfälischen Auswahl 3:4 unterlag und der VfL Bochum groß aufspielte, allerdings in Abwesenheit der Schalker, die nach Bremen gereist waren. In Braunschweig war die kleine Halle immer überfüllt.

Gespielt wurde außerdem in Essen und Berlin, in Stuttgart, Karlsruhe und Köln, in Genf, Basel und Paris, überall unter Beteiligung von Mannschaften aus der Bundesliga. Und natürlich bei unseren österreichischen Nachbarn, in Graz und Wien, wo die lange Winterpause die Kicker schon vor Jahren in die Hallen getrieben hat. Der Vorbereitung auf die Rückrunde scheint das zwar keineswegs förderlich, wohl aber dem Lustgewinn der Darsteller und Zuschauer, und einträglich ist es obendrein. Der Profi lebt ja nicht vom Training, sondern vom Profit.

Spielen tun sie fast alle auf dem Parkett, aber die Meinungen über Hallenfußball und seine Auswirkungen gehen bei Spielern und Trainern weit auseinander. Borussia Dortmunds Trainer Helmut Franz zeigte sich ehrgeizig: »Ich kann meine Enttäuschung nicht verhehlen.« Kölns Trainer Hennes Löhr, dessen Mannschaft keinen Blumentopf gewann, regte das dagegen überhaupt nicht auf. Sein Torhüter Harald Schumacher läßt sich in der Halle stets durch Ehrmann vertreten, weil er Verletzungen fürchtet. Werder Bremens Stürmer Rudi Völler fand, die Sache habe Spaß gemacht, nur »allzuoft dürfen wir nicht in der Halle spielen, denn dieser grausame Boden ist Gift für die Gelenke«. Gekickt wurde auf Preßspanplatten, die über Beton verlegt waren. In Braunschweig urteilte Trainer Aleksandar Ristic: »Für die Vorbereitung auf die Rückrunde bringt so etwas gar nichts.«
Diese Sorgen plagen die Fußballer in den USA nicht. Hauptsache, sie haben im Winter die Bude voll bei ihrer Ballerei mit Rundumbanden und großen Toren. Die Torbande jedoch lehnt der DFB ab. Das macht Spaß, aber wie schnell hat sich einer ans Vorbeischießen gewöhnt, und im Freien kommt der Ball dann nicht mehr zurück. Jahrelang hat sich der DFB allerdings überhaupt nicht um Hallenfußball gekümmert, kein Regelwerk erstellt, so daß jeder machen kann, was er will: Länge, Breite, Größe der Tore, Bande, alles nach Belieben. Nur der Bayerische Fußballverband hat Regeln erlassen. Mittlerweile ist eine bundesdeutsche Hallenmeisterschaft im Gespräch, und die FIFA will für 1987 gar eine Weltmeisterschaft ausschreiben. Vorsicht! So kann es bald vorbei sein mit dem Spaß an vielen Toren. Schon im letzten Winter haben einige Mannschaften defensiv gespielt, wenn's ums Gewinnen ging. Und die Österreicher erlebten eine Pleite mit ihrer ersten Meisterschaft. Einige Klubs haben abgewinkt, vor allem Rapid und Austria Wien, die Vorrunden waren schlecht besucht. Schon hat sich die Szene gewandelt, die Spielweise verändert, von der Show mit Soli der Balljongleure zum Kampfsport.
Die Gaukler haben Pause, wenn es um Prämien geht. Da können die Ballkünstler früherer Jahre wie Beckenbauer, Overath, Netzer und ihre alten Kameraden mit ihren leicht deformierten Füßen noch lange gutes Geld verdienen bar jeglicher Zwänge im Umgang mit dem Ball. Sie wollen bloß, müssen aber nicht siegen, denn ihre Gage steht schon vor dem Anpfiff fest.

DFB-Pokal

August 1983, Kasseler Auestadion: flirrende Hitze, 22000 Zuschauer, Duell Zweite Liga gegen Bundesliga im DFB-Pokalwettbewerb. Die Münchner Bayern sind verunsichert, wissen nicht, wo sie stehen, was sie zu erwarten haben von dieser Saison. Nur 1:1 haben sie gespielt im Bundesliga-Heimspiel gegen Fortuna Düsseldorf. »Sobald schwierige Situationen auftauchen, fängt alles wieder an. Was vier Jahre lang im Gehirn eingegraben und abgespult wird, kriegt man so einfach nicht wieder raus.« Klagen des Trainers Udo Lattek über den von seinem Vorgänger Pal Csernai programmierten Sicherheitsfußball: das Pal-System. Alles soll anders werden: Angriff ist angesagt. »Das setz' ich durch, da bin ich brutal, und wenn's noch so lange dauert.«
Ein bißchen was davon ist in Kassel zu sehen gewesen. Rummsbumms ging das. Sören Lerby mit einem Volltreffer, dann zweimal Michael Rummenigge, 2:0 (6. Minute), 3:0 in der 18. Minute schon; das war's. Kassels Trainer Jörg Berger gab zu: »Nach sechs Minuten habe ich gedacht, der Schiedsrichter kann ruhig abpfeifen.« So einfach war das, dazu »in einem so wichtigen Spiel, wo's für den Verein um viel Geld geht«, wie Rummenigge II verständnisvoll anmerkte. Und schließlich sei der zweite Treffer, sein erster für die Münchner Bayern, ein so großes Kunststück nicht gewesen: »Der Pflügler hat den Torwart weggeschoben, und ich hab' den Ball hier erwischt«, wobei Michael Rummenigge auf seine rechte Schläfe deutete. »Natürlich hätte der Schiedsrichter auch abpfeifen können.« Foul, doch wen kümmerte das? Den jüngeren Rummenigge bestimmt nicht, der selbstbewußt erklärte, im übrigen käme er ganz gut ohne seinen großen Bruder zurecht, wie man habe sehen können. Den hinderte eine Verletzung am Mitspielen.
Mai 1984, Frankfurter Waldstadion: kühle Witterung, aber ein hitziges, ein kampfbetontes, ein dramatisches Pokalfinale, zwischen den Münchner Bayern und Borussia Mönchengladbach. 1:1 nach 120 Spielminuten. Elfmeterschießen: Lothar Matthäus, der Mönchengladbacher, der sein letztes Spiel für die Borussia bestreitet und danach ins Trikot des Gegners schlüpft, führt den ersten Streich. Und drischt den Ball übers Tor, will in den Boden versinken, stammelt: »Ich kann es nicht begreifen, ich könnte weinen.« Aber

Augenthaler knallt den Ball Torhüter Sude auf den Bauch, den Matthäus zum Dank fast erdrückt. Hannes, Karl-Heinz Rummenigge, Criens, Dremmler, Frontzeck, Martin, alle treffen; es steht 6:6. Dann tritt Ringels den Ball gegen den rechten Torpfosten.
Alles hängt von Michael Rummenigge ab, dem Jüngsten. So stark, so selbstbewußt hat er damals begonnen im Pokal, mit seinem Kasseler Doppelschlag. Aber im UEFA-Cup gegen Tottenham den Einzug ins Viertelfinale vermasselt, geweint, ist ganz klein gewesen, der zuvor mit seinen großen Sprüchen den anderen auf die Nerven gegangen ist.
Der Kerl hat wohl gewußt, daß er treffen mußte: Wegen des Pokals, als Abschiedsgeschenk für den scheidenden Bruder, der ihn beschwor: »Tu's für mich, hau' ihn rein.« Und wegen seiner großen Klappe; die hätten sie ihm sonst gestopft. Und sich erst mal geweigert. Trainer Udo Lattek später: »Wir haben ihn förmlich zum Elfmeterpunkt treiben müssen.« Da hat er den Ball, ganz cool, mit dem rechten Fuß flach in die linke Torecke geschoben, indes Sude in die andere sprang.
Der Pokal ging für ein Jahr nach München. Bundeskanzler Helmut Kohl hat ihn überreicht nach dem 8:7 (1:1, 1:1, 0:1)-Sieg an Karl-Heinz Rummenigge, und ihm alles Gute gewünscht für sein Engagement bei Inter Mailand. Es war der siebente Erfolg des FC Bayern im Pokal-Wettbewerb, und Rummenigge I hat sich riesig gefreut darüber: »Daß ich mich mit einem Pokalgewinn aus Deutschland verabschieden konnte, ist großartig.« Versprochen ist versprochen, und mit der Meisterschaft war's ja Essig.
Die große Gala-Show des bundesdeutschen Fußballs ist es nicht gewesen. Zu lange wurde lieber zurück als vorwärts gespielt, zu hart attackiert, vor allem von den Münchnern, deren vier mit der gelben Karte verwarnt wurden. Bei Karl-Heinz Rummenigge war es ein Gnadenakt. Er hatte seinen hartnäckigen Bewacher Borowka einen Schlag gegen den Hals versetzt, als der Ball anderswo rollte, und der Linienrichter hatte es gesehen. Schiedsrichter Roth befragte ihn und strafte mild.
Aber die Atmosphäre ist schon lange vorher vergiftet gewesen durch das Tauziehen um Lothar Matthäus, das Feilschen um den Preis, und dann fühlten sich die Borussen auch noch aufs Kreuz gelegt. Der Deutsche Fußball-Bund hatte, entgegen den Gepflogenheiten, die Mannschaftsaufstellungen schon mittags verlangt. Trai-

ner Jupp Heynckes nannte, korrekt oder doof, die richtige Besetzung, sein Münchner Kollege und Konkurrent Udo Lattek meldete, unfair oder clever, eine falsche Formation.
Lattek ließ zwei Stürmer als Einsatzreserve auf der Bank: Mathy und Hoeneß. Hieß Martin verteidigen und den Verteidiger Dremmler, eben erst von einer Knieverletzung genesen, den Angriff unterstützen, der aus den Brüdern Rummenigge bestand. Doch die Mönchengladbacher mochten auch nicht ins Verderben rennen, und so traten sich die Kicker vor allem im Mittelfeld auf die Füße, wobei sich Lerby und Grobe recht grob zeigten.
Der erste beherzte Münchner Angriff in der 20. Minute wäre beinahe belohnt worden. Rummenigge II erwischte im Hechtsprung einen Flankenball und traf den Torpfosten. Die Borussen zeigten sich erfolgreicher, nutzten die erste Chance im zweiten Anlauf. Grobe stolperte über den Ball, Lienen schob die Lederkugel zu Herlovsen, doch mittlerweile hatte sich Grobe wieder aufgerappelt und schlug sie weg. Eckball von Matthäus, Kopfball Mill, über den auf der Torlinie postierten Dürnberger weg ins Netz zur Mönchengladbacher 1:0-Führung. Daß die Münchner zur Pause nicht deutlicher zurücklagen, war reichlich Glück. Denn Frontzeck, dessen Vater 1960 in der Pokalsiegermannschaft von Borussia gekämpft hatte, traf nur von außen gegen das Tornetz, und Mill scheiterte an Torhüter Pfaff.
Trainer Lattek warf erst Mathy in den Kampf, dem Kraus weichen mußte, und nach einer knappen Stunde Spielzeit auch Hoeneß für Dürnberger, einen Stürmer also für einen Verteidiger. Hoeneß hat zwar diesmal nicht die entscheidenden Tore gekopfelt wie vor zwei Jahren im selben Stadion, mit blutgetränktem Kopfverband, beim Endspielsieg über den 1. FC Nürnberg. Aber sein ehemaliger Mannschaftskapitän Paul Breitner hat dem langen Schwaben eine starke Leistung bescheinigt: »Als er eingewechselt wurde, ging ein Ruck durch die Mannschaft. Er hat gezeigt, was man machen muß, wenn man ein Spiel aus dem Feuer reißen will: Kämpfen bis zum Umfallen.«
Die Kräfte der Mönchengladbacher Borussen erlahmten. Weil Lienen sich gegen Martin nicht durchzusetzen vermochte und die Münchner das Mittelfeld ohnehin beherrschten, geriet der Gegner unter Dauerbeschuß. Trotzdem schien es, als würde das Bollwerk standhalten. Da traf Mathy, acht Minuten vor Schluß der regulären

Spielzeit, zwar nur den linken Torpfosten, aber der Ball prallte ins Feld zurück, im spitzen Winkel auf die rechte Seite, wo Dremmler heranstürmte und ihn zum 1:1 ins Netz beförderte.
Nach der glücklich überstandenen Nervenprobe des Elfmeterschießens ist Trainer Lattek pitschnaß zur Pressekonferenz gekommen. Seine Spieler hatten ihn ins Entmüdungsbecken geworfen, zur Entspannung. »Es wäre sicherlich ungerecht gewesen, wenn wir verloren hätten«, behauptete er. »Gut, nach dem 0:1 haben wir an Linie verloren, aber in der zweiten Halbzeit waren wir die stärkere Mannschaft.« Dem hat Jupp Heynckes noch nicht einmal widersprochen. »Meine Mannschaft hat zu wenig getan, um Konterchancen zu erzielen. Aber vielleicht konnte sie auch nicht mehr.« Dem Lothar Matthäus, der ja, wenn man so will, mit seinem Elfmeter-Fehlschuß seinen künftigen Arbeitgeber in den Europacup der Pokalsieger befördert hatte, mochte Heynckes nicht böse sein. Der habe sicher den guten Willen gehabt, »eine überragende Leistung zu bringen«, was ihm ebensowenig gelungen sei wie Karl-Heinz Rummenigge. Vielleicht wäre es klüger gewesen, Matthäus von der Last

Pokalendspiel

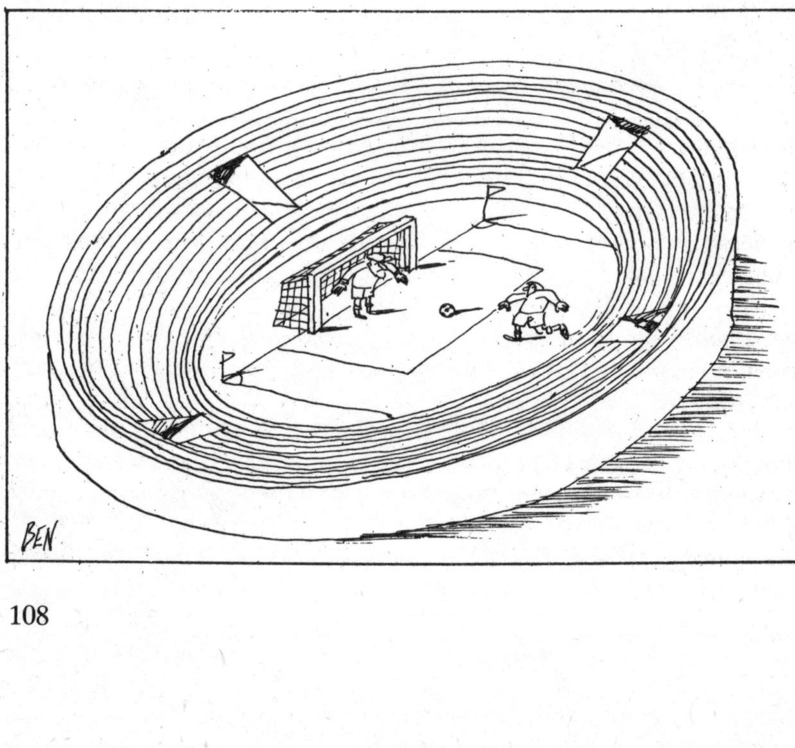

Deutscher Vereinspokal 1983/84

64 Mannschaften nahmen an der ersten Hauptrunde (Start 27./28. August 1983) teil, die 38 Profiteams der Bundesliga und der Zweiten Liga sowie 26 Amateurmannschaften nach vorheriger Qualifikation.
Das Viertelfinale erreichten sensationell der Amateurklub Bocholt sowie die Zweitligateams Hannover 96, Hertha BSC Berlin und FC Schalke 04.

Viertelfinale:

Bocholt – FC Bayern München	1:2
Hannover 96 – Borussia Mönchengladbach	0:1
Werder Bremen – VfB Stuttgart	1:0
Hertha BSC Berlin – FC Schalke 04	2:5

Halbfinale:

Borussia Mönchengladbach – Werder Bremen	5:4 n. V.
FC Schalke 04 – FC Bayern München	6:6 n. V.

Wiederholungsspiel:

FC Bayern München – FC Schalke 04	3:2

Finale:

Am 31. Mai 1984 in Frankfurt (58 800 Zuschauer)	
FC Bayern München – Borussia Mönchengladbach	1:1 n. V.
Der FC Bayern München siegte im Elfmeterschießen 7:6	

des Elfmeterschusses zu befreien, so wie er es jetzt angekündigt hat: »Ich schieß' nie wieder einen Elfer in meinem Leben.«
Die Münchner Bayern haben in dieser Nacht lange auf die große Siegesfeier warten müssen. Denn der Direktflug nach München wurde gestrichen, weil nach 22 Uhr kein Flugzeug mehr landen darf in Riem, was jeder verstehen kann, der mal zu Besuch gewesen ist bei einer Familie, die in der Einflugschneise wohnt. Da haben die Herren Fußballer aber gezeigt, daß sie keine Bürger sind wie du und ich, sondern was besseres, und entsprechend behandelt werden wollen. »Das ist eine Unverschämtheit«, schimpfte Karl-Heinz Rummenigge. »In Mailand würde so etwas nicht passieren. Da würden alle Verantwortlichen und Fans den Flughafen stürmen. Aber bei uns ist alles so provinziell, das ist ungeheuerlich.« Auch die Honoratioren des Klubs ist nichts besseres eingefallen. »Idio-

tisch« fand Schatzmeister Professor Fritz Scheerer die Geschichte, und Präsident Willi Hoffmann lästerte sogar: »Wie hier einem der größten Werbeträger für München mitgespielt wird, ist unfaßbar.« Verdurstet ist jedoch keiner beim Flug nach Nürnberg und der anschließenden Busfahrt gen München, und dann wurde doch noch groß getafelt, ab zwei Uhr nachts. Am anderen Morgen ging es in die Verlängerung beim Weißbier und abends ließen sich die Pokalsieger auf dem Balkon des Münchner Rathauses von ihren Fans bejubeln. Karl-Heinz Rummenigge hat sie alle eingeladen für Sonntagmorgen auf das Trainingsgelände des FC Bayern an der Säbener Straße, zu Freibier und Würstl. Etwa 4000 Abschiedsgäste mögen es gewesen sein, die sich von ihrem Idol persönlich den Senf auf die Bratwurst streichen ließen und zehn Hektoliter Bier stemmten. Die Blasmusik spielte, Präsident Hoffmann stimmte Volkslieder an und Kalle immer mittendrin, unermüdlich Autogramme schreibend: ein vielfacher Millionär, aber ein Mann des Volkes, der nicht vergessen hat, wem er seine Popularität und seinen Wohlstand verdankt.

Das Mittelfeld

Pokal-Semifinale: Sternstunden des Fußballs

Immer wieder mal wird die Floskel vom vorweggenommenen Endspiel gebraucht, wenn zwei Mannschaften durch das Los schon vorher zusammengeführt werden, die beide würdig wären, den Wettbewerb zu gewinnen. Im Semifinale des DFB-Pokals sind es gleich zwei eines Finales würdige Spiele gewesen. Ach was, Spiele: Reine Action war das, mit einem Feuerwerk von sage und schreibe 21 Toren, das Wiederholungsspiel in München gar nicht mitgerechnet. Sternstunden des Fußballs auf dem Mönchengladbacher Bökelberg, wo die Borussen nach zwei Stunden Werder Bremen 5:4 niedergekämpft hatten. Und tags darauf im Gelsenkirchener Parkstadion: 6:6 zwischen Schalke 04 und den Münchner Bayern. 105 000 Zuschauer insgesamt, und Millionen im Banne des Fußballs an den Fernsehgeräten. Da schwärmte selbst einer wie Fritz Walter, Ehrenspielführer der bundesdeutschen Auswahl, Ehrengast im Parkstadion, und der hat ein Leben lang Fußball gesehen: »Ich habe schon viel erlebt, aber das war in den letzten 20 Jahren absolut das Größte.«

Zuerst das Drama in Mönchengladbach, wo die Borussia lange Zeit einem sicheren Sieg entgegenzustürmen schien, 3:1 führte, ehe Werder zuschlug: Möhlmann, Sidka, Reinders trafen. In letzter Sekunde hat Criens mit dem 4:4 seine Mannschaft in die Verlängerung gerettet und ihr dann auch noch den Sieg beschert, mit einem ganz unglaublichen Torschuß zum 5:4-Erfolg: Den Ball mit der Schuhspitze aus der Luft geholt, mit Kopf und Brust gestoppt, sich durch die Abwehr gewunden und getroffen. Dabei hatte der Bursche damals noch nicht mal einen Stammplatz in der Mannschaft, war bloß der Joker.

An diesem Abend sind viele Tränen geflossen, nicht nur jene der Enttäuschung bei den Spielern aus Bremen, sondern hüben wie drüben, auf den Rängen und am Spielfeldrand haben sie geweint, selbst Schiedsrichter und Linienrichter. Es hatte einer eine Tränengasbombe geworfen in der 64. Minute, und Schiedsrichter Hontheim mußte die Partie für acht Minuten unterbrechen, weil Rahn, Sidka und Torhüter Sude nichts mehr sahen. Werder-Manager Lemke legte Protest gegen die Wertung des Spiels ein, zog ihn jedoch anderntags wieder zurück. Erstens hätte der Einspruch nur dann Aussicht auf Erfolg gehabt, wenn einer seiner Spieler wegen des Zwischenfalls hätte aufgeben müssen. Und zum anderen muß leider jeder Verein damit rechnen, daß ihm sowas im eigenen Stadion widerfährt, und da ist es gut zu wissen, daß der Gegner verständnisvoll reagiert.

Jörg Criens (23) hat sich auf dem Bökelberg als Held, als Retter feiern lassen. Aber anderntags hat ihn einer noch übertroffen, an Toren, an Popularität: Olaf Thon (18), das Juwel von Schalke 04. Als er Sekunden vor dem Schlußpfiff in der Verlängerung zum drittenmal den Ball ins Münchner Tor schoß, zum 6:6 ausglich, geriet das Parkstadion schier aus den Fugen. Auf die Schultern haben sie ihr jugendliches Idol gehoben und im Triumphzug weggetragen, und Bayern Münchens Trainer Udo Lattek gab staunend zu: »Der hat meine Abwehr alleine schwindlig gespielt. Phantastisch, wie er den Ball streichelt, wie torgefährlich, wie frech und keck er ist.«

Viel Lob haben die Schalker eingeheimst, und eine Menge Geld, denn der Klub hat eine knappe halbe Million Mark kassiert aus beiden Spielen und seinen Spielern Mann für Mann 10000 Mark angewiesen, obwohl die das heißersehnte Finale doch nicht erreichten. 2:3 verloren sie im Münchner Olympiastadion und lagen schon 0:2 zurück bei der Pause, durch Treffer von Karl-Heinz Rummenigge und Hoeneß. Aber die Schalker stürmten munter drauflos, und nachher war es Trainer Udo Lattek »ein Anliegen, dieser Schalker Mannschaft zu gratulieren«. Für sein Team blieb kein Lob übrig, denn Jakobs und Opitz hatten bis zur 72. Minute zum 2:2 ausgeglichen, und es bedurfte eines gewaltigen Hechtsprungs von Karl-Heinz Rummenigge, um per Kopfball den 3:2-Sieg und den Einzug ins Finale sicherzustellen. Manager Uli Hoeneß war nach den beiden Spielen gegen Schalke mit insgesamt acht Gegentoren klar: »Wir müssen uns im Abwehrbereich verstärken.«

Überraschungen sind in diesem Pokal-Wettbewerb von Anfang an nicht ausgeblieben. Zwei Bundesligisten mußten schon in der ersten Runde rausfliegen, weil sie gegen ihresgleichen ausgelost worden sind: Borusia Dortmund, 1:4 beim Hamburger SV, und Bayer Leverkusen, 1:3 in Ludwigshafen gegen den SVW Mannheim. Aber es hat drei weitere erstklassige Mannschaften erwischt, die gegen Zweitligisten klein beigeben mußten. Schalke 04 putzte Fortuna Düsseldorf 3:0 weg, Alemannia Aachen besiegte den VfL Bochum

1:0 und der spätere Absteiger 1. FC Nürnberg blieb in Osnabrück auf der Strecke. Am schlimmsten jedoch erwischte es Eintracht Frankfurt: 2:4-Niederlage beim Amateurligisten Göttingen 05.
In der zweiten Runde war Arminia Bielefeld in Mönchengladbach am Ende (0:3) und die Offenbacher Kickers in Köln (2:6). Der VfL Osnabrück fand in Eintracht Braunschweig seinen Meister (2:1), aber die Aachener blieben weiter am Ball und schlugen SVW Mannheim 1:0. Auch Zweitligist Karlsruher SC erreichte das Achtelfinale nach einem 5:4-Erfolg, in der Verlängerung erzielt über den 1. FC Kaiserslautern.
Gefeierter Pokalschreck im Achtelfinale sind die Amateure des 1. FC Bocholt gewesen, die Eintracht Braunschweig 3:1 bezwangen. Diese Runde fand am 14. Januar statt, mitten im Winter, und dabei ist so mancher ausgerutscht. Beispielsweise der Pokalverteidiger 1. FC Köln, den der Zweitligist Hannover 96 3:2 schlug, worauf der Kölner Klubpräsident Peter Weiand betrübt feststellte: »Hannover hat gezeigt, wie man Fußball spielt.« Bayer Uerdingen und Bayern München (0:0) sowie VfB Stuttgart und Hamburger SV (1:1) trafen sich zu Wiederholungsspielen, bei denen sich Münchner und Stuttgarter ins Viertelfinale schossen.
In Bocholt platzte das Stadion beinahe aus den Nähten, als der FC Bayern anrückte, und die Gastgeber kassierten etwa 280 000 Mark an Eintrittsgeldern, aber auch eine 1:2-Niederlage, obwohl Friedhelm Schütte, ein junger Mann, den berühmten Karl-Heinz Rummenigge zum Statisten degradierte. Kalle hat daraufhin laut darüber nachgedacht, daß er sich vielleicht doch endlich entscheiden müßte angesichts diverser Angebote aus Italien, um wieder zur Ruhe zu kommen.
Die Mönchengladbacher Borussen siegten in Hannover vor 58 000 Zuschauern dank eines Treffers von Mill. Die restlichen beiden Spiele fielen den schlechten Platzverhältnissen zum Opfer und wurden nachgeholt. Dabei schlug Werder Bremen den VfB Stuttgart durch ein Tor von Sidka in der letzten Minute, und Schalke 04 eliminierte Hertha BSC Berlin.
Im Pokalwettbewerb spielen Glück und Pech eine große Rolle, schon bei der Auslosung. Zu Hause gewinnt es sich halt leichter als auf des Gegners Platz.
Aber das macht den Reiz aus, und es möge doch, bitte schön, keiner behaupten, renommiertere Teams als beispielsweise Schalke 04

hätten sich unter den letzten Vier bravouröser geschlagen. Die anderen drei sind ja ohnehin Spitzenmannschaften der Bundesliga gewesen.

Sprüche

»›In diesem Spiel gab es viel Hektik. Da kann einem schon einmal ein überflüssiges Foul unterlaufen‹, hat die rechte Hand von Trainer Klaus Schlappner den Ärger über seine bislang einzige Hinausstellung in einem Meisterschaftsspiel schon längst vergessen.«

(Kicker/Sportmagazin in einem Bericht über Günter Sebert vom SVW Mannheim.)

»Der ideale Schiedsrichter ist wie das Ungeheuer von Loch Ness. Jeder kann ihn beschreiben, aber niemand hat ihn gesehen.«

(Bobby Charlton, Mitglied der Fußball-Weltmeistermannschaft Englands 1966.)

»Wer Manndeckung spielt, hat elf Esel auf dem Platz.«

(Ernst Happel, Trainer beim Hamburger SV.)

»Der weiß gar nicht mehr, wie's im Strafraum aussieht, weil er so lange nicht mehr drin war.«

(Uli Stein, Torhüter beim Hamburger SV, über den Stürmer Wolfram Wuttke.)

»Sie sind nicht in Liverpool gewesen, wenn Ihnen nicht auf der Tribüne unseres Fußballstadions ein Fan ans Bein gepinkelt hat.«

(Beschreibung der Sehenswürdigkeiten im Stadtplan von Liverpool).

Europacup, Meister, Pokalsieger, UEFA-Cup

Schon die Bilanz der ersten Runden ist mies gewesen; die schlechteste seit 1969 für die bundesdeutschen Klubs. Damals war Meister Bayern in Frankreich gegen den AS St. Etienne auf der Strecke geblieben, und im Messepokal, dem nachmaligen UEFA-Cup, 1860 München gegen Skeid Oslo, auch Hannover 96 gegen Ajax Amsterdam. Diesmal gab es lange Gesichter beim VfB Stuttgart und dem 1. FC Kaiserslautern.

Das Ende für die Schwaben hatte sich schon im ersten Spiel im Stuttgarter Neckarstadion abgezeichnet, als ihnen gegen Levski/Spartak Sofia lediglich ein 1:1 gelungen war. Danach kamen Mannschaftskapitän und Trainer zu ganz unterschiedlichen Erkenntnissen. Karl-Heinz Förster: »Bei kürzerem Training werden wir wieder spritziger.« Helmut Benthaus: »Wir müssen mehr trainieren.« Zwei Wochen später war dann keiner dem anderen bös, weil der Trainer seinem Team die beste Leistung der Saison bestätigte, aber ausgeschieden ist es dennoch, denn Valtschev schoß in letzter Minute das Siegestor zum 1:0. Da zog vor allem Vereinspräsident Gerhard Mayer-Vorfelder ein langes Gesicht, denn er hatte für das Erreichen des UEFA-Cups 15 000 Mark pro Mann und Nase überweisen lassen und ein Verlustgeschäft gemacht.

Dem 1. FC Kaiserslautern hat nicht mal ein 3:1-Heimerfolg gereicht für die zweite Runde. Am Betzenberg hatten sie noch über des FC Watfords spleenigen Präsidenten, den Popsänger Elton John gelächelt, der mit dem typischen Strohhut, riesiger Sonnenbrille, rotem Stein im Ohrring, rotem Schal, bunter Fliege und roter Nelke im Knopfloch seines mit Hunderten von bunten Glasperlen besetzten beigen Anzugs wie ein radschlagender Pfau auf der Tribüne thronte. Nach der 0:3-Niederlage im Rückspiel ist den Pfälzern das Lachen gründlich vergangen. »Es wird lange dauern, bis wir wieder da sind, wo wir mal waren«, klagte Abwehrspieler Werner Melzer, der ein Eigentor geschossen hatte, zum 0:2.

Wiedergutmachung betrieb der 1.FC Köln, der in Innsbruck 0:1 verloren hatte, die Tiroler aber im Müngersdorfer Stadion 7:1 aus dem Pokalsieger-Wettbewerb warf. Ihre Fans aber hatten die Kölner schon vergrault; nur 19 000 sahen zu. Auch Werder Bremen steigerte sich und siegte in Malmö 2:1, nachdem das 1:1 aus dem ersten Spiel Schlimmes hatte befürchten lassen. Die Treffer erzielten Pezzey und Sidka, was zwei Drittel aller Tore ausmachte, die fünf bundesdeutschen Mannschaften in dieser ersten Runde auswärts gelungen waren. Das dritte hatte der Münchner Mathy zum 1:0-Sieg des FC Bayern über Larnaca auf Cypern erzielt. Im Rückspiel gewannen die Münchner 10:0, wobei Libero Augenthaler mit drei Toren sich als erfolgreichster Schütze auszeichnete.

Zu den Verlierern der ersten Runde in den drei Europa-Wettbewerben zählten Ajax Amsterdam, das an Olympiakos Piräus scheiterte, und Real Madrid, das in Prag gegen Spartak alle Hoffnungen fahren ließ. Dagegen erreichten alle sechs englischen Klubs die zweite Runde, und das eine Woche nach der katastrophalen 0:1-Heimniederlage in der EM-Qualifikation gegen Dänemark, die die Engländer die Teilnahme am Finalturnier in Frankreich kostete. Auch sämtliche belgischen (fünf) und italienischen (vier) Vertreter qualifizierten sich, dazu Meister Dynamo Berlin und Lok Leipzig sowie FC Jena aus der DDR.

Das alles war aber nur ein Vorgeschmack auf die Demütigung der bundesdeutschen Klubs in der zweiten Runde. Dabei sind vorher noch große Sprüche gemacht worden. Drei Dinger werde man diesen Griechen reinhauen, hat Karl-Heinz Rummenigge prophezeit, und der Kölner Torhüter Harald Schumacher auf jeden Fall eins zu Null gegen Dozza Uipest Budapest. Wer kann auch schon damit rechnen, daß einem gleich zur Begrüßung der eigene Vordermann ein faules Ei ins Nest legt. Im Bremer Weserstadion mußte sich Lokomotive Leipzig nach den Klängen von Udo Lindenbergs Sonderzug nach Pankow warmlaufen. Der war zwei Stunden später dann abgefahren für den SV Werder.

Drei von vier Mannschaften aus der Bundesliga, die irgendein Witzbold mal als die stärkste Liga der Welt bezeichnet hat, sind rausgeflogen: Meister Hamburger SV, ausgeruht vom Freilos der ersten Runde, gegen Dinamo Bukarest (3:2, 0:3), der Pokalsieger 1. FC Köln gegen Ujpest Budapest (1:3, 4:2) und Werder Bremen gegen Lok Leipzig (0:1, 1:1). Vielleicht führen diese Erfahrung dazu, künftig auch auswärts ein bißchen mehr zu tun als aufs Resultat zu schielen, meinte DFB-Trainer Erich Ribbeck. Dem widerspricht, daß seine Kollegen ihre geschlagene Mannschaften auch noch gelobt und gehätschelt haben.

Den Kopf aus der Schlinge gezogen hat als einzige Mannschaft

Bayern München, aber erst im allerletzten Moment: nach dreieinhalb Stunden Nullzunull-Fußball gegen PAOK Saloniki und dessen Trainer Pal Csernai, vormals FC Bayern. Als es 8:8 stand beim Elfmeterschießen, war Beierlorzer an der Reihe, doch der hatte sich vor Angst unter die Tribüne verzogen. Was für ein Kerl! »Ich bin keiner, der Elfmeter schießen kann«, lautete seine Entschuldigung. Torhüter Jean-Marie Pfaff schon gar nicht. Weil kein anderer mehr da war, übernahm der die Verantwortung und traf. »Ich hab' zum Himmel gebetet, und meine Mutti hat mir auf der Tribüne die Daumen gedrückt«, erzählte der mutige Belgier. Was für ein strahlender Held, und welch ein spannendes, aber auch unglaublich schlechtes Spiel!

Das tut weh, wenn nach so einem Abend schmerzlicher Erlebnisse für den bundesdeutschen Fußball die schadenfrohen Nachbarn auch noch ätzenden Spott in die frischen Wunden träufeln. Vorneweg natürlich wieder diese Österreicher, zu deren Sprachrohr sich der »Wiener Kurier« machte, der unsereins »einen der schwärzesten Tage« unserer Geschichte vorhielt. Und die »Kronen-Zeitung« jubelte gar, ein Glück sei es, daß es sowas gebe. Was Wunder, da drei österreichische Teams weiter mitmachen durften und zwei aus der DDR, eins aus Finnland sogar, ganz zu schweigen von fünf englischen und drei schottischen Mannschaften, die angeblich mit ihrem antiquierten Hauruckstil bloß rennen können, aber nicht gewinnen.

Austria Wien hat dann in der dritten UEFA-Cup-Runde auch noch Inter Mailand aufs Kreuz gelegt (2:1, 1:1), und Sturm Graz das Team von Lok Leipzig (2:0, 0:1), den Bezwinger von Werder Bremen, während die Münchner Bayern in London an den Tottenham Hotspurs scheiterten. »Falco stürzte die Bayern in einen Tränenbach«, vermeldete die »Daily Mail« anderntags. Mark Falco hatte in der 86. Minute den entscheidenden zweiten Treffer erzielt. Am Boden zerstört war Michael Rummenigge, der Jüngste im Münchner Team, Siegestorschütze des ersten Spiels. Er hatte den Ball kurz vor Schluß hoch aufs Tribünendach geschlagen, anstatt ins Netz. »In München war ich der Matchwinner, hier der Spielverlierer«, klagte der 19jährige Fußballer, und weinte bitterlich. Auch sein großer Bruder Karl-Heinz vermochte ihn nicht zu trösten. »Da ist er nicht der Erste, da wird er auch nicht der Letzte sein, dem das passiert. Helfen kann ihm keiner.«

Am 21. März kam die Nacht, in der Großbritanniens Fußball glänzte. Ein halbes Dutzend englischer Mannschaften erreichte die Semifinals in den drei Europäischen Pokalwettbewerben und geriet in der Auslosung für die Semifinals nicht gegeneinander. »Glory, glory. Sechs der Besten. Das war das Ergebnis, als die britischen Klubs in Europa Amok liefen«, verkündete das Boulevardblatt »The Sun«. Nach dem Einzug von FC Liverpool, Manchester United, Tottenham Hotspur, Nottingham Forest, FC Aberdeen und Dundee United in die Halbfinals. »Britannien – Europa 6:0« titelte der »Daily Express«.
Als letzte deutsche Mannschaft blieb DDR-Meister Dynamo Berlin auf der Strecke, das bei AS Rom 0:3 verloren hatte und im Rückspiel nur noch einen Achtungserfolg (2:1) erzielte. Auch der FC Barcelona mit Bernd Schuster wurde ein Opfer des britischen Siegeszugs bei der 0:3-Niederlage gegen Manchester United. Auch der Höhenflug der Österreicher ging zu Ende. Alle drei Mannschaften mußten die Segel streichen. Rapid des einen Tores wegen, das Dundee United bei seiner 1:2-Niederlage in Wien erzielt hatte, die Austria gegen Tottenham Hotspur, erst nach Verlängerung Sturm Graz gegen Nottingham Forest. Aber ein Geschäft ist es gewesen. 488350 Zuschauer sahen die zwölf Spiele, durchschnittlich 40692.
Vier Wochen später mußte die »Daily Mail« ihren Lesern von einer »Nacht des Jammers« berichten. Vier der sechs britischen Klubs waren in den Halbfinals auf der Strecke geblieben, nur der FC Liverpool (Meistercup) und Tottenham Hotspur (UEFA-Cup) in die Endspiele vorgestoßen. Dabei hatte nach den Hinspielen alles noch ganz hoffnungsvoll ausgesehen: Heimsiege für Dundee United über AS Rom (2:0), den FC Liverpool gegen Dinamo Bukarest (1:0), für Nottingham Forest gegen RSC Anderlecht (2:0); ein 1:1 von Manchester United gegen Juventus Turin. Und aufholbare Niederlagen von Tottenham Hotspur (2:1) in Split, FC Aberdeen in Porto (0:1).
Aber es kam ganz anders. Im Wettbewerb der Landesmeister gab es nicht das kuriose Finale zweier britischer Mannschaften in Rom, sondern der AS Rom sicherte sich dieses Heimspiel dank eines 3:0-Rückspielsiegs über Dundee United. Roberto Pruzzo erzielte zwei Tore und Di Bartolomei nützte die Chance eines Foulelfmeters vor 70000 Zuschauern, die umgerechnet 2,15 Millionen Mark an Eintrittsgeldern bezahlten, wozu sich eine Million aus der Werbung

addierte. Als Endspielpartner der Römer qualifizierte sich der FC Liverpool, für den Ian Rush, Europas erfolgreichster Schütze der Saison mit 32 Punktspieltreffern, die beiden Tore zum überraschenden 2:1-Sieg über Dinamo erzielte.
Leer ausgegangen sind die Briten bei den Pokalsiegern. Manchester United hätte in Turin zwar beinahe eine Verlängerung erzwungen, nachdem Norman Whiteside, bis zur 63. Minute auf der Bank gesessen, sieben Minuten nach seiner Einwechslung das Führungstor von Boniek ausglich. Doch in letzter Minute schoß Paolo Rossi das 2:1 und die Italiener ins Finale, in dem sie, ganz unerwartet, auf den FC Porto trafen. Der gewann auch in Aberdeen 1:0, durch einen Treffer von Vermelinho, und warf den Cupverteidiger aus dem Wettbewerb.
Wie Dundee United, hat auch Nottingham Forest ein 2:0-Vorsprung aus dem Heimspiel nicht gereicht zum Einzug ins Finale. In Brüssel eröffnete Scifo, 18jähriger Sohn eines italienischen Gastarbeiters, schon in der 18. Minute den Torreigen. Der Däne Brylle holte den Rückstand aus der ersten Begegnung in der 62. Minute mit einem Treffer durch Foulelfmeter auf. Und als alles sich schon auf eine Verlängerung einstellte, bezwang Vandenbergh Nottinghams holländischen Torhüter van Breukelen zum entscheidenden 3:0. Gegner der Belgier wurde Tottenham Hotspur, das von seinem in Split erzielten Treffer (2:1) zehrte und sich mit dem 1:0-Sieg durch ein Tor von Hazard begnügen konnte.
Die erste Entscheidung im Europacup fiel am 16. Mai im Baseler St.-Jakob-Stadion, einem Heimspiel ähnlich für Juventus Turin in einem Meer von Fahnen ihrer Tifosi, die mit Rauchbomben und Luftschlangen um sich warfen. Am Ende lobten alle den FC Porto, der mit viel Beifall des neutralen Publikums verabschiedet wurde, aber den Pokal trugen die Italiener im Triumphzug rundum nach ihrem 2:1-Sieg. »Jetzt ist mir klar, warum diese Truppe so weit gekommen ist«, versicherte Dino Zoff, der legendäre Torhüter, und Trainer Giovanni Trapattoni sprach von einem Erfolg über »eine europäische Spitzenmannschaft«. Portos Torjäger Fernando Gomes beklagte dagegen Fehlentscheidungen des Schiedsrichters Adolf Prokop aus der DDR, und behauptete: »Wenn wir eine Verlängerung erreicht hätten, dann hätten wir auch gewonnen. Es war doch deutlich zu sehen, daß wir mehr Kraft hatten als die Turiner.«
Die verhinderte der Pole Zbigniew Boniek mit dem entscheidenden

Treffer zum 2:1-Sieg, und sicherte damit seinen Arbeitsplatz: »Ich habe heute wohl gezeigt, was ich wert bin.« Juve-Präsident Gianpiero Boniperti nickte zustimmend: »Wir werden Boniek wohl behalten.« Aber er machte eine Einschränkung. »Es sei denn, wir kriegen einen absoluten Topstar.« Die Rede war vom Brasilianer Zico, vom Argentinier Maradona, vom Engländer Robson.
Für die Portugiesen ist das jedoch keineswegs der enttäuschende Schlußpunkt hinter eine ansonsten erfolgreiche Saison gewesen. Zehn vom FC Porto hatte Nationaltrainer Cabrita für die Europameisterschaft nominiert und sie vor dem EM-Spiel gegen die bundesdeutsche Mannschaft in Straßburg ins Trainingslager befohlen. »Wir«, hat Gomes damals optimistisch versichert, »wir rechnen uns gegen den Europameister eine gute Chance aus.«
Nacht des Schreckens in Brüssel! Premierministerin Margaret Thatcher entschuldigt sich bei der belgischen Regierung für das skandalöse Verhalten der englischen Fans, die »eine Schande für Großbritannien« sei. Solche Schlagzeilen und Meldungen beherrschten die Titelseiten der belgischen Zeitungen nach dem ersten UEFA-Cupfinale zwischen RSC Anderlecht und Tottenham Hotspur (1:1). Die Bilanz der Polizei: Ein Toter, 25 Verletzte, rund 300 Festnahmen, brennende Autos, demolierte Gaststätten, ausgeraubte Geschäfte. Die Mannschaft aus London konnte nichts für die sie begleitenden Vandalen. Sie spielte routiniert, eher kontinental-europäischen als britischen Kraftfußball, mit einem vorzüglichen Mittelfeld, in dem sich Hazard als Antreiber hervortat. Die Treffer erzielten Miller zum 0:1 (59.) und Olsen (85.).
Sie hat am Ende auch den Pokal gewonnen, wenngleich erst nach Verlängerung und Elfmeterschießen im Rückspiel. Vorher hatte Anderlecht die Londoner mit ihrer Abseitsfalle schier zur Verzweiflung gebracht. Als Tottenhams Angreifer zum 24. Mal ins Abseits gerannt waren, mochte der österreichische Fernseh-Kommentator nicht mehr länger mitzählen. Der Däne Morten Olsen ließ die Falle meist zuschnappen, schlug aber auch den Steilpaß für Czerniatynski, der Anderlecht in der 61. Minute in Führung schoß. Tottenhams Manager Keith Burkinshaw wechselte den lange verletzt gewesenen Ardiles aus der argentinischen Weltmeisterschaft 1978 ein, der das 1:1 vorbereitete, sechs Minuten vor Schluß der regulären Spielzeit von Roberts erzielt.
Nach einer halben Stunde ereignisloser Verlängerung erlebten

Der Spuk im Stadion

46 000 Zuschauer im Stadion an der White Hart Lane ein nervenaufreibendes Elfmeterschießen, in dem Torhüter Tony Parks als Held des Abends gefeiert wurde. Er parierte Olsens Geschoß, und Thomas, der farbige Außenverteidiger, hätte als fünfter Schütze für Tottenham treffen müssen, um alles zu entscheiden. Aber er scheiterte an Torhüter Munaron und weinte bitterlich ins nasse Gras, um gleich wieder überglücklich aufzuspringen. Denn Parks hatte den nächsten Elfmeter des Isländers Gudjohnsen abgewehrt: 4:3 im Elfmeterschießen, Tottenham Hotspur Sieger im UEFA-Cup. Und Tony Parks flunkerte wohl ein bißchen, als er später verriet: »Ich habe an seinen Augen gesehen, wohin er schießen würde.«

Den Schlußpunkt hinter die Serie der 228 Spiele in den drei europäischen Pokalwettbewerben setzte der FC Liverpool. Er gewann im Olympiastadion zu Rom zum viertenmal den Cup der Landesmeister mit einem 4:2-Sieg im Elfmeterschießen über AS Rom, nachdem es nach zwei Stunden Spielzeit 1:1 geheißen hatte. Neal hatte die Engländer in der 14. Minute in Führung geschossen, nach einer verunglückten Abwehr der Italiener, Pruzzo nach Flanke von dem unter Wert spielenden Conti per Kopfball zwei Minuten vor der

Europapokal der Pokalsieger 1983/84

Der 1. FC Köln schied in der zweiten Runde gegen Ujpest Budapest (1:3 + 4:2) aus. In der ersten Runde siegten die Kölner über SSW Innsbruck (0:1 + 7:1)

Viertelfinale:

Manchester United – FC Barcelona	0:2 + 3:0
FC Porto – Schachtjor Donezk	3:2 + 1:1
Juventus Turin – Valkeakoski (Finnland)	1:0 + 1:0
FC Aberdeen – Ujpest Budapest	0:2 + 3:0 n. V.

Halbfinale:

Juventus Turin – Manchester United	1:1 + 2:1
FC Porto – FC Aberdeen	1:0 + 1:0

Finale:

Am 16. Mai 1984 in Basel (50 000 Zuschauer)	
Juventus Turin – FC Porto (Portugal)	2:1

Pause das 1:1 erzielt. Das war immerhin schon mehr als in den vorausgegangenen sechs Endspielen, die alle durch ein einziges Tor entschieden worden waren.
Dabei blieb es jedoch, und der acht Kilogramm schwere Silberpokal wurde vor 69 000 Zuschauern beim Elfmeterschießen vergeben. Dabei wären beide Mannschaften auch ohne Torhüter ausgekommen, denn keinem der beiden Schlußmänner gelang es, einen der neun Strafstöße abzuwehren. Zuerst verfehlte Nicol, dann trafen die Römer Conti und Graziani nicht ins Ziel. »Die Welt ist über mir zusammengebrochen«, jammerte Conti. »Nur Gott weiß, wieviel Wert ich auf den Europacup gelegt hatte.« Sein Trainer, der Schwede Nils Liedholm, spottete: »Wir werden trotzdem in die Fußballgeschichte eingehen als die erste Mannschaft, die zu Hause den Europacup verloren hat.«
Kevin Keegan, früher Star des FC Liverpool und umjubelt im Trikot des Hamburger SV, kommentierte das Spiel fürs britische Fernsehen. »Ein schlechter und grausamer Weg, um einen Sieger zu

ermitteln«, urteilte Keegan, nachdem sein Landsmann Nicol gleich den ersten Strafstoß für den FC Liverpool über das Tor getreten hatte. Ein paar Minuten später hatte Keegan seine Meinung jedoch gründlich geändert: »Ich finde das Elfmeterschießen prima«, jubelte er, weil die beiden Italiener auch nichts getroffen hatten. Sein verwandelter Elfmeter war Ian Rushs 50. Treffer in der zu Ende gegangenen Saison. »Ich habe Mitgefühl mit Roma, denn ich kann mir vorstellen, was es bedeutet, vor eigenem Publikum durch Elfmeter zu verlieren«, versicherte der Engländer. Er hat es nicht ahnen können, was das für entsetzliche Auswirkungen haben würde, und auch Graziani nicht, der jammerte: »Ich hätte aus eigener Tasche bezahlt, um unseren Tifosi einen Sieg schenken zu können.«
Als das Spiel vorbei war, hatte die Schlacht erst angefangen. Sie tobte die ganze Nacht in den Straßen Roms, und nicht die gefürchte-

Europapokal der Landesmeister 1983/84

31 Vereine nahmen teil. Der Hamburger SV hatte als Titelverteidiger Freilos in der ersten Runde, schied in der zweiten Runde gegen Dinamo Bukarest (0:3 + 3:2) aus.

Viertelfinale:

Dundee United – Rapid Wien	1:2 + 1:0	Dundee durch Auswärtstor qualifiziert.
AS Rom – Dynamo Ostberlin	3:0 + 1:2	
Dinamo Bukarest – Dynamo Minsk	1:1 + 1:0	
FC Liverpool – Benfica Lissabon	1:0 + 4:1	

Halbfinale:

AS Rom – Dundee United	0:2 + 3:0	
FC Liverpool – Dinamo Bukarest	1:0 + 2:1	

Finale:

Am 30. Mai 1984 in Rom (69693 Zuschauer)

FC Liverpool – AS Rom	1:1 n. V.	Liverpool siegt im Elfmeterschießen 4:2

Liverpool damit zum viertenmal Europapokalsieger der Meister

UEFA-Pokal 1983/84

64 Mannschaften nahmen teil. VfB Stuttgart (gegen Sparta Sofia 1:1 + 0:1) und 1. FC Kaiserslautern (gegen Watford 3:1 + 0:3) in der ersten Runde, Werder Bremen (gegen Lok Leipzig 0:1 + 1:1) in der zweiten Runde und der FC Bayern München (gegen Tottenham 1:0 + 0:2) in der dritten Runde ausgeschieden!

Viertelfinale:

Tottenham – Austria Wien	2:0 + 2:2
Hajduk Split – Sparta Prag	0:1 + 2:0 n. V.
Anderlecht – Spartak Moskau	4:2 + 0:1
Nottingham – Sturm Graz	1:0 + 1:1 n. V.

Halbfinale:

Tottenham – Split	1:2 + 1:0	Tottenham durch Auswärtstor qualifiziert
Anderlecht – Nottingham	0:2 + 3:0	

Endspiele:

Am 9. Mai 1984 in Anderlecht (40000 Zuschauer)		
Anderlecht – Tottenham	1:1	
Am 23. Mai in London (46000 Zuschauer)		
Tottenham Hotspur – RSC Anderlecht	1:1 n. V.	Tottenham siegt im Elfmeterschießen 4:3

ten britischen Schlachtenbummler haben sie angezettelt, sondern die enttäuschen, wütenden, tobenden Tifosi. Einen haben sie auf einer Tiberbrücke abgestochen, ein Italiener erhielt eins mit einer Eisenstange über den Schädel; beide lagen danach im Koma. Ein Römer stürzte von einem Kleinbus, schlug mit dem Kopf auf den Randstein und war auf der Stelle tot. Rund 3000 Polizisten nahmen fest, wen sie erwischen konnten. 40 Personen wurden, teils schwer verletzt, in die Krankenhäuser gebracht. Was für ein Preis für ein Fußballspiel! Die UEFA hat schnell reagiert und beschlossen, die Finals nur noch in neutralen Städten anzusetzen. Dort sind Freund und Feind dann wenigstens gleich stark vertreten.

2. Bundesliga – Rückblick

Die zweite Bundesliga hat in diesem Jahr noch für Schlagzeilen gesorgt, als alles längst hätte entschieden sein müssen, Aufstieg wie Abstieg. Am 9. Juni, einem Freitagabend, als alle anderen Klubs ihre Spieler in Urlaub geschickt hatten, trat RW Essen im Gelsenkirchener Parkstadion noch einmal gegen Schalke 04 an, in einem vom DFB-Sportgericht angeordneten Wiederholungsspiel. Die erste Begegnung hatten die Essener 0:5 verloren, doch war ihr Torhüter Hallmann von einem Zuschauer leicht verletzt worden.
Das Ganze ist eine sportliche Farce gewesen, denn RW Essen hätte mit vier Toren Unterschied beim Bundesliga-Aufsteiger gewinnen müssen, um den Abstieg zu vermeiden. Leidtragender wäre Neuling RW Oberhausen gewesen, der in einem tollen Endspurt keines der letzten sieben Spiele verloren und sich so auf Platz 16 gerettet hatte. Natürlich hat Schalke 04 gewonnen, wenn auch diesmal nur 3:2, vor 10 200 Zuschauern, deren Eintrittsgelder sich die streitenden Vereine teilten. Damit standen die Absteiger aus der zweiten Liga fest: BV Lüttringhausen, VfL Osnabrück, SC Charlottenburg Berlin und RW Essen, dessen Spieler auch noch auf die Vorstandschaft schimpften. Die hatte ihnen neue Angebote gemacht für die Oberliga, 700 bis 1200 Mark brutto pro Monat, ohne Prämien. Die einhellige Meinung: »Eine Frechheit.« Amateure 1984. Erlaubt sind höchstens 700 Mark.
Apropos Geld: Die Aufsteiger Karlsruher SC und Schalke 04 sind auch die wirtschaftlich erfolgreichsten Vereine gewesen. Vorsichtig hatten die Karlsruher mit 7000 Zuschauern durchschnittlich kalkuliert und sich am Ende über 12 900 gefreut. Auch Schalke blieb mit 16 350 über dem Voranschlag (15 000). Dagegen ist Hertha BSC sportlich und finanziell arg auf den Bauch gefallen: Elfter Platz und 7650 statt erhoffter 17 000 Zuschauer im Schnitt. Die Folge ist ein riesiges Loch in der Kasse, das auf 2,6 Millionen Mark beziffert wird. Angesichts der nur noch rund 4000 Zuschauer pro Heimspiel während der Rückrunde ist der neue Kostenansatz von 12 000 Zuschauern wieder reichlich optimistisch ausgefallen.
Die Berliner Hertha, als Mitfavorit gestartet, jedoch zeitweise hinter den Lokalrivalen SC Charlottenburg zurückgefallen, lag nicht ein einziges Mal an der Spitze der Tabelle. Dorthin gelangten

Die beste Medizin

insgesamt nur drei Mannschaften: Meister Karlsruher SC 22mal, Schalke 04 13mal und Hessen Kassel viermal. Das Schlußlicht bildeten abwechselnd die Stuttgarter Kickers, Hannover 96, RW Essen, RW Oberhausen, VfL Osnabrück und ab der 25. Runde BV Lüttringhausen.
Keiner von ihnen hat den schlechtesten Besuch beklagt, sondern die SG Wattenscheid, mit 2850 Zuschauern durchschnittlich. Sie blieb, wie weitere sieben Klubs, hinter dem Soll zurück, doch erzielte die Liga mit 378 520 Besuchern insgesamt eine Steigerung gegenüber der Vorsaison um rund 20 Prozent. Den höchsten Sieg feierte Absteiger SC Charlottenburg Berlin, das den Mitaufsteiger 1. FC Saarbrücken 8:1 abfertigte. SSV Ulm 46, ein weiterer Neuling, der sich behauptete, gewann gegen BV Lüttringhausen 7:0.
Erfolgreichste Torschützen waren gemeinsam Roland Wohlfahrt (MSV Duisburg) und Emanuel Günther (Karlsruher SC) mit je 30 Treffern, was sich für Wohlfahrt bezahlt machte, und für seinen Verein. Er wechselte für 800 000 Mark zum Pokalsieger Bayern München. Den spektakulärsten Hattrick führte der Kasseler Hel-

mut Hampel im August vor, als ihm innerhalb von fünf Minuten drei Treffer gelangen. Sein Teamkamerad Heinz Traser war beim 6:1-Heimsieg über Union Solingen sogar viermal erfolgreich.

Nur knapp halb so viele Tore geschossen hat Olaf Thon vom FC Schalke 04, und trotzdem ist der junge Bursche, der am 1. Mai 18 geworden ist, in den höchsten Tönen gelobt worden. Nicht erst nach seinen drei Treffern gegen die Münchner Bayern im Pokalspiel. Dabei träumt er von denen. »Mann, die Bayern. Man soll niemals nie sagen.« Er schläft in rotweißer Bayern-Bettwäsche. Aber wenn es so weiterläuft, will er bei Schalke bleiben, wo er einen Vertrag unterschrieben hat für drei Jahre, allerdings jährlich kündbar, zur garantierten Ablösung von 500 000 Mark.

Olaf Thon ist einer, der viel verspricht im Mittelfeld, als Schütze, kein Renner, ein Spieler im besten Sinn. »Ich hab' eben immer den Ball etwas mehr geliebt als die anderen«, sagt der schwarzhaarige Jungstar, dem der Vater das Talent in die Wiege gelegt hat. Er ist 1967 mit dem TSV Horst-Emscher bundesdeutscher Amateurmeister gewesen. Auf den Sohn kann sich die Bundesliga freuen.

Die (Fußball-)Welt ist rund

Auf Torjäger Wohlfahrt auch, aber nicht auf seinen ehemaligen Klub MSV Duisburg. Der ist, als Dritter in der Zweiten Liga, in den Relegationsspielen mit der Frankfurter Eintracht, dem Drittletzten der Bundesliga, klar gescheitert. Nach der 0:5-Heimniederlage war schon alles vorbei. Immerhin zahlten 29000 Zuschauer noch einmal tüchtig in die MSV-Kasse. Zum Rückspiel kamen gar 42000 Besucher ins Frankfurter Waldstadion, die nach dem 1:1 ihre Mannschaft auf der Ehrenrunde feierten. Und das alles bloß, weil sie nicht abgestiegen war.

Um diese Zeit tobte schon der Kampf um den Aufstieg in die zweite Bundesliga. In der Gruppe Nord bewarben sich fünf Klubs um die Einreihung in den Kreis der Profis, im Süden vier. Geschafft haben es Blau-Weiß 90 Berlin, FC St. Pauli, FC Homburg und VfR Bürstadt, mit Ausnahme der Berliner alte Bekannte.

In Hamburg und Berlin werden sich zwei Vereine um die Gunst des Publikums streiten, wobei sich freilich der HSV nicht zu fürchten braucht. Schon eher Hertha BSC Berlin vor Blau-Weiß. Dort ist viel Geld im Spiel, das ehemalige Profis angezogen hat, wie beispielsweise den Augsburger Jürgen Haller, Sohn des ehemaligen Nationalspielers Helmut Haller, Bunk von 1860 München, Leiendecker von der SpVgg Fürth.

Das Interesse konzentrierte sich jedoch auf den Süden, wo 1860 München, zwei Jahre nach dem Zwangsabstieg durch Lizenzverlust der über acht Millionen Schulden wegen, einen neuen Anlauf unternahm. In einem furiosen Endspurt waren die Sechziger Meister der Bayernliga geworden, hatten im ausverkauften Stadion an der Grünwalder Straße vor 31500 Zuschauern den Spitzenreiter SpVgg Fürth gestürzt und auch den Lokalrivalen SpVgg Unterhaching vor 26000 Besuchern aus dem Feld geschlagen.

In der Not hatte Trainer Bernd Patzke, ehemaliger Profi bei den Sechzigern und Nationalspieler, auf die Jugend gesetzt, mit Erfolg. Ludwig Kögl stürmte schon als 17jähriger, im Verein mit den Routiniers Erich Beer und Kurt Eigl, beide erfahren in vielen Jahren Bundesliga. Doch am Ende fehlten Kraft und Routine. 1860 gewann nur ein Spiel, zu Hause gegen den Freiburger FC, der es auch nicht geschafft hat. Insgesamt kamen 67000 Zuschauer zu den drei Heimspielen, von denen das letzte gegen den Aufsteiger FC Homburg 0:2 verlorenging. Vier Spieler verließen den Verein, darunter das Ausnahmetalent Kögl. Das Los des Erfolglosen.

Hans Krankl, Spielführer des österreichischen Meisters Rapid Wien.

Schweizer Fußballspieler des Jahres 1983/84 Heinz Hermann ist hier von Gross nicht zu bremsen.

Fußball-Weltmeister 1954. Von links: Sepp Herberger, Fritz Walter, Helmut Rahn, Jupp Posipal, Horst Eckel, Werner Liebrich, Otmar Walter, Hans

Schäfer, Max Morlock. Sitzend: Karl Mai, Toni Turek und Werner Kohlmeyer. Mit 3:2 hatte die deutsche Mannschaft den Favoriten Ungarn besiegt.

Karl-Heinz Rummenigge in Mailand. Oben mit Ehefrau Martina, unten mit Inter-Präsident Pellegrini nach der Vertragsunterzeichnung.

Nicht wie erhofft verlief in Mailand die Karriere des ehemaligen Stuttgarters Hansi Müller. Er wechselte zum Erstliga-Aufsteiger Atalanta Bergamo.

Triumph mit Beckenbauer im Münchner Olympia-Stadion. Deutschland ist Fußball-Weltmeister 1974.

Aufsteiger Karlsruher SC

Im Münchner Telephonbuch, L–Z, steht er auf Seite 265: Olk, Werner, Wirtschaftsingenieur. Der Beruf ernährt gewiß seinen Mann, doch diesen nicht. Olk verdient sein Brot lange schon in seiner zweiten Profession als Fußball-Lehrer, und eine dicke Scheibe Speck dazu, für den Aufstieg in die Bundesliga mit dem Karlsruher SC.

Olk, der Pendler zwischen Karlsruhe und München. Freitags kommen ihn Frau und Tochter besuchen, sonntags nach dem Training fahren alle drei zurück nach München, und dienstags ist das Familienoberhaupt wieder in Karlsruhe am Ball. Olk nimmt das Hin und Her in Kauf, um den Umzug zu vermeiden. Denn er hat in München Wurzeln geschlagen, seit er 1965 von Arminia Hannover zum FC Bayern wechselte und Erfolge feierte: Europacupsieger, deutscher Meister, DFB-Pokalsieger, 144 Bundesligaspiele als Mannschaftskapitän von Maier, Müller, Beckenbauer. Später ist Werner Olk Manager gewesen beim TSV 1860 und Co-Trainer von Dettmar Cramer beim FC Bayern.

Ein Pendler auch zwischen Bundesliga und zweiter Klasse? Unten mit Preußen Münster, FC Augsburg, SC Freiburg, oben mit Eintracht Braunschweig, unten und oben mit Darmstadt 98 und dem Karlsruher SC. Gefeiert und gefeuert, branchenüblich. Nach dem Aufstieg hat der Jubel wieder mal alles übertönt, und die Lobeshymnen, selbst von der Konkurrenz. Diethelm Ferner, Trainer von Schalke 04. »Der KSC ist absolut bundesligareif.« Paul Sauter, Coach von Ulm 46: »Der KSC ist die beste Mannschaft der zweiten Liga.«

Das tut gut, aber mehr nicht. »Mit Komplimenten kann man nicht überleben«, weiß Olk. »Phönix hat noch ein bißchen Asche auf den Flügeln. Erst wenn wir die abflattern können, sind wir eine Spitzenmannschaft.« Aber so stark wie der SVW Mannheim, der badische Nachbar, und Bayer Leverkusen beispielsweise, sei sein Team allemal, hat der Karlsruher Trainer vor dem ersten Kräftemessen in der Bundesliga versichert, und die Zielsetzung genannt wie für alle Aufsteiger: Klassenerhalt.

Der wird schon deshalb schwer fallen, weil Werner Olk von seiner Frau sich zwar hat was wünschen dürfen zum Geburtstag, aber vom

Klub keine personellen Verstärkungen, sondern bloß eine Handvoll Amateure. Der rund 3,5 Millionen Mark Schulden wegen hat der DFB die Lizenz nur unter der Auflage erteilt, daß keine müde Mark ausgegeben wird. Nicht mal den von Eintracht Frankfurt ausgeliehenen Stürmer Künast haben die Karlsruher abstottern können wie ausgemacht.

Da war es am besten, zu glauben, daß eine Mannschaft, die den Aufstieg schafft, auch stark genug sei, um sich eine Klasse höher zu behaupten. Olk: »Im jetzigen Zustand würden neue Spieler nur stören. In einem Jahr ist das vielleicht anders.« Doch vielleicht haben sich bis dahin die Jugend-Nationalspieler Kreutzer, Schütterle, Becker und Glückler durchgesetzt, die der Trainer ersatzweise in seinen Kader aufnahm.

Weil auch zu Beginn der Saison 1983/84 kein Geld aufzutreiben gewesen ist, hat Werner Olk aus der Not eine Tugend gemacht und in seiner Zweitfunktion als Manager neun Mann den Laufpaß gegeben, darunter Hofeditz und dem Österreicher Hagmayr, denn »solche Leute bringen einen Verein an den Rand des Ruins«. Dann hat er Reservisten aktiviert, vergessene Talente in den eigenen Reihen entdeckt (»einen Blick dafür sollte man schon haben«) und ein Team geformt, das eine Woche vor dem Punktspielstart im Karlsruher Turnier die Münchner Bayern 3:2 bezwang und dem Hamburger SV ein 1:1 abrang.

Dieses Erfolgserlebnis beflügelte den KSC zum 5:1-Sieg in Hannover, der Euphorie auslöste. Olk: »Die Mannschaft hatte ja in der Bundesliga auswärts nicht einen Punkt gewonnen.« 24 Punkte sind zusammengekommen auf dem Weg zur Meisterschaft, 42 von 94 Toren wurden auswärts erzielt. Der zweite Platz hätte es zwar auch getan, doch Olk trieb seine Mannen noch einmal an, nachdem der Aufstieg errungen und reichlich Champagner durch die ausgedörrten Kehlen geströmt war, spendiert von Präsident Roland Schmider, der mit Getränken en gros handelt. Zwar entbehrt der Titel jeden sportlichen Werts, doch er läßt sich vermarkten in der Werbung. Da hat Olk nicht allein als Trainer entschieden, sondern mehr als Manager und Wirtschaftsingenieur.

Das Erfolgsrezept? Glück, hat Werner Olk gesagt, gehöre vor allem dazu, was Verletzungen betreffe. »Gegen Beinbrüche kann man nichts machen.« Manch andere Blessur hält er für vermeidbar, bei richtiger Dosierung des Trainings. »Wo ich Trainer war, gab es so

Übergewicht

gut wie keine Muskelverletzungen.« Olk hat es schon anders erlebt, am eigenen Leib. »Damals in München bei Branko Zebec, da hieß es, wenn du morgens nicht mehr aus dem Bett kommst, hast du gut trainiert.« Werner Olk wußte es besser. Schließlich ist er mal bundesdeutscher Jugendmeister in der Leichtathletik gewesen, 1956 mit der Fünfkampfmannschaft des TK Hannover.
Doch nicht nur für körperliche Fitneß hat Werner Olk gesorgt beim KSC, sondern erfolgreich Seelenmassage betrieben. »Die Mannschaft muß merken, daß der Trainer hinter ihr steht. Jeder Spieler muß wissen, warum er nicht spielt.« Leicht gesagt, schwer getan, selten beherzigt. »Wir haben monatelang dieselbe Besetzung gehabt. Wenn ich mich da nicht um die Ersatzleute gekümmert hätte, wären die sauer gewesen, als ich sie gebraucht habe. So aber waren sie heiß.«
Wenn's läuft, wenn Tore fallen und das Volk auf den Rängen Siege bejubelt, herrscht überall eitel Sonnenschein. Wie schnell der Trainer wieder im Schatten steht, hat Olk in Darmstadt erfahren müssen: Rausgeschmissen, bald nach dem Aufstieg, weil der Abstieg drohte. Aber daran dachte keiner im Augenblick des Erfolgs, und in

Die 2. Bundesliga im Spiegelbild

								zu Hause						auswärts					
	Sp.	g.	u.	v.	Tore	Diff.	Pkt.	Sp.	g.	u.	v.	Tore	Pkt.	Sp.	g.	u.	v.	Tore	Pkt.
1. (1.) Karlsruher SC	38	25	7	6	94:25	+49	57-19	19	15	3	1	52:18	33-5	19	10	4	5	42:27	24-14
2. (2.) FC Schalke 04	38	23	9	6	95:45	+50	55-21	19	15	3	1	67:24	33-5	19	8	6	5	28:21	22-16
3. (3.) MSV Duisburg	38	20	10	8	69:41	+28	50-26	19	12	5	2	44:19	29-9	19	8	5	6	25:22	21-17
4. (4.) Hessen Kassel	38	20	8	10	68:39	+29	48-28	19	15	2	2	46:14	32-6	19	5	6	8	22:25	16-22
5. (5.) Union Solingen	38	17	10	11	70:54	+16	44-32	19	12	2	5	38:17	26-12	19	5	8	6	32:37	18-20
6. (6.) Alemannia Aachen	38	17	10	11	49:43	+6	44-32	19	11	6	2	31:13	28-10	19	6	4	9	18:30	16-22
7. (7.) SC Freiburg	38	13	17	8	50:49	+1	43-33	19	10	9	0	31:17	29-9	19	3	8	8	19:32	14-24
8. (8.) Kickers Stuttgart	38	13	13	12	54:52	+2	39-37	19	10	6	3	31:17	26-12	19	3	7	9	23:35	13-25
9. (9.) Fortuna Köln	38	14	10	14	66:65	+1	38-38	19	10	5	4	36:22	25-13	19	4	5	10	30:43	13-25
10. (10.) Saarbrücken	38	14	10	14	61:69	−8	38-38	19	10	6	3	42:25	26-12	19	4	4	11	19:44	12-26
11. (11.) Hertha BSC	38	13	11	14	64:57	+7	37-39	19	9	6	4	34:23	24-14	19	4	5	10	30:34	13-25
12. (12.) SV Darmstadt 98	38	11	13	14	48:72	−24	35-41	19	10	4	5	35:29	24-14	19	1	9	9	13:43	11-27
13. (13.) SSV Ulm 46	38	10	12	16	58:68	−10	32-44	19	9	7	3	39:25	25-13	19	1	5	13	19:43	7-31
14. (14.) Hannover 96	38	10	12	16	54:69	−15	32-44	19	5	8	6	30:34	18-20	19	5	4	10	24:35	14-24
15. (15.) Wattenscheid 09	38	11	10	17	58:74	−16	32-44	19	10	5	4	38:26	25-13	19	1	5	13	20:48	7-31
16. (16.) Oberhausen	38	10	11	17	51:62	−11	31-45	19	10	6	3	31:16	26-12	19	0	5	14	20:46	5-33
17. (17.) Rot-Weiß Essen	38	7	15	16	48:63	−15	29-47	19	6	9	4	31:28	21-17	19	1	6	12	17:35	8-30
18. (18.) Charlottenburg	38	10	9	19	49:68	−19	29-47	19	9	5	5	33:23	23-15	19	1	4	14	16:45	6-32
19. (19.) VfL Osnabrück	38	11	7	20	46:66	−20	29-47	19	10	5	4	32:24	25-13	19	1	2	16	14:42	4-34
20. (20.) Lüttringhausen	38	6	6	26	36:87	−51	18-58	19	6	3	10	20:33	15-23	19	0	3	16	16:54	3-35

1983/84

1983/84	Aachen	Herta BSC	Charlottenb.	Duisburg	Darmstadt	RW Essen	Freiburg	Hannover	Karlsruhe	Kassel	Fort. Köln	Lüttringh.	Oberhausen	Osnabrück	Saarbrücken	Schalke 04	Solingen	Ulm 46	Stuttgart	Wattenscheid
Alem. Aachen	•	2:1	3:0	2:1	2:2	1:1	3:1	5:1	0:0	0:0	0:0	1:0	0:0	1:0	2:1	1:2	2:0	3:1	0:1	3:1
Hertha BSC	2:2	•	1:1	1:4	0:0	1:0	1:1	3:1	0:2	2:0	7:2	1:1	3:2	3:1	3:0	2:3	1:2	1:0	1:0	1:1
Charlottenburg	0:1	1:0	•	0:0	1:2	2:0	1:2	2:0	0:3	1:1	2:1	3:2	2:2	0:1	8:1	1:1	3:3	2:1	2:1	2:1
MSV Duisburg	3:0	4:2	4:0	•	0:0	1:1	0:0	2:5	2:1	3:0	3:2	4:1	4:3	2:0	4:0	1:1	1:2	2:0	1:1	3:0
Darmstadt 98	3:1	4:3	2:1	0:2	•	1:1	0:2	1:1	1:3	2:1	1:5	3:0	2:0	3:0	1:1	0:2	0:0	4:3	5:2	2:1
RW Essen	2:4	4:1	4:2	0:0	4:0	•	1:1	0:1	0:4	1:1	2:1	4:0	1:1	3:2	0:5	1:1	1:1	1:1	1:1	1:1
SC Freiburg	2:1	1:0	2:2	1:1	3:1	1:0	•	2:2	2:2	0:0	0:0	3:3	1:0	2:0	1:1	1:0	2:1	1:1	2:1	4:1
Hannover 96	0:0	0:0	2:1	0:2	1:1	0:1	1:1	•	1:5	1:2	1:1	4:1	1:1	3:2	2:1	1:4	4:5	3:3	2:2	3:1
Karlsruher SC	1:0	2:2	2:0	0:0	4:0	3:0	2:1	0:1	•	2:0	4:3	3:2	4:2	4:1	5:1	3:0	3:2	6:0	1:1	3:2
Hessen Kassel	2:0	2:2	4:2	0:1	2:1	2:0	0:0	2:0	3:0	•	2:0	4:2	3:2	1:0	2:0	0:2	6:1	5:1	3:0	3:0
Fortuna Köln	2:0	3:1	1:1	1:1	5:1	2:2	3:1	2:2	1:3	2:1	•	2:0	3:1	3:0	1:2	0:2	1:3	2:1	2:0	0:0
Lüttringhausen	1:3	1:4	2:0	1:2	1:1	3:1	1:0	0:2	1:4	0:4	0:1	•	2:1	3:0	1:2	0:4	1:1	0:0	0:2	2:1
RW Oberhausen	0:0	0:1	2:1	0:2	4:0	2:2	1:0	1:0	1:0	1:1	3:0	4:0	•	1:1	3:0	3:3	1:0	0:3	1:1	3:1
VfL Osnabrück	0:0	0:0	1:2	2:3	0:0	0:1	0:0	2:1	4:2	1:3	0:4	1:0	2:1	•	4:0	1:0	3:1	2:1	2:2	6:4
Saarbrücken	2:0	3:2	4:1	2:0	1:1	1:1	4:4	2:1	0:2	1:3	1:2	2:1	5:1	2:1	•	1:1	1:1	2:0	3:3	5:0
Schalke 04	5:0	1:5	3:0	4:2	5:0	5:0*	6:0	5:1	3:3	3:1	6:2	2:0	3:0	3:1	1:1	•	3:3	3:0	2:1	5:2
Union Solingen	3:0	1:0	1:0	0:1	2:1	3:2	5:0	1:2	2:0	0:2	2:2	1:1	3:0	2:0	2:0	4:0	•	4:2	1:2	1:2
Ulm 46	1:2	2:2	1:1	3:1	1:1	5:2	1:4	2:1	2:2	2:2	1:1	7:0	3:2	1:0	2:0	1:0	1:3	•	2:0	1:1
Kick. Stuttgart	1:2	0:2	1:0	3:1	5:0	1:0	2:1	2:1	2:3	1:0	4:1	3:1	1:1	1:1	1:1	0:0	2:2	1:0	•	0:0
Wattenscheid	0:2	3:2	5:1	2:1	1:1	2:1	0:0	1:1	2:3	2:0	4:2	2:1	3:0	4:3	1:2	0:2	1:1	1:1	4:2	•

Aus der waagerechten Reihe können Sie die Heimresultate und Heimtermine, aus der senkrechten Reihe die Auswärtsresultate und Auswärtstermine ablesen.

* Annuliert. Wiederholungsspiel: Schalke 04 – RW Essen 3:2

Vorfreude auf ein volles Wildparkstadion, in dem 46 000 Zuschauer Platz finden. 12 500 sind es in der zweiten Liga durchschnittlich gewesen, 4000 mehr als vorsichtig kalkuliert. In der Bundesliga will der KSC zwei Millionen Mark mehr einnehmen und die Spieler am Segen teilhaben lassen. »Bei uns bekommt keiner über 5000 Mark Grundgehalt«, versichert Werner Olk, der sich als Trainer-Manager allerdings aus dem Vertragspoker rausgehalten hat. Dazu gibt es Punktprämien und gestaffelte Jahresleistungsprämien. Die werden erst bei durchschnittlich 16 000 Zuschauern voll ausbezahlt. Ein feiner Anreiz, findet der Trainer: »Da tritt einer dem anderen in den Arsch, wenn der nicht laufen will.«
Der Zuschauerkuchen ist neu verteilt worden im Südwesten, zwischen dem 1. FC Kaiserslautern, SVW Mannheim, Karlsruher SC und VfB Stuttgart. Die Einzugsgebiete überlappen teilweise. Die Karlsruher schielen aber weniger rheinaufwärts und in Richtung Pfalz, sondern mehr nach Stuttgart. Die Rivalität ist geschichtlich begründet, von der Politik geprägt. »Ich freue mich, daß in der nächsten Saison drei badische Vereine in der Bundesliga spielen«, hat KSC-Präsident Schmider freudetrunken verkündet: »Der VfB, der SV Waldhof und wir.« Ein Versprecher, ein Wunschgedanke. Stuttgart war nie badisch, aber Karlsruhe, vormals Residenz und Regierungssitz, ist jetzt baden-württembergisch, und die Musik spielt nicht mehr am Rhein, sondern am Neckar. Da tut es gut, wenigstens im Fußball wieder gleichgezogen zu haben, wenigstens bis es richtig losgegangen ist in der Bundesliga. Da hat sich die alte Rangordnung schnell wieder eingestellt.

Sprüche

»Ich schiebe und halte. Aber reg dich nicht auf. Das ist immer noch besser, als den Fuß abhauen.«

(Michael Lameck vom VfL Bochum zu Dieter Hoeneß von Bayern München.)

»Die beiden Neuen werden wir auch noch dressieren.«

(Ernst Happel, Trainer beim Hamburger SV, am Saisonbeginn über Wolfram Wuttke und Dieter Schatzschneider.)

Vor 30 Jahren

...Dr. Loogen und Chefmasseur Deuser haben nicht eine Sekunde Zeit zuviel, sich um den verletzten Horst Eckel zu kümmern, kleine Prellungen zu kontrollieren und zu massieren. Wir weichen keinen Schritt von unserer alten Gewohnheit ab, zunächst einmal tief durchzuatmen. Zwei, drei Minuten lang. Herberger, der mit zufriedenem Geischt zuschaut, wartet einsichtig, bis wir uns mit Eiswasser, Sprudel, Tee und Zitronen erfrischt haben. Auch dann sagt er nicht viel. Nur ein paar Worte, die uns Mut machen sollen:
»Männer, es ist großartig, was ihr bisher geleistet habt. Gebt auch in der zweiten Halbzeit keinen Millimeter Boden preis. Spielt weiter so, dann kann kommen, was mag. Selbst wenn ihr jetzt verliert, wird euch niemand einen Vorwurf machen.«
Als wir wieder einlaufen, ist das Stadion bis auf den letzten Platz besetzt. Die zweite Hälfte des Weltmeisterschaftsspiels zieht auch Zuschauer an, die sich in den ersten 45 Minuten durch den Regen abhalten ließen. Aufgeregter Applaus empfängt uns.
Die Generaloffensive der Ungarn in der ersten Viertelstunde nach der Pause ergibt viele torreife, zwingend herausgespielte Chancen. Das müssen wir anerkennen. Wir überstehen den Ansturm aber ohne Verlusttreffer, und das ist – wie sich später herausstellen soll – für den Ausgang des Spiels von entscheidender Bedeutung.
Wieder und wieder bremst Jupp Posipal, unser rechter Verteidiger, den gegnerischen Vorstoß. Jeder gestoppte Angriff ist für ihn der Beginn eines eigenen. Wenn er sich den Ball aus dem wildesten Getümmel herausgefischt hat, paßt er ihn zu uns nach vorn in den Sturm. Ottmar, Morlock und Rahn lassen Grosics nicht zur Ruhe kommen.
Rahn ist überall, und es scheint ihn keine Anstrengung zu kosten. Vorbildlich ordnet er seine vielkritisierte Eigenwilligkeit dem Zusammenspiel unter. Eine zentimetergenaue Vorlage von mir wandelt er um in einen kühnen Schuß auf das ungarische Tor, doch Grosics hält.
Aber wir spüren immer deutlicher, daß wir die bessere Kondition haben. Mehr und mehr befreien wir uns aus der langsam erlahmenden Umklammerung und diktieren selbst das Geschehen. Noch steht es 2:2.

Sechs oder sieben Minuten noch. Da will ich Schäfer mit einer Vorlage bedienen. Buzansky, der rechte ungarische Verteidiger, fängt sie ab. Leichtsinnigerweise schlägt er den Ball nicht gleich nach vorn, sondern läßt sich in einen unnötigen Zweikampf mit unserem Linksaußen ein, der energisch nachgesetzt ist. Schäfers Hartnäckigkeit macht sich bezahlt. Er erkämpft sich das Leder, läuft zwei, drei Schritte und gibt eine wunderbare Flanke in den ungarischen Strafraum. Max, Ottmar und ein paar Ungarn springen hoch. Der Ball wird vorerst abgewehrt. Da stürmt mit seinen mächtigen Sätzen der Boß herbei. Wer ihn heranbrausen sieht, glaubt, daß er aus diesem wuchtigen Lauf heraus schießen wird, schießen muß. Die Zuschauer glauben es und wir Spieler auch. Der Torhüter glaubt es, und die Verteidiger werfen sich entschlossen in die vermutliche Schußbahn. Diese Gelegenheit nutzt Helmut Rahn aus, nimmt geschickt und reaktionsschnell den Ball am Fuß mit, an zwei drei Gegnern vorbei, und läßt aus etwa vierzehn Meter Entfernung mit dem linken Fuß eine Bombe in die untere linke Ecke los. Verzweifelt wirft sich Torwart Grosics nach diesem Meisterschuß...
Der Boß hat so gewaltig geschossen, daß er durch seinen eigenen Schwung zu Fall kommt, aber noch im Fallen sieht er, daß seine flache Bombe für Torhüter Grosics unerreichbar ist. Der Ball flitzt knapp am Pfosten vorbei in den Kasten und auf der anderen Seite schon wieder heraus, so unheimlich schnell ist seine Fahrt. Der Schiedsrichter pfeift. Grosics und ein paar Ungarn liegen am Boden. In Sekundenbruchteilen begreifen wir, was geschehen ist.
Helmut Rahn hat unser Führungstor geschossen!
3:2 für Deutschland in der 84. Spielminute!
Wir führen Freudentänze auf, schreien wie verrückt!
Die Ungarn sind wie aus den Wolken gestürzt. Ich kann mir denken, wie ihnen zumute ist. Soll ihre großartige Siegesserie ausgerechnet heute enden? Fünf Minuten haben sie noch Zeit, ihr Schicksal zu wenden. Aber werden sie die Kraft aufbringen, jetzt noch das Steuer herumzureißen?
Mit dem Anstoß stürmen sie sofort wieder los, stürmen, als ob es um ihr Leben ginge. Puskas setzt alles auf eine Karte. Er erhält eine Vorlage von Kosics, und da... Tor! Nein, kein Tor! Der ungarische Major stand abseits.
Unser goldenes Tor, unseren Vorsprung, wollen wir mit allen erlaubten Mitteln halten.

Vier Minuten noch.

Drei Minuten noch.

Auf engstem Raum spielen wir einander zu. Vergeblich warten die Ungarn auf Steilpässe oder weite Flanken. Nur wenn wir angegriffen werden, geben wir den Ball zu einem freistehenden Mann, nach vorn, zur Seite oder auch zurück. Eine sportlich durchaus korrekte Form, gut über die Zeit zu kommen. Niemand wird uns das verdenken. Natürlich erkämpfen sich auch die Ungarn den Ball wieder und stürmen dann mit letzter Kraft noch einmal gegen unser Tor.

Zwei Minuten noch.

Eine Minute noch.

Da bekommt Czibor bei einem überraschenden Flankenwechsel halbrechts in Strafraumhöhe den Ball. Er wird ihm direkt auf den Fuß serviert. Mir steht vor Schreck fast das Herz still. Jetzt, jetzt ist es passiert! denke ich, als Czibor aus sieben, acht Metern einen Mordsschuß losläßt. Er zielt in die kurze Ecke, auf die sich Toni zum Glück konzentriert. Blitzschnell geht unser Düsseldorfer zu Boden und befördert in fliegender Parade den Ball mit beiden Fäusten in Richtung Eckfahne. Ebenso schnell setzt Werner Kohlmeyer hinterher und will das Leder zum Linksaußen schlagen. In der Drehung rutscht es ihm ab ins Aus.

In diesen Sekunden stand unser Sieg auf des Messers Schneide.

Einwurf der Ungarn. Ich fange den Ball ab, versuchte ihn nach vorn zu schlagen. Aber das nasse Leder rutscht wieder ins Aus.

Ist denn noch nicht Schluß? Schiedsrichter Ling müßte jetzt abpfeifen. Ob er wegen Tonis Verletzung nachspielen läßt? Die Ungarn führen den Einwurf aus. In diesem Augenblick höre ich – Mister Ling steht nur ein paar Meter von mir entfernt – den ersehnten Schlußpfiff. Das Spiel ist aus!

Das Unglaubliche ist wahr, das Unerwartete Wirklichkeit!

Der Fußball-Weltmeister 1954 heißt Deutschland!

(Aus Fritz Walters Erinnerungsbuch
»3:2. Die Spiele zur Weltmeisterschaft«)

Vor 10 Jahren

Da schritten sie also hinaus auf das Spielfeld des Münchner Olympiastadions, die Mannschaften aus Holland und der Bundesrepublik Deutschland. Daß sie das Finale der X. Fußball-Weltmeisterschaft am Sonntag, dem 7. Juli, bestritten, kam nicht überraschend. Die Niederländer zählten schon vor Turnierbeginn zu den Favoriten und bestätigten mit ihren Leistungen die Vermutungen. Die bundesdeutsche Mannschaft, Europameiser 1972, war aufgrund des Heimvorteils ganz vorne zu erwarten, hatte sich zudem nach der Niederlage gegen die DDR gewaltig gesteigert.

Ein letzes Mal bei dieser WM erklangen die Nationalhymnen, Platzwahl und Wimpeltausch zwischen den Spielführern Franz Bekkenbauer und Johan Cruyff. Dann formierten sich die beiden Teams. Und noch ehe der Ball rollte, war zu erkennen, daß der als Innenverteidiger postierte Berti Vogts gegen Cruyff würde ankämpfen müssen, während Schwarzenbeck als rechter Außenverteidiger auf die Angriffe von Rensenbrink wartete.

Dann ging alles sehr schnell. Cruyff hatte abwartend am Mittelkreis verharrt, startete unvermittelt, bekam den Ball zugespielt, huschte an Vogts vorbei. Hoeneß brachte den Holländer zum Stolpern, doch das geschah schon im Strafraum. Schiedsrichter John Keith Taylor aus England zögerte keinen Augenblick, pfiff, zeigte auf den Elfmeterpunkt. Lähmendes Entsetzen breitete sich unter den deutschen Spielern aus, griff über auf die Tribünen und hinein in die Massen der Zuschauer. Neeskens schoß den Strafstoß, täuschend, fast genau in die Tormitte, Maier sprang nach rechts, die Lederkugel rotierte im Netz. In der zweiten Spielminute führte Holland 1:0. Es war, als sei ein Blitz aus den schwarzen Wolken über dem Stadion niedergefahren. Verschreckt irrten die Spieler der deutschen Elf auf dem Rasen umher. Vogts bekam nach einem Foul an Cruyff die gelbe Karte unter die Nase gehalten.

Doch die Sorge, vom beflügelten Gegner überrannt zu werden, erwies sich als unbegründet. Die Holländer stießen nicht nach, begnügten sich damit, den Ball in schier endlosen Passagen durch die eigenen Reihen rollen zu lassen, verließen sich bei Gegenstößen auf die Funktionsfähigkeit ihrer fast perfekten Abseitsfalle.

Dieses Bild änderte sich rasch. Die deutschen Spieler begannen, die gemächlichen Kreise des Gegners zu stören. Das galt nicht mehr allein für Vogts und die anderen Abwehrrecken, sondern vor allem für Bonhof, dem Neeskens als Rivale zugefallen war, und den linken Flügelflitzer Hölzenbein, der den offensiven Suurbier ständig attackierte. Das paßte den Holländern offensichtlich nicht, denn sie begannen, Härte mit Unfairneß zu vergelten. Als der Schiedsrichter nach einem Zweikampf für Rijsbergen und gegen Müller entschied, der aufbegehrte, schubste ihn van Hanegem von hinten zu Boden. Taylor befragte seinen Linienrichter und zog die gelbe Karte.

Wolfgang Overath, selbst schon im Treffen mit Jugoslawien mit Glück einem Feldverweis entgangen, oft unbeherrscht in Worten und Taten, hielt sich im Zaum. Er brachte Ruhe ins Spiel, hielt den Ball ein bißchen länger, als normalerweise gut gewesen wäre. In der 25. Minute schlenzte er den Ball hinüber auf die rechte Seite, wo ihn Hölzenbein nahe der Mittellinie erwischte und sofort steil nach vorn trieb. Der Frankfurter stürmte hinein in den Strafraum der Holländer, umkurvte zwei Gegner, da streckte ihn Jansen zu Boden.

Hölzenbein wand sich am Boden, die Menge aber tobte vor Begeisterung. Schiedsrichter Taylor hatte sofort auf den Elfmeterpunkt gezeigt. Strafstoß, diesmal für die deutsche Elf. Breitner lief an, provozierend langsam, dann schoß er flach und unhaltbar für Jongbloed in die Torecke 1:1.

Später bestätigte der Schütze, aus eigenem Entschluß gehandelt zu haben. »Ich war gar nicht vorgesehen. Aber beim Elfmeter-Pfiff habe ich sofort gewußt: den hau' ich rein.« Gerd Müller, ausgewählter Strafstoß-Vollstrecker: »Der Paul hat sich den Ball geschnappt. Er war richtig bös. Ich hab' ihm angesehen, daß er's schafft.«

Jetzt griff die deutsche Mannschaft an. Vogts zwang Jongbloed zu einem gewaltigen Hechtsprung. Hoeneß kam über die rechte Flanke dahergeprescht und spielte Müller an, der an Rijsbergen scheiterte. Franz Beckenbauer, an diesem Tag wieder nicht nur Künstler, sondern vor allem Kämpfer, hätte nach einem geschickten Freistoßmanöver den holländischen Torhüter beinahe mit einem Bogenschuß überlistet. Gleich darauf verhinderten Beckenbauer und Maier gegen Rep und Cruyff das mögliche 2:1.

Statt dessen fiel das 1:2, von Bonhof mit kraftvollem Einsatz vorbereitet, erzielt durch Gerd Müller mit einer seiner blitzschnellen Drehungen, mit dem rechten Fuß in die linke Torecke geschossen, zwei Minuten vor der Pause.

Niemand mochte zu diesem Zeitpunkt annehmen, daß damit die Entscheidung schon gefallen war, der Welttitel vergeben, der Goldpokal darauf wartete, von Franz Beckenbauer für seine Mannschaftskameraden in Besitz genommen zu werden.
Keiner kam wenig später auf diesen Gedanken, als nach Bonhofs Kopfball knapp neben den Torpfosten die Holländer wieder entschlossen angriffen. Breitner köpfelte den Ball von der Torlinie, als der bedrängte Maier ihn nicht wegfausten konnte. Aber ein paar Minuten danach kam Rep zum Schuß, er traf jedoch nicht. Franz Beckenbauer sorgte mit mächtigen Kopfbällen für Ordnung und Verschnaufpausen. Sepp Maier griff jeden Ball sicher. Wolfgang Overath mußte sich verletzt behandeln lassen. Das Publikum forderte ihn in Sprechchören zum Weitermachen auf. Nahm er es wahr, Anfeuerung für ihn, den sie sonst auszupfeifen pflegen? Er wurde gebraucht. Der Druck der Holländer verstärkte sich mit den eingewechselten und frischen van de Kerkhof und de Jong.
Die Dribblings des an seinem 30. Geburtstag in Hochform spielenden Frankfurters Jürgen Grabowski schufen Luft, Konter brachten die Holländer in Gefahr. Maier riskierte weite Abschläge, sein Kollege Jongbloed rettete vor Müller per Kopfball. Beckenbauer schlug einen langen Paß für Hölzenbein, den Haan im Strafraum spektakulär zu Fall brachte. Noch ein Elfmeter? Taylor winkte ab. Ein paar Minuten später pfiff er ab.
Sie hatten die Holländer niedergekämpft, zum Schluß auch ein bißchen vom Glück begünstigt. Eine Mannschaft, gewachsen erst während des Turniers mit Spielern wie Bonhof und Hölzenbein, die zuvor nicht erste Wahl gewesen waren, mit Overath statt Netzer, mit einem Kapitän Franz Beckenbauer, der noch nie so gekämpft hat in seinem Leben, gewann den Welttitel.

Spielort: München
Zuschauer: 76 000

Niederlande: Jongbloed, Suurbier, Haan, Rijsbergen (ab 68. Min. de Jong), Krol, Jansen, Neeskens, van Hanegem, Rep, Cruyff, Rensenbrink (ab 46. Min. van de Kerkhof)

BR Deutschland: Maier, Schwarzenbeck, Vogts, Beckenbauer, Breitner, Bonhof, Hoeneß, Overath, Grabowski, Müller, Hölzenbein

Schiedsrichter: Taylor (England)

Tore: 0:1 Neeskens (2. Min., Foulelfmeter), 1:1 Breitner (25. Min., Foulelfmeter), 2:1 Müller (43. Min.)

WM-Auslosung: Fortunas Avancen

Was ist das für ein prickelndes Gefühl, wenn beim Roulette die Kugel im Kessel rotiert oder wenn die Bällchen mit den Lottozahlen in die Fächer kullern oder die Trommel sich dreht und die Lose durcheinanderwirbeln. In diesen Augenblicken darf sich jeder als Hauptgewinner fühlen, wenigstens für Sekunden.

Wenn Fußballfunktionäre sich als Vertreter der Glücksgöttin aufspielen, wissen auch sie noch nicht ganz genau, wer gewinnt. Aber Fortuna hat sich längst vergrämt abgewendet von dieser Komödie. Den ehrenwerten Herren der Europäischen Fußball-Union (UEFA) hat es bei ihrer sogenannten Auslosung des Finalturniers der Europameisterschaft nicht einmal die Schamröte ins Gesicht getrieben, als zweimal zwei blaue Bälle gemischt wurden, um die Mannschaften von Jugoslawien und Spanien auf zwei Gruppen zu verteilen, in die Veranstalter Frankreich und die bundesdeutschen Titelverteidiger nach langem Feilschen gesetzt worden waren. Die andere Hälfte der acht Teams ist dann tatsächlich richtig ausgelost worden.

Corriger la fortune, dem Glück auf die Sprünge geholfen? Man ist in Frankreich. Andere aber haben den Schwindel vorgemacht und auch ein harmlos wirkendes Wort dafür geprägt: kombinierter Setz-Los-Vorgang. Finanzielle Interessen des Veranstalters spielten dabei eine Rolle, aber auch die Lobby, über welche beispielsweise die Belgier nicht verfügten. Deshalb sind sie in den großen Topf geworfen worden, von dort jedoch in die Gruppe eins zu den Franzosen geraten. Es war der Fluch der bösen Tat, daß diese schon in der Vorrunde haben gegen den starken Nachbarn vom Leder ziehen und außerdem sich mit Jugoslawen und Dänen messen müssen.

Als Quatsch hat DFB-Cheftrainer Jupp Derwall diese Manipulationen bezeichnet. Aber der gute Mann hat leicht reden. Ohne Rücksicht auf den Modus macht Fortuna den bundesdeutschen Kickern immer wieder so heftige Avancen, daß die das Glück schon ganz gewaltig mit Füßen treten müssen, um seiner nicht teilhaftig zu werden, wie seinerzeit bei der Weltmeisterschaft in Spanien.

Nicht unzufrieden sei er, hat Derwall spontan erklärt. Es hätte schlimmer kommen können, fand DFB-Präsident Hermann Neuberger. Nur Teamkapitän Karl-Heinz Rummenigge freute sich über ein leichtes Los. Bloß, um Derwall zu ärgern, weil der ihn im Februar ins Trainingslager nach Varna ans Schwarze Meer geschickt hat, anstatt ins sonnige Spanien? Schließlich wolle man bei der Europameisterschaft nicht baden gehen und deshalb auch in Bulgarien nicht Sonnenbaden. Dazu hat dann, bei sechs Grad unter Null, auch gar keiner Lust verspürt, sondern allenfalls zu schadenfrohem Gelächter über die schnelle Heimreise.

Sprüche

»Natürlich können wir miteinander reden, aber ich sage nichts.«

(Rinus Michels, ehemals Trainer beim 1. FC Köln.)

»Das einzig Schlimme an unserem Job ist, daß wir relativ jung alt werden und zum Aufhören gezwungen werden. Wir müssen genau dann aufhören, wenn wir gerade alle Schliche und Tricks kennen.«

(Paul Breitner, ehemals Bayern München.)

»Erfreulich ist nur, daß unsere Amateurmannschaft den Auftieg in die Oberliga geschafft hat.«

(Heinz Höher, Trainer des 1. FC Nürnberg, nach der 0:3-Heimniederlage seiner abgestiegenen Profitruppe gegen Borussia Dortmund.)

»Wir malen unseren Lux braun an und haben einen Maradona.«

(Aleksandar Ristic, Trainer bei Eintracht Braunschweig, zur Personalsituation für die kommende Saison.)

»Am liebsten würde ich jetzt direkt in die Spielbank gehen.«

(Dieter Hoeneß, Mittelstürmer beim FC Bayern München, nachdem er beim 6:0-Sieg über Eintracht Braunschweig innerhalb von 26 Minuten fünf Tore erzielt hatte.)

»Wenn man unten steht, bricht man sich den Finger beim Nasebohren.«

(Rolf Rüßmann, Vorstopper bei Borussia Dortmund, nach der Niederlage gegen die Münchner Bayern im Olympiastadion).

Bundesliga-Rückblick

Es kommt immer auf den Standpunkt an. Die Enttäuschten haben die 21. Saison der Fußball-Bundesliga arg mäßig gefunden und den Meister VfB Stuttgart madig gemacht. Spitzenmannschaften gebe es keine mehr und seine Münchner Bayern seien am eigenen Unvermögen gescheitert, nicht etwa an der Konkurrenz, behauptete Udo Lattek. Noch nie sei das Niveau so schwach gewesen, urteilte Ernst Happel vom entthronten Titelverteidiger Hamburger SV, und noch nie leichter, Meister zu werden. Und weshalb, sei bescheiden gefragt, ist er es dann nicht geworden?

Vielleicht, weil das gefehlt hat, was sie bei den Stuttgartern belächelten: Ruhe, Konsequenz, Einigkeit, Zielstrebigkeit. Ernst Happel hat es nicht geschafft, die Stürmer Dieter Schatzschneider und Wolfram Wuttke in die Mannschaft zu integrieren. Klar, die sind nicht leicht zu haben. Mit Wuttke ist schon Trainer Jupp Heynckes in Mönchengladbach nicht fertiggeworden, und Schatzschneider hat sich schon bald von den Mitspielern vorwerfen lassen müssen, er bewege sich zu wenig. Mehr Tore hat er erzielt als Horst Hrubesch in seinem ersten Jahr beim HSV, 15 Stück, und doch ist es zu wenig gewesen. Zudem hat es einer schwer bei dem vornehmen hanseatischen Klub, dem sein früherer Vereinspräsident Jean Löring von Fortuna Köln die Mentalität eines Straßenköters unterstellt. So endete die Saison für den Hamburger SV mit einer einzigen Pleite: Meisterschaft weg, im DFB-Pokal nichts erreicht, Europacup, Weltcup, Supercup, alles Fehlanzeige.

Und die Münchner Bayern, im ersten Jahr ohne Paul Breitner? Von Verletzungsserien sind sie betroffen gewesen, was es Trainer Lattek schwer gemacht hat, den angekündigten offensiven Fußball produzieren zu lassen, und vom Jahr der Jugend ist auch nicht mehr viel zu hören gewesen. In der entscheidenden Phase der Meisterschaft begann das Tauziehen um Karl-Heinz Rummenigge, der trotzdem mit 26 Treffern überlegener Torschützenkönig wurde. In Hamburg ist der Titel endgültig verspielt worden, wieder einmal durch haarsträubende Abwehrfehler, trotz des belgischen Torhüters Jean-Marie Pfaff. So bleibt dem FC Bayern der bescheidene Trost, mit 84 Treffern dazu beigetragen zu haben, daß so viele Tore geschossen worden sind wie nie zuvor: 1097.

Aber der Kampf um den Titel ist spannend gewesen bis zum vorletzten Spieltag. Nicht allein des VfB Stuttgart wegen, sondern vor allem dank der Mönchengladbacher Borussen. Heynckes hat die jungen Burschen aufgepäppelt: Frontzeck (20), Rahn (22), Criens (23) und Ewald Lienen wieder dabeigehabt, den verlorenen Sohn, dazu Hans Günter Bruns als überragenden Libero. Geduld mit jungen Spielern bewiesen zu haben, sei belohnt worden, lobte DFB-Präsident Hermann Neuberger. Doch jetzt, endlich wieder im Europacup, fehlt Lothar Matthäus, der zu den Münchner Bayern wechselte. Das Schicksal der Kleinen, von den Großen gefressen zu werden.

Lange hat auch die Düsseldorfer Fortuna mitgehalten. Plötzlich geriet das Rheinstadion fast aus den Fugen: Zweimal 60 000, gegen Borussia Mönchengladbach und die Münchner Bayern, beide glatt geschlagen. Im Februar stand Fortuna auf dem zweiten Tabellenplatz. Am Ende blieb Rang 14, nach 4:20 Punkten in Serie. Wie war das möglich? Sie haben den Erfolg nicht verkraftet, alle zusammen; Spieler, Trainer Willibert Kremer, Vereinspräsident Bruno Recht. Der ließ mal extra Altbier einfliegen nach Korea, wo mitten in der Saison gespielt wurde. Jetzt streitet jeder mit jedem. Manager Werner Faßbender hat gekündigt, nach 20 Jahren in Diensten der Fortuna.

Zwei von drei Klassenneulingen haben sich behauptet: Bayer Leverkusen, knapp einen Platz im UEFA-Cup verpaßt, und SVW Mannheim, nicht nur dank seines originellen Trainers Klaus Schlappner eine Bereicherung der Liga. Die Mannheimer haben viermal auswärts gewonnen, darunter beim Hamburger SV. Die Offenbacher Kickers, der dritte Aufsteiger, überhaupt nicht. Sie müssen zurück in die Zweite Liga, und dazu der 1. FC Nürnberg, der ganze 14 von 68 Punkten gesammelt hat und auf des Gegners Plätzen 0:34 Zähler in Serie.

Es ist was los gewesen in der Bundesliga: Ein Vierkampf an der Spitze, mehr Tore als je zuvor, auch viel mehr Platzverweise (21) und gelbe Karten (782), 113 Elfmeter. Doch die Fans zeigten sich so desinteressiert wie nicht mehr seit 1972, der Saison nach dem Bestechungsskandal. 6 022 151 weist die Bilanz aus. Die Gründe lassen sich nur vermuten: Verändertes Freizeitverhalten, Arbeitslosigkeit, hohe Eintrittspreise und Verärgerung. Über den totalen Reinfall im Europacup beispielsweise, wegen des Theaters um die

Die neue Stadionuhr

Nationalmannschaft, die sich mit Ach und Krach für das Finalturnier der Europameisterschaft qualifizierte.
Die goldenen Zeiten scheinen vorbei zu sein im bundesdeutschen Profi-Fußball, wenngleich es viele Spieler noch nicht wahrhaben wollen. In Braunschweig haben sie sich gesträubt gegen die reduzierten Verträge, die ihnen der neue Präsident Günter Mast, beraten vom einstigen Großverdiener Paul Breitner, unter die Nase gehalten hat, und wenig später zähneknirschend unterschrieben. Weshalb muß denn ein durchschnittlicher Bundesliga-Kicker 100 000 Mark im Jahr garantiert haben, wo doch noch gar keiner weiß, ob sich die Zuschauer auch interessieren für das Gebotene? Die meisten Vereine haben inzwischen ihre Personalkosten gesenkt und dadurch den Einnahmeschwund aufgefangen, meist gezwungen durch Auflagen des DFB, ohne die keine Lizenz mehr erteilt worden wäre. Trotzdem ist die Hälfte unter dem kalkulierten Besucher-Durchschnitt geblieben. Das hat Folgen, so für Arminia Bielefeld, wo 76 000 Fans weniger Eintritt zahlten. Pagelsdorf wurde verkauft, andere folgten. Dem 1. FC Kaiserslautern hat eine ganze Million in der Kasse gefehlt, schwankender Leistungen wegen, aber

auch durch Konkurrenzdruck: SVW Mannheim, nur 55 km entfernt in Ludwigshafen.
Meister VfB Stuttgart hat auch meisterlich verdient. 31200 Besucher wurden durchschnittlich im Neckarstadion gezählt, 30000 im Münchner Olympiastadion, 28000 im Hamburger Volksparkstadion. Hinter den drei Großen folgt überraschend SVW Mannheim mit 26000 im Ludwigshafener Südweststadion, wo dank einer Sonderregelung auch künftig gespielt werden darf, bis in Mannheim eine akzeptable Arena zur Verfügung steht. Das Schlußlicht in der Zuschauer-Tabelle bildet Bayer Leverkusen (11000), aber der Konzern sorgt schon dafür, daß keiner hungert.
Die Saison ist zu Ende. Was bleibt? Die Erinnerung, die manches verklärt, und mancherlei Statistik. So die der Tore und ihrer Schützen. Karl-Heinz Rummenigge war der Beste, aber seine 26 Treffer bleiben weit zurück hinter dem Rekord, den Gerd Müller 1972 mit 40 Toren aufgestellt hat.
388 Spieler wurden eingesetzt. Willi Neuberger (Eintracht Frankfurt) ist unerreicht geblieben mit 520 Einsätzen, vor Klaus Fichtel (Werder Bremen), der 512mal zu einem Bundesligaspiel antrat, aber jetzt aufgehört hat. Sage und schreibe 27 Mann haben im

Die 11 besten Torschützen der Fußball-Bundesliga 1983/84

Karl-Heinz Rummenigge (FC Bayern München) verabschiedete sich als bester Torschütze in der Saison 1983/84 der Bundesliga nach Italien. Der 28jährige Münchner, der in der neuen Saison für Inter Mailand spielen wird, sicherte sich als Nachfolger des Bremers Rudi Völler mit 26 Toren zum dritten Male nach 1980 (26 Tore) und 1981 (29 Tore) die „Torjägerkanone“.

1.	Karl-Heinz Rummenigge (FC Bayern München)	26
2.	Klaus Allofs (1. FC Köln)	20
3.	Frank Mill (Borussia Mönchengladbach)	19
4.	Christian Schreier (VfL Bochum)	18
	Rudi Völler (Werder Bremen)	18
6.	Pierre Littbarski (1. FC Köln)	17
7.	Fritz Walter (SV Waldhof Mannheim)	16
8.	Dieter Schatzschneider (Hamburger SV)	15
	Thomas Allofs (1. FC Kaiserslautern)	15
	Herbert Waas (Bayer Leverkusen)	15
	Friedhelm Funkel (Bayer Uerdingen)	15

Verlauf der Saison vergeblich versucht, Kickers Offenbach vor dem Abstieg zu bewahren. Mit 18 Spielern ist der Hamburger SV ausgekommen.

König der Elfmeterschützen war der Hamburger Manfred Kaltz, der alle seine acht Strafstöße ins Ziel trat. Von 113 Elfmetern blieben 27 ungenützt. 24mal gewannen die Torhüter das Duell; Raducanu (Borussia Dortmund), Körbel (Eintracht Frankfurt) und Sebert (SVW Mannheim) verfehlten das Tor. Unausgewogen bleibt das Verhältnis von Strafstoßentscheidungen zwischen Gastgebern und Gästen, die bloß 30 Elfmeter zugesprochen erhielten. Elfmal durften die Dortmunder Borussen Elfmeter schießen, nur einmal der 1. FC Köln. Den Tiefflieger Pierre Littbarski kennen die Schiedsrichter halt zu gut.

21 Platzverweise, ein unrühmlicher Rekord? Nicht unbedingt. Es scheint, als hätten die Schiedsrichter endlich härter durchgegriffen, wenngleich es manchmal besser wäre, sie würden nicht so gut hören, sondern besser sehen. Ein »blöder Hund« tut nicht weh, aber wenn so ein unkollegialer Grobian seinem Gegenspieler von hinten in die Beine tritt, wäre ein Platzverweis häufiger angebracht denn eine gelbe Karte. Davon hat der Bochumer Woelk elf gesammelt und deswegen dreimal aussetzen müssen.

Acht Spieler haben nicht eine Sekunde der 51 Stunden Bundesliga-Spielzeit versäumt, ein Zeichen von Beständigkeit und Glück, nie verletzt gewesen zu sein: die Torhüter Kneib (Arminia Bielefeld), Burdenski (Werder Bremen), Stein (Hamburger SV), Vollborn (Bayer Leverkusen) und Vollack (Bayer Uerdingen) sowie Zewe (Fortuna Düsseldorf), Falkenmayer (Eintracht Frankfurt) und Magath (Hamburger SV).

Ist sie gut, so wie sie ist, unsere Fußball-Bundesliga? Wenn der sportliche Erfolg auf dem internationalen Wettbewerb ausbleibt und der finanzielle Reibbach dazu, sind immer wieder die Reformer aufgestanden, um am Modus herumzudoktern. Reduzierung auf 16 Vereine heißt die Parole. Dann könne endlich die von allen geforderte zehnwöchige Winterpause eingeführt werden, lockt DFB-Präsident Neuberger. Dienstags und freitags soll gespielt werden. Doch an diesen Tagen fehlen den Vereinen die meisten ihrer Besucher aus dem Umland, vor allem im Winter. Die Manager Günter Netzer und Uli Hoeneß wollen gleichfalls weniger Vereine. Im Gespräch ist auch, den Modus zu ändern: Teilung der Liga nach

Die Bundesliga im Spiegelbild

								zu Hause						auswärts					
	Sp.	g.	u.	v.	Tore	Diff.	Pkt.	Sp.	g.	u.	v.	Tore	Pkt.	Sp.	g.	u.	v.	Tore	Pkt.
1. (1.) VfB Stuttgart	34	19	10	5	79:33	+46	48-20	17	12	4	1	49:12	28-6	17	7	6	4	30:21	20-14
2. (2.) Hamburger SV	34	21	6	7	75:36	+39	48-20	17	12	2	3	49:20	26-8	17	9	4	4	26:16	22-12
3. (3.) Bor. M'gladbach	34	21	6	7	81:48	+33	48-20	17	15	2	0	54:16	32-2	17	6	4	7	27:32	16-18
4. (4.) Bayern München	34	20	7	7	84:41	+43	47-21	17	14	3	0	59:14	31-3	17	6	4	7	25:27	16-18
5. (5.) Werder Bremen	34	19	7	8	79:46	+33	45-23	17	13	2	2	49:14	28-6	17	6	5	6	30:32	17-17
6. (6.) 1. FC Köln	34	16	6	12	70:57	+13	38-30	17	11	1	5	39:23	23-11	17	5	5	7	31:34	15-19
7. (7.) Bayer Leverkusen	34	13	8	13	50:50	±0	34-34	17	10	4	3	32:16	24-10	17	3	4	10	18:34	10-24
8. (8.) Arminia Bielefeld	34	12	9	13	40:49	−9	33-35	17	8	5	4	25:18	21-13	17	4	4	9	15:31	12-22
9. (9.) E. Braunschweig	34	13	6	15	54:69	−15	32-36	17	10	4	3	39:20	24-10	17	3	2	12	15:49	8-26
10. (10.) B. Uerdingen	34	12	7	15	66:79	−13	31-37	17	9	3	5	37:30	21-13	17	3	4	10	29:49	10-24
11. (13.) W. Mannheim	34	10	11	13	45:58	−13	31-37	17	5	7	5	29:26	17-17	17	5	4	8	16:32	14-20
12. (11.) Kaiserslautern	34	12	6	16	68:69	−1	30-38	17	9	5	3	41:22	23-11	17	3	1	13	27:47	7-27
13. (14.) Bor. Dortmund	34	11	8	15	54:65	−11	30-38	17	10	3	4	35:17	23-11	17	1	5	11	19:48	7-27
14. (12.) Fortuna Düsseldorf	34	11	7	16	63:75	−12	29-39	17	9	4	4	46:23	22-12	17	2	3	12	17:52	7-27
15. (15.) VfL Bochum	34	10	8	16	58:70	−12	28-40	17	9	4	4	38:25	22-12	17	1	4	12	20:45	6-28
16. (16.) Eintracht Frankfurt	34	7	13	14	45:61	−16	27-41	17	5	8	4	24:19	18-16	17	2	5	10	21:42	9-25
17. (17.) K. Offenbach	34	7	5	22	48:106	−58	19-49	17	7	3	7	33:36	17-17	17	0	2	15	15:70	2-32
18. (18.) 1. FC Nürnberg	34	6	2	26	38:85	−47	14-54	17	6	2	9	29:39	14-20	17	0	0	17	9:46	0-34

1983/84

	Bielefeld	Bochum	Braunschweig	Bremen	Dortmund	Düsseldorf	Frankfurt	Hamburg	Kaisersl.	Köln	Leverkusen	M'gladbach	Bayern M.	Nürnberg	Offenbach	Stuttgart	Uerdingen	Waldhof
Arm. Bielefeld	•	2:1	0:0	2:0	0:0	1:3	2:1	0:1	3:2	1:2	3:0	2:2	1:3	1:0	3:1	0:0	3:1	1:1
VfL Bochum	2:3	•	3:1	3:3	2:2	6:1	4:1	1:1	4:1	2:3	2:1	0:4	3:1	2:0	1:0	0:1	2:2	1:0
Braunschweig	2:0	3:1	•	1:2	5:0	4:1	4:3	0:0	4:0	2:2	0:0	3:1	1:2	1:0	4:4	1:0	1:2	3:2
Werder Bremen	3:0	5:2	4:0	•	2:1	2:0	2:3	0:0	1:1	1:0	3:0	2:0	3:2	2:0	8:1	1:2	5:2	5:0
Bor. Dortmund	1:0	1:1	0:2	2:3	•	6:0	2:0	1:2	1:0	0:0	3:0	4:1	1:1	3:1	4:1	0:3	2:1	4:1
Fort. Düsseldorf	0:0	1:1	4:0	3:4	7:0	•	4:2	2:3	1:5	2:0	2:2	4:1	4:1	2:1	5:0	3:0	1:1	1:2
Eintr. Frankfurt	1:1	1:0	1:2	0:0	2:2	3:0	•	0:0	3:0	0:2	2:2	1:1	0:0	3:1	3:0	1:3	2:2	1:3
Hamburger SV	2:0	2:1	3:0	4:0	7:2	5:2	0:2	•	3:2	2:2	3:0	2:1	2:1	4:0	6:0	0:2	2:2	2:3
Kaiserslautern	6:0	2:0	3:1	3:3	2:2	5:2	1:0	0:2	•	2:2	3:0	0:2	0:1	4:2	1:1	2:2	5:2	2:0
1. FC Köln	2:3	3:0	2:1	1:4	5:2	1:0	7:0	1:4	1:4	•	2:0	1:2	2:0	3:1	1:0	2:2	3:0	2:0
Leverkusen	0:0	3:0	3:0	0:0	4:2	0:0	2:2	2:0	2:0	2:1	•	1:2	1:5	3:0	3:1	1:1	3:1	0:1
Bor. M'gladbach	3:0	4:2	6:2	3:1	2:1	1:1	1:1	4:0	3:2	4:2	3:1	•	3:0	2:0	3:2	2:0	7:1	3:0
Bayern München	3:1	5:1	6:0	0:0	1:0	1:1	3:0	1:0	5:2	4:2	2:1	4:0	•	4:2	9:0	2:2	3:2	6:0
1. FC Nürnberg	2:0	3:1	4:2	2:0	0:2	2:1	0:0	1:6	3:4	1:3	2:3	1:3	2:4	•	4:0	0:6	2:4	0:0
Kick. Offenbach	2:2	2:2	1:2	3:7	0:0	5:1	2:1	0:4	3:2	2:0	0:2	4:3	2:3	3:1	•	1:2	3:2	0:2
VfB Stuttgart	1:0	4:2	3:0	3:0	3:1	6:0	2:2	0:1	5:1	3:2	2:2	0:0	1:0	7:0	5:1	•	4:0	0:0
Uerdingen	1:3	1:2	4:0	0:3	2:1	1:3	5:2	3:1	3:1	4:6	2:1	1:1	1:1	1:0	4:2	3:2	•	1:1
SV Waldhof	0:2	3:3	2:2	2:0	4:1	1:1	1:1	0:1	2:0	2:2	0:3	2:3	0:0	1:0	6:1	2:2	1:4	•

Aus der waagerechten Reihe können Sie die Heimresultate und Heimtermine, aus der senkrechten Reihe die Auswärtsresultate und Auswärtstermine ablesen.

der Vorrunde, die einen um den Titel, die anderen gegen den Abstieg. In Österreich haben sie das wieder eingeführt, trotz eines vor Jahren gescheiterten Versuchs, und in der Schweiz auch. Interessanter, besser ist der Fußball dort deshalb nicht geworden.
Die Spitzenklubs tun sich leicht. Die fliegen im Winter dann durch die Weltgeschichte und verdienen ihr Geld in lukrativen Privatspielen. Doch wer will den VfL Bochum sehen oder Arminia Bielefeld? Letzten Endes honoriert der Zuschauer nicht das flotte Spiel, die schönen Tore, sondern den Erfolg, vor allem den lange entbehrten, wie am Beispiel Fortuna Düsseldorf deutlich geworden ist. Wo er ausbleibt, müssen sie sparen, aber das ist schon immer so gewesen, nur nicht im Fußball.

Torschützenkönige der Fußball-Bundesliga

1963/64:	Uwe Seeler (Hamburger SV)	Tore 30
1964/65:	Rudi Brunnenmeier (TSV 1860 München)	24
1965/66:	Lothar Emmerich (Borussia Dortmund)	31
1966/67:	Lothar Emmerich (Borussia Dortmund)	28
	Gerd Müller (FC Bayern München)	28
1967/68:	Hannes Löhr (1. FC Köln)	27
1968/69:	Gerd Müller (FC Bayern München)	30
1969/70:	Gerd Müller (FC Bayern München)	38
1970/71:	Lothar Kobluhn (Rotweiß Oberhausen)	24
1971/72:	Gerd Müller (FC Bayern München)	40
1972/73:	Gerd Müller (FC Bayern München)	36
1973/74:	Gerd Müller (FC Bayern München)	30
	Jupp Heynckes (Borussia Mönchengladbach)	30
1974/75:	Jupp Heynckes (Borussia Mönchengladbach)	30
1975/76:	Klaus Fischer (Schalke 04)	29
1976/77:	Dieter Müller (1. FC Köln)	34
1977/78:	Dieter Müller (1. FC Köln)	24
	Gerd Müller (FC Bayern München)	24
1978/79:	Klaus Allofs (Fortuna Düsseldorf)	22
1979/80:	Karl-Heinz Rummenigge (FC Bayern München)	26
1980/81:	Karl-Heinz Rummenigge (FC Bayern München)	29
1981/82:	Horst Hrubesch (Hamburger SV)	27
1982/83:	Rudi Völler (Werder Bremen)	23
1983/84:	Karl-Heinz Rummenigge (FC Bayern München)	26

Als Rummenigge nach Italien ging

Bella Italia! Das schöne Italien lockt nicht nur bundesdeutsche Urlauber mit Sonne, Meer, Sand, Wein und Pizza, sondern immer schon auch Fußballspieler mit Lire-Milliarden. Wenn sich so ein reicher Boß eines großen Unternehmens und eines ebensolchen Vereins einen Renommierkicker wünschte, hat er ihn meistens bekommen. Denn Geld spielt in so einem Fall keine Rolle, trotz Arbeitslosigkeit, Inflation, Ausfuhrbestimmungen für Devisen. Die Leidenschaft für den Fußball eint bei unseren südlichen Nachbarn arm und reich.

Klar, daß die großen italienischen Klubs immer wieder auch um Karl-Heinz Rummenigges Dienste geworben haben: AC Florenz, Juventus Turin, AC Mailand, Inter Mailand. Doch der Star ist im Lande geblieben, hat allen Verlockungen widerstanden, was ihm nicht so arg schwergefallen ist, weil er sich auch beim FC Bayern München redlich und nicht schlecht genährt hat, mit diversem Zubrot aus Werbung und einer Versicherungsagentur. Doch Anfang März verdichteten sich die Gerüchte um einen Wechsel Rummenigges über die Alpen, was allerdings noch nicht viel hätte besagen müssen. Denn in Italiens Fußball stand ein zweijähriges Verbot der Verpflichtung ausländischer Kicker bevor, weshalb bei den Klubs Torschlußpanik ausgebrochen war. Jeder wollte noch schnell zugreifen. Schwer ist zu unterscheiden gewesen zwischen Dichtung und Wahrheit, Wollen und Können, auch für Journalisten.

In dieser Phase der Ungewißheit und Spekulationen läutet am März in der Sportredaktion der Münchner »Süddeutschen Zeitung« das Telefon. Am Apparat ist der Schweizer Freddy Wettstein, Sportredakteur beim »Tagesanzeiger« in Zürich. Und der behauptet nicht mehr und nicht weniger als dies: »Paßt auf, der Rummenigge geht zu Inter Mailand.«

Was nun? Wieder eine Vermutung oder endlich die Wahrheit? Was dann kommt, hört sich reichlich unwahrscheinlich an und wie ein schlechter Krimi. Dies sei eine gezielte Information von Inter, das interessiert daran sei, die Geschichte so schnell wie möglich publik zu machen, um sie voranzutreiben und zum Abschluß zu bringen. Doch Uli Hoeneß, der Klubmanager des FC Bayern, habe sein Veto

eingelegt, weil er den Transfer in aller Ruhe abwickeln wolle, um die Öffentlichkeit vor vollendete Tatsachen zu stellen. Deshalb möge sich ein Reporter zwischen zwölf und eins in der Nähe von Rummenigges Grünwalder Domizil auf die Lauer legen und nach einem Auto mit Schweizer Nummernschild Ausschau halten. Das gehöre einem gewissen Gianni Sartori, Schweizer aus dem Grenzstädtchen Kreuzlingen, und sei an einem kleinen Inter-Wappen zu erkennen. Sartori wolle unauffällig Kontakt aufnehmen, wenn er seinen Besuch bei Rummenigge beendet habe.
Das klang reichlich dubios. Trotzdem bezog der Reporter Ludger Schulze Posten in Grünwald, wartete jedoch vergeblich. Er sah lediglich, wie Rummenigge in seinen Landrover stieg und davonfuhr. Die Verfolgung ergab ein unverdächtiges Fahrtziel: Das Trainingslager des FC Bayern. Enttäuscht in die Redaktion zurückgekehrt, erhielt er indes einen neuerlichen Anruf seines Schweizer Kollegen Wettstein, der einen schönen Gruß ausrichtete von dem geheimnisvollen Signor Sartori. Der sei am Grenzübergang Lindau-Ziegelhaus aufgehalten worden. Schulze solle gegen 18 Uhr ins Münchner Hotel »Vier Jahreszeiten« fahren und dort Zimmer Nummer 434 anrufen.
Voll Skepsis tat der Reporter, wie ihm geheißen. Im Hotel ließ er sich mit besagtem Zimmer verbinden, wo sich zu seiner nicht geringen Überraschung tatsächlich ein gewisser Herr Sartori meldete. Die beiden beschrieben sich einander, Sartori kam in die Halle, stellte sich als Unterhändler von Inter Mailand vor und bestätigte: Wir haben Karl-Heinz Rummenigge. Es ginge lediglich noch um Kleinigkeiten im Vertragstext und um die Höhe der Ablösung, wegen der er mit Manager Hoeneß höchst geheim im Auto verhandelt habe.
So was ist eine heiße Geschichte für einen Journalisten, zumal, wenn er sie exklusiv hat. Aber reinfallen kann man dabei auch, wenn einem beispielsweise gesagt wird, Rummenigge zu fragen sei sinnlos, weil der alles abstreiten würde und Uli Hoeneß ebenso. Was beide auch eindrucksvoll taten. Nicht mal, als dem Manager auf den Kopf zugesagt wurde, er sei mit Sartori zusammen gesehen worden, hat das Hoeneß aus dem Konzept gebracht. Er behauptete, dabei sei nur über Bandenwerbung verhandelt worden, was so unglaubwüdig nicht klang, denn Gianni Sartori betreibt eine Werbefirma.

Erleichterung

Die »Süddeutsche Zeitung« hat die Meldung dann doch gebracht, trotz aller Bedenken, und das bißchen journalistische Risiko hat sich ausgezahlt, für alle Beteiligten. Denn von diesem Augenblick an ging es Schlag auf Schlag. Hoeneß bestätigte die Kontakte mit Sartori, weil Leugnen zwecklos war, Rummenigge räumte Interesse ein, sperrte sich aber noch bis zum Wochenende. Bedrückt saß er auf der Rückfahrt vom Bundesligaspiel gegen den SVW Mannheim im Bus, unzufrieden mit seiner Leistung beim 0:0. Torhüter Jean-Marie Pfaff auf dem Platz neben ihm sah es seinem Teamkapitän an, daß er was loswerden mußte. Also hat er ihn gefragt: »Kalle, sag mir, was passiert.« Die Antwort bestand in zwei Worten: »Inter Mailand!«
Anderntags haben sich Klubpräsident Willi Hoffmann, Manager Uli Hoeneß und Karl-Heinz Rummenigge zusammengesetzt und so getan, als müßten sie alles in Ruhe noch einmal bereden. Denn die Entscheidung stand schon fest. Hoffmann zu Rummenigge: »Es hat keinen Sinn mehr, zu kämpfen. Wir können es gar nicht verantwor-

ten, Sie mit aller Gewalt zu halten, wenn Sie so ein Angebot haben.«
Was der Präsident nicht sagte, war dies: Rummenigges Tage als Stürmer sind bald gezählt. Noch zwei Jahre beim FC Bayern, und der Star wäre verglüht, nicht mehr viel wert gewesen. So aber würde für ihn eine traumhafte Ablösung bezahlt, die den Klub in die Lage versetzte, die Mannschaft zu verstärken, zu verjüngen, was in absehbarer Zeit ohnehin unerläßlich geworden wäre. Schatzmeister Prof. Fritz Scherer hatte schon eine Zahl genannt. Zehn Millionen mindestens seien nötig, wenn angesichts der Steuer von knapp 70 Prozent genügend übrigbleiben sollte.
Am Montag meldete »Gazetta dello Sport«, die größte italienische Sportzeitung, nach vielen Spekulationen endlich dieses Rummenigge-Zitat: »Sono del'Inter« – Ich gehöre Inter. Die Beharrlichkeit von Gianni Sartori, Vorstandsmitglied von Inter Mailand, war von Erfolg gekrönt. Sartori hatte wochenlang nicht lockergelassen, immer wieder angerufen, war Manager Uli Hoeneß in den Wintersportort Lenzerheide bei Zürich nachgefahren, obwohl er anfangs nur auf Ablehnung gestoßen war. Doch als Karl-Heinz Rummenigge endlich Interesse signalisierte, wußten die Italiener, daß ihre Besuche, Verlockungen und Aufmerksamkeiten für Frau Martina, die Inter-Manager Sandro Mazzola mit Blumen und Schmuck hofierte, nicht vergebliche Liebesmühe sein würden.
Finanziert hat den Riesen-Deal Ernesto Pellegrini, der den Inter-Tifosi Karl-Heinz Rummenigge zum Einstandsgeschenk machte als neuer Präsident. Der Krösus besitzt ein Haus, das eher einer Kunstgalerie ähnelt, einen Privatklub, drei Autos, vier Unternehmen mit rund 2000 Beschäftigten, die täglich 60000 Fertiggerichte für Betriebskantinen produzieren, und jede Menge Teigwaren. Pellegrini, der täglich 40 Zigaretten konsumiert und in der Betriebsmannschaft kickt, gehört außerdem das Trainingslager von Juventus Turin, die Villa Perosa. Allein hätte selbst dieser reiche Italiener das Geld für den Transfer nicht aufbringen können. Dafür hat er ein Konsortium von Geschäftsleuten gewonnen. Aber herschenken tun die Milliardäre auch in Italien nur ungern was. Rummenigge soll sein Geld wieder einspielen durch höhere Einnahmen im Stadion, im Europacup, durch Werbung, für die er zur Verfügung stehen muß.
Umgerechnet zwei Millionen Mark netto kassiert Karl-Heinz Rum-

menigge jährlich, bis 1987. 32 ist er dann, hat ausgedient, kann sich zur Ruhe setzen, denn kein Weg führt zurück in die Bundesliga wie bei Franz Beckenbauer, dem Libero, der sich mit 36 noch einmal verdingt hat beim Hamburger SV. Hat Rummenigge bloß das viele Geld nach Mailand gelockt oder den Fußballer Rummenigge die letzte Chance, sich einer neuen Herausforderung zu stellen oder den Menschen Rummenigge, die Möglichkeit, in einem anderen Kulturkreis zu leben, eine andere Sprache zu erlernen: Unsereins wird nie erfahren, ob es einen Unterschied macht, jährlich eine Million einzuschieben oder das Doppelte, weil mehr als gut leben, sich ein Haus kaufen und ein schönes Auto und was auf die hohe Kante legen kann keiner. Gewiß hat der Reiz des Neuen eine Rolle gespielt; den Ausschlag aber wohl das Geld gegeben. Das ist keineswegs verwerflich, sondern nur menschlich.
Aber noch etwas scheint zu dieser Entscheidung beigetragen zu haben. Karl-Heinz Rummenigge war in eine Zeit hineingewachsen, in der gute Fußballspieler Mangelware sind in der Bundesrepublik und Ausnahmekönner wie einst Franz Beckenbauer, Günter Netzer, Wolfgang Overath, Gerd Müller fehlen. Rummenigge wurde Teamkapitän beim FC Bayern München und in der Nationalmannschaft. Diese Ämter sind ihm einfach zugefallen; gedrängt hat er sich bestimmt nicht danach. Sie haben ihn belastet, weil er »nicht immer wieder wild um mich hauen« wollte, wenn es wieder mal nicht geklappt hatte, vor allem im DFB-Team. Daß auf diesem seit der Weltmeisterschaft in Spanien herumgehackt worden ist in der Presse, von der Öffentlichkeit, hat ihm mißfallen, aber auch, daß seine Mitspieler sich nicht mit Leib und Seele ihrem Job verschrieben und andere das Trikot mit dem Bundesadler gleich gar nicht mehr anzogen.
Einer unter vielen will Karl-Heinz Rummenigge sein bei Inter. Doch das ist ein gewaltiger Irrtum. Größer als in Mailand ist der Erfolgsdruck für ihn noch nie gewesen.

Das Problem, ein Rummenigge zu sein

Rummenigge zögert nicht, haut drauf und trifft: ›6:0 für den FC Bayern‹, tönt es aus den Lautsprechern im Stadion von Lenzkirch im Hochschwarzwald. »Geschossen hat der kleine Rummenigge.« Das hat Michael Rummenigge die Freude am Erfolg gründlich vergällt. »Sicher stört mich das, der Kleine zu sein«, bestätigt Rummenigge II. »Die Leute messen mich am Karl-Heinz. Aber das ist ein Weltklassespieler, und ich bin ein Jungprofi und versuche, ein mittelmäßiger Bundesligaspieler zu werden, ein Stammspieler beim FC Bayern. Wenn ich das schaffe, reicht es mir vollkommen. Sicher möchte man gerne in die Nationalmannschaft. Aber in Deutschland gibt's so ein Überangebot an guten Spielern, daß es ziemlich schwer wird. Da muß man Glück haben bei der ganzen Sache.«
Das war im Sommer 1983. Im Frühjahr 1984 hat Michael Rummenigges Berufskollege Wolfgang Grobe über seinen jungen Mitspieler geurteilt: »Der Michael hat sich um 180 Grad gedreht. Der schwebt zur Zeit einen halben Zentimeter über dem Teppich.« Andere schätzten den Abstand zwischen Rasen und dem freischwebenden Nachwuchsstar auf fünf bis zehn Zentimeter. Und Michael Rummenigge hat es nicht einmal gemerkt. So lange nicht, bis ihn Trainer Udo Lattek eines Tages beiseite nahm und ihn mahnte: »Hör mal, du hast nicht nur Freunde in der Mannschaft. Paß ein bißchen auf, wie du dich verhältst.« Da ist Freund Michael aus allen Wolken gefallen, aber so recht hören auf die guten Ratschläge hat er nicht mögen und nicht glauben wollen, daß es gut wäre, sich so zu verhalten, wie ein Mitspieler riet: »Er müßte einsehen, daß auch er die Hackordnung innerhalb der Mannschaft nicht umstürzen kann.« Eine leise Kritik vorerst noch, denn der große Bruder hörte mit, aber auch die schlug Michael Rummenigge in den Wind, wollte sie nicht wahrhaben: »Natürlich kann man nicht nur Freunde haben, aber ich komme doch mit allen gut aus. Wer Erfolg hat, der hat auch Neider.«
Wie das alles gekommen ist? Das Showgeschäft Bundesliga hat gierig nach dem neuen Star gegriffen, der noch gar keiner war, aber einen Namen hatte, die Werbung, der Bundestrainer. Alle Sommerträume aus dem Schwarzwald haben sich blitzartig erfüllt: Stammspieler beim FC Bayern, Junioren-Nationalmannschaft, ein paar

Minuten im A-Team, Gehaltserhöhung, 100 000 Mark pro Jahr in der Werbung. Da muß einer schwindelfrei sein, um bei klarem Verstand zu bleiben. Michael Rummenigge hat sich die Sinne vernebeln lassen und viele vergrätzt: Mitspieler, Fans, Journalisten. Keine Zeit, immer in Eile, ein junger Bursche mit 19. Jetzt wohnt er auch noch in der Grünwalder Villa seines Bruders, der gen Italien zog.

Die Trennung der Brüder Rummenigge ist vollzogen. Jetzt steht er auf eigenen Füßen, endgültig: Michael, der Jüngere, der Kleinere. Abgenabelt vom großen Bruder, vom Vorbild, Beschützer, Ratgeber. Der hat Starthilfe gegeben damals, als Michael nach München kam, mit 17. »Er hat mir bei meinem ersten Vertrag geholfen und mich beraten, was ich machen kann, wieviel Geld ich verdienen kann, wie ich mich vorbereiten soll aufs Trainingslager«, erinnert sich Michael. Anfangs hat er gewohnt bei Karl-Heinz, sich aber dann selbständig gemacht in einer Zweizimmerwohnung, zielstrebig eine Banklehre abgeschlossen. Und seine Lektion gelernt auch als Berufsfußballer. »Bei Trainer Csernai bin ich mir manchmal vorgekommen wie ein Mensch dritter Klasse. Meine größte Erniedrigung war, als fast die ganze Mannschaft verletzt war und Hoeneß mit Kopfverband gespielt hat. Da haben vier Mann statt fünf auf der Bank gesessen, und ich mußte von der Tribüne aus zugucken. Niemand hat ein Wort zu mir gesagt, warum ich nicht dabei bin.«

Vielleicht werden sie bald Michael meinen, wenn sie Rummenigge sagen. Die Werbe-Manager eines japanischen Kopiergeräte-Herstellers haben sich das so gedacht und Rummenigge II einen Dreijahresvertrag über jeweils 100 000 Mark angedient. Herbert Gröbner, der Werbechef, nahm kein Blatt vor den Mund: »Einen Michael Müller hätten wir wohl nicht verpflichtet.« Könne man ihm vorwerfen, das Geld genommen zu haben, als Profi, der er sei?, hat Michael Rummenigge gefragt. Nein, natürlich nicht.

Aber geschäumt haben sie deswegen beim FC Bayern München, vorneweg Klubmanager Uli Hoeneß, der schon stocksauer gewesen ist, als Bundestrainer Jupp Derwall den jungen Spund zum Nationalspieler kürte: »Die Summen hätten nie an die Öffentlichkeit kommen dürfen.« Nach dem Motto: Über Geld spricht man nicht, Geld hat man. Aber die Werbepartner schienen interessiert daran, einen ordentlichen Wirbel um die Geschichte zu machen, Gratisreklame quasi.

»Ich werde mich auch ohne Kalle durchsetzen«, hat Michael Rummenigge angekündigt, trotzig fast. Keine Frage: Er kann es schaffen. Die Brüder gleichen sich in manchem verblüffend: Spielweise, Statur, voluminöse Oberschenkel, Sprechweise, Tonfall (»muß ich ganz ehrlich sagen«). Daß der jüngere nicht mehr rot wird vor Aufregung wie seinerzeit sein Bruder Karl-Heinz, den sie deswegen Rotbäckchen riefen, ist ganz normal für die neue Generation, nicht nur die am Fußball. »Vielleicht«, hat Trainer Lattek vermutet, »wird der Michael ohne den Karl-Heinz noch stärker.«
Aber dann ist keiner mehr da, wegen dessen Mitspieler die Stimme dämpfen müssen bei der Kritik. Und sie trösten ihn nicht unbedingt, wie nach dem Rauswurf aus dem UEFA-Cup im Dezember in London, 1:1 gegen Tottenham, als Michael Rummenigge den Ball übers Tor drosch, anstatt den Siegestreffer zu erzielen, was er mit bitteren Tränen beklagte. Dieser Gefühlsausbruch des sonst so selbstsicheren jungen Mannes schien Trainer Lattek ein Fingerzeig: »Das zeigt doch, daß der Michael ein anständiger und netter Kerl ist. Er hat sein Mißgeschick nicht einfach locker und lässig weggesteckt, sondern hat darunter gelitten, daß er seinen Mannschaftskollegen das Spiel verpatzt hat.«
»Ein richtig netter Kerl« sei auch Dieter Hoeneß, hat Michael Rummenigge seinerseits seinen Mittelstürmer gelobt, allerdings hinzugefügt: »Er hat nur ein Handicap – das Fußballspiel.« So jedenfalls stand es in der »Neuen Revue«, was Rummenigge II als böswillige Verdrehung bezeichnete. Auf einer Gegendarstellung hat er jedoch nicht bestanden, was den Verdacht nahelegt, daß es nichts zurückzunehmen gibt. Vorsicht, kleiner Rummenigge. Dein Bruder ist weit weg, aber der Hoeneß immer noch da. Die Dankbarkeit über Michaels entscheidendes Tor beim Elfmeterschießen im Pokalfinale gegen Borussia Mönchengladbach ist da schnell vergessen.

Libero, der freie Mann

Früher war es so: Hatte ein Stürmer den gegnerischen Verteidiger überspielt, öffnete sich ihm der Weg zum Tor. Anfang der sechziger Jahre war damit Schluß. Helenio Herrera, argentinischer Trainer in Diensten von Inter Mailand schob den Angreifern einen Riegel vor. Er erfand den Catenaccio, ein Abwehr-Bollwerk, hinter dem ein Aufpasser darauf lauerte, Fehler seiner Vordermänner auszubessern. Picchi war der Mann, der bei Inter die Dreckarbeit besorgte; sie nannten ihn Libero, er übersetzte das mit Ausputzer.
Heute erinnert sich kaum noch einer an Picchi, den ersten Libero. Unvergessen dagegen ist Franz Beckenbauer. Ein paar Jahre nach Picchi hat der Münchner der Fußballwelt gezeigt, was auf dieser Position möglich, was aus ihr zu machen ist. Er trat nicht als Zerstörer auf, der dem Stürmer harsch in die Parade fuhr, keineswegs beseelt von dem Gedanken, nur schnell weg mit dem Ball aus der Gefahrenzone. Beckenbauer erkannte die schöpferischen Möglichkeiten des Libero, vergrößerte seinen Wirkungskreis weit über den Strafraum hinaus, bis vors andere Tor. »Das ist der Posten schlechthin«, schwärmte Beckenbauer. »Auf anderen Positionen ist man in ein Schema gepreßt. Als Verteidiger muß man zum Beispiel immer hinter einem anderen herrennen. Als Libero aber kann man alles machen, was es im Fußball so gibt.«
Wenn man's kann. Franz Beckenbauer konnte es. Den Kaiser Franz haben sie ihn genannt, den Gentleman am Ball, ein perfekter Techniker, der mit scheinbar spielerischer Leichtigkeit und Eleganz die Angreifer narrte, den Ball durchs Mittelfeld trieb, in Gerd Müller, dem erfolgreichsten bundesdeutschen Schützen aller Zeiten beim FC Bayern München und in der Nationalmannschaft einen dankbaren Doppelpaßpartner fand.
53 Mal hat Beckenbauer im DFB-Team das Trikot mit der Nummer fünf getragen, erstmals am 24. April 1971 beim 3:0 Sieg über die Türkei in Istanbul, als Nachfolger des Kölners Karl-Heinz Schnellinger, der damals in Italien für den AC Mailand spielte. Am Aschermittwoch, dem 23. Februar 1977 war Schluß, in Beckenbauers 103. Länderspiel. 31jährig erst, wechselte der Münchner zu Cosmos New York.

Seitdem versuchten sich 15 Spieler auf seinem Posten in der Nationalmannschaft. Alle sind an Beckenbauer gemessen worden, zu Unrecht natürlich. »Wir brauchen keinen wie Beckenbauer, der auch noch das Spiel macht. Unser Libero soll in der Abwehr für klare Verhältnisse sorgen«, hat Harald Schumacher, der Torhüter, deutlich gemacht. Und für seinen Kölner Mannschaftskameraden Gerd Strack plädiert. Der gab sich »gar nicht erst der Illusion hin, den Franz erreichen zu können«, hat sich indes als bislang einziger getraut, das Trikot mit der Nummer fünf überzustreifen.

Dem Derwall hat es keiner recht machen können. »Der Franz war ein Glück für den Fußball. Bei ihm hatte der liebe Gott die Hand im Spiel«, schwärmte der Bundestrainer. »An ihm wird jeder gemessen.« Jedem hat es bislang an Größe gefehlt. »Sein Schatten war nicht gering«, bestätigte Karl-Heinz Rummenigge, der sein Debüt in der Nationalmannschaft feierte ein halbes Jahr nach Beckenbauers Rücktritt. »Damit sind sie alle nicht fertig geworden.« Auch die Nummer 15 nicht, der Mönchengladbacher Hans-Günther Bruns, der einsehen mußte: »Jeder spielt so gut, wie er kann. Aber keiner wie Beckenbauer.«

Das ist die Reihe der gescheiterten Nachfolger auf dem Posten des Libero:

Manfred Kaltz (Hamburger SV), 18mal, zuletzt bei der Weltmeisterschaft 1978 in Argentinien bei der 2:3-Niederlage gegen Österreich.

Franz-Josef Tenhagen (Borussia Dortmund), 1mal, am 14. Dezember 1977 beim 1:0-Sieg über Wales in Dortmund.

Hans-Georg Schwarzenbeck (Bayern München), Beckenbauers ehemaliger Vorstopper, 1mal, am 22. Februar 1978 beim 2:1-Sieg über England in München.

Gerd Zewe (Fortuna Düsseldorf), 4mal, zuletzt beim 0:0 im EM-Qualifikationsspiel gegen Malta in La Valetta.

Uli Stielike (Real Madrid), 19mal, von 1979 bis 1983, dann für die Europameisterschaft in Frankreich wiederentdeckt.

Bernd Cullmann (1. FC Köln), 10mal, zuletzt mit 1:0-Sieg über die ČSSR bei der Europameisterschaft in Rom.

Bernd Schuster (FC Barcelona), 2mal, zuletzt am 19. November 1980 beim 4:1-Sieg über Frankreich in Hannover.

Kurt Niedermayer (Bayern München), 1mal, am 11. Oktober 1980 beim 1:1 gegen Holland in Eindhoven.

Kapitän Olaf Janßen mit der Europa-Trophäe der U 16 nach dem Finalsieg über die UdSSR in Ulm.

Deutsches EM-Aufgebot '84; obere Reihe von links: Hans-Günter Bruns, Rudi Völler, Rudi Bommer, Guido Buchwald, Karl-Heinz Rummenigge, Bernd Förster, Norbert Meier; mittlere Reihe von links: Horst Köppel, Wolfgang Rolff, Karl-Heinz Förster, Helmut Roleder, Harald Schumacher,

Dieter Burdenski, Gerd Strack, Hans-Peter Briegel, Josef (Jupp) Derwall, Pierre Littbarski, Klaus Allofs, Uli Stielike, Lothar Matthäus, Ralf Falkenmayer, Andreas Brehme. 22 Fußballer, die voller Hoffnungen nach Frankreich fuhren und enttäuscht heimkehrten. Nichts war mit dem Mindestziel Halbfinale.

Im Spiel gegen Spanien fiel Karl-Heinz Rummenigge so unglücklich auf den Rücken, daß er nur mit Schmerzen weiterspielen konnte.

Der Beste seiner Mannschaft, Toni Schumacher, konnte den Siegestreffer der Spanier (rechts) nicht verhindern. Das „Aus“ bei der Europameisterschaft in Frankreich traf ihn besonders hart, hatte er seinem Team doch bis zur letzten Minute das rettende 0:0 gesichert.

SEIKO

Mannschaftskapitän, Torschützenkönig, Europameister: Michel Platini.

Rainer Bonhof (1. FC Köln), 2mal, zuletzt am 7. Januar 1981 bei der 1:4-Niederlage gegen Brasilien während der Mini-WM.
Wilfried Hannes (Borussia Mönchengladbach), 6mal, zuletzt am 14. April 1982 beim 2:1-Sieg über die CSSR in Köln.
Bernd Förster (VfB Stuttgart), 2mal, zuletzt am 23. Februar 1983 bei der 0:1-Niederlage gegen Portugal in Lissabon.
Holger Hieronymus (Hamburger SV), 1mal, am 13. Oktober 1982 beim 2:1-Sieg über England in London.
Gerd Strack (1. FC Köln), 7mal, zuletzt am 20. November 1983 beim 2:1-Sieg in der EM-Qualifikation über Albanien in Saarbrücken.
Matthias Herget (Bayer Uerdingen), 3mal, zuletzt am 28. März 1984 beim 2:1-Sieg über die UdSSR in Hannover.
Hans-Günther Bruns (Borussia Mönchengladbach), 1mal, am 18. April 1984 bei der 0:1-Niederlage gegen Frankreich in Straßburg.

Für die Europameisterschaft hatte sich auch Bernd Schuster angeboten: »Der Franz ist mein Vorbild, der Libero-Posten mein Traum.« Damit ist er bei Beckenbauer auf wenig Gegenliebe gestoßen: »Fußballerisch ist an Schuster nichts auszusetzen. Aber er ist alles andere als ein Abwehrspieler. Und das muß er als Libero *auch* sein. Der Bernd ist nicht spritzig genug. Um ein idealer Libero zu werden, müßte er noch sehr viel üben.« Die Angelegenheit hat sich dann von alleine erledigt, denn Schuster brach sich den Fuß und trug einen Gipsverband, als sich Derwalls Mannen die Schuhe für die Spiele in Frankreich schnürten.

Kaltz, Bonhof, Bernd Förster und Bruns sind vom Bundestrainer Derwall nach Niederlagen von der Kandidatenliste gestrichen worden, einige sicher ein bißchen zu schnell, andere mehrmals. Mit Kaltz und Schwarzenbeck hatte es sein Vorgänger Helmut Schön probiert, wobei schon der Hamburger sich weigerte, das ihm vererbte Trikot überzustreifen. Er wollte seins mit der Nummer zwei behalten. Derwall fing mit Zewe an und fand ihn »zu abwehrschwach«. Der nächste in der Reihe war Uli Stielike. Nach dem 0:0 gegen die Türken rühmte ihn die »Fußball-Woche«: »Der neue Chef ist gefunden.« Doch Derwall versetzte Stielike zurück ins Mittelfeld und versuchte es mit Cullmann. »Wir haben mit mir nie verloren«, freute sich der Kölner, was aber Zufall war, denn Cullmann hatte bei der EM-Eröffnung in Rom zwei haarsträubende Fehlpässe produziert, die ihn den Job kosteten.

Trainerwechsel

Die DFB-Auswahl wurde mit Stielike als Libero Europameister. Aber Derwall war immer noch unzufrieden und testete weitere fünf Kandidaten. Dann war Weltmeisterschaft in Spanien, und Stielike wieder der Libero. Derwalls Mannen verloren, trotz mancherlei Querelen, erst im Finale, 1:3 gegen Italien, aber nachher ging das Wechselspiel auf dem Libero-Posten munter weiter. Der Bundestrainer pries den Uerdinger Matthias Herget als Entdeckung und ließ ihn mit der Bemerkung wieder in der Versenkung verschwinden: »Ein Bombenfußballer, aber so geht's nicht.« Und nach dem Debut von Bruns fand er: »Uli Stielike ist für uns unverzichtbar.« Mittlerweile ist Uli Stielike wieder zu Ehren gekommen, für den sich auch Franz Beckenbauer ausgesprochen hat. Beim letzten Länderspiel vor der Europameisterschaft, am 22. Mai in Zürich gegen Italien (1:0) spielte Stielike zum 19. Mal auf der Position, die wie keine andere dem Wechsel und Verschleiß von Prüflingen unterworfen gewesen ist, immer auf der Suche nach einem, der sich von Beckenbauers langem Schatten befreien würde, sieben Jahre nach dem Abschied des Fußballkünstlers. »Stielike hat als Libero

schon hervorragende Länderspiele bestritten«, lobte Beckenbauer, und rügte den Bundestrainer: »Es war falsch von Derwall, daß er ihn ins Mittelfeld versetzt hat, nur weil der Uli einmal schwach gespielt hat. Mittelfeldspieler hat Derwall genug. Aber als Libero sehe ich zu Stielike keine Alternative.«
Jupp Derwall scheint den Rat nicht überhört zu haben. Mitte Mai ließ er verlauten: »Die beste Lösung ist doch wohl Stielike.« Und nach dem Augenschein in Zürich war der Bundestrainer gar des Lobes voll: »Das hat jeder gesehen, wie clever er ist und was er für ein ausgezeichnetes Stellungsspiel mitbringt. Das war imponierend, wie er ins Mittelfeld rein ist und die Leute freigespielt hat.«
Die Suche nach dem idealen Nachfolger für Franz Beckenbauer ist aber noch lange nicht zu Ende. Alt-Bundestrainer Helmut Schön kennt jedoch schon das Resultat der Bemühungen: »So einen wie den Franz wird es nie mehr geben.«

Sprüche

»Normalerweise muß sich einer drei Tage lang sinnlos betrinken, um so viele Fehlpässe zu produzieren.«

(Ernst Happel, Trainer beim Hamburger SV, über seinen Libero Holger Hieronymus.)

»Es war für jeden eine Erleichterung, nicht ins Spiel zu müssen.«

(Frankfurts Interimstrainer Klaus Mank auf die Frage, warum er beim 0:7 in Köln nicht ausgewechselt habe.)

»Ich habe der Mannschaft für Sonntag freigegeben, denn ich will sie nicht sehen.«

(Klaus Schlappner, Trainer des SVW Mannheim, nach dem 2:2 gegen Eintracht Braunschweig.)

»Bremen jetzt mit dem Mond im Rücken.«

(Rolf Töpperwien, Reporter beim ZDF, über das Spiel Werder Bremen – Hamburger SV.)

Raumdeckung

Wie war im Fußball es vordem für die Trainer so bequem. Da haben die Spieler ihre Rückennummern noch als Kundendienst für die Zuschauer auf dem Trikot getragen und nicht, um Verwirrung damit zu stiften. Jede Mannschaft hat beispielsweise einen Rechtsaußen beschäftigt mit der Nummer sieben, und einen Linksaußen mit der Nummer elf, dazwischen den Mittelstürmer. Leicht ist es so den Fußball-Lehrern gefallen, ihren Mannen einzuschärfen, wer wen zu bewachen hatte.
Heutzutage macht jeder, was er will. Kein Verlaß ist mehr auf die Numerierung, und wenn ein Trainer den Gegner nicht Mann für Mann kennt, tut er sich schwer bei der Aufgabenverteilung und bleibt nicht zuletzt auf die Intelligenz seiner Spieler angewiesen. Bundestrainer Jupp Derwall ist da ein paarmal böse reingefallen, in Portugal, in Ungarn, beinahe auch bei der WM-Qualifikation gegen die Österreicher, und hat vor dem Spiel immer wieder beunruhigt gefragt nach Informationen über den Gegner: »Man hört gar nichts, man weiß gar nichts.« So hat es passieren können, daß er mal einen Außenverteidiger zuviel in der Mannschaft hatte, wie in Budapest, oder es irrte der Münchner Augenthaler ratlos über den Rasen, weil der ihm zur Bewachung zugeordnete Österreicher Krankl auf der Bank saß.
Nun gibt es eine Möglichkeit, derlei Überraschungen dadurch zu begegnen, daß ein Spieler nicht wie ein Wadlbeißer immer denselben Widersacher hinterherrennt, sondern dieser schon überall erwartet wird und sich vorkommen muß wie einst der Hase beim Rennen mit dem Igel. Diese Variante findet sich im Lehrbuch unter dem Stichwort »Raumdeckung«, die in etwa so aussieht, daß das Spielfeld in gedachte Planquadrate aufgeteilt wird und mit Bereichsleitern besetzt. Das bringt unter anderem den Vorteil, daß es keine Rolle mehr spielt, ob der gegnerische Trainer den Müller, Maier oder Huber im linken Mittelfeld spielen läßt.
Paul Breitner, das vom Spielfeld, aber nicht aus der Fußballszene abgetretene Multitalent, hat im Kreis des DFB-Teams bei seinem Comeback anno ’81 in Hamburg mittels Streichholzschachteln und Salzstreuern Anschauungsunterricht erteilt in der Raumdeckung.

Wenn sich die mit so einfachen Mitteln demonstrieren läßt, schließt der Laie daraus messerscharf, daß es sich dabei um keine Geheimwissenschaft handeln kann.
In der Tat freunden sich immer mehr Trainer mit dieser modernen Art des Fußballspiels an, wie eine Untersuchung des DFB ergeben hat. In der Saison 1980/81 bevorzugten noch acht Teams der Bundesliga die reine Manndeckung, drei die Raumdeckung; der Rest behalf sich mit einem Kompromiß. Zwei Jahre später hatte sich das Verhältnis umgekehrt. Drei Mannschaften spielten auf den Mann, fünf im Raum und zehn einen Mischmasch von beidem.
Die Entwicklung ließ sich nicht aufhalten. Während der Vorrunde der Saison 1983/84 war die Manndeckung passé. Der Hamburger SV hatte sich allein der Raumdeckung verschrieben, während der Rest sich beider Systeme zu gleichen Teilen bediente. Ausnahmen bestätigten die Regel. Erich Ribbeck, der frühere Assistent von Bundestrainer Derwall, Betreuer der Olympia-Auswahl und vom DFB als Beobachter eingesetzt: »Zwischendurch gab es immer mal wieder ein Spiel, in dem auf den Mann gespielt wurde. Auch die reine Raumdeckung kam hin und wieder zum Tragen, zum Beispiel bei Werder Bremen und Eintracht Braunschweig; aber das waren Ausnahmen.«
Sowas hatte Auswirkungen auf die Auswahlmannschaften. »Wenn in der Bundesliga niemand mehr Manndeckung spielt, kann ich mit der Olympia-Auswahl nicht an der Raumdeckung vorbeigehen.« Der vorsichtige Erich hat jedoch hinzugefügt: »Ich kann natürlich nur für mich reden, aber ich glaube, daß man daraus seine Schlüsse ziehen muß.«
Das war eindeutig auf seinen früheren Chef Jupp Derwall gemünzt. Doch der mochte davon nichts hören, auch nicht von Karl-Heinz Rummenigge, der versicherte, das sei leicht zu begreifen, selbst für Spieler, die im Verein die Manndeckung anwenden müßten. Und Bernd Schuster hat versichert, so und nicht anders könne, müsse künftig gespielt werden. Nirgendwo auf der Welt sei der Pärchen-Fußball noch gefragt, der die Entfaltung der Kräfte hemme. »Wie sollen Spielmacher heranwachsen, wenn die Trainer von ihnen noch erwarten, daß sie hinter ihren Gegenspielern herrennen, bis ihnen die Zunge aus dem Hals hängt. Weil das keiner kann, ist im modernen Fußball die Raumdeckung unerläßlich und eine genaue Abstimmung erforderlich. Da muß jeder seine Aufgabe kennen.

Wenn wir das perfekt beherrschen, dann läuft alles wie von selbst.«
Derwall wollte davon nichts wissen. Die Nationalmannschaft solle nicht länger Spielsystemen anhängen, die der deutschen Mentalität widersprächen, hat er vor der Europameisterschaft bestimmt. Ab sofort werde jedem Spieler wieder ein Gegenspieler zugeteilt, den er zu bewachen, zu bekämpfen, zu verfolgen, zu bezwingen habe. Dadurch werde die alte Ordnung wiederhergestellt.
So weit hat es kommen müssen mit einer Mannschaft, in der einst Beckenbauer gespielt hat, Overath, Netzer, Magath, Müller, der zuletzt hin und wieder Schuster Seele eingehaucht hat. Ein Offenbarungseid einer Fußball-Großmacht, die gefallen ist. Die Muskeln spielen lassen, anstatt geistvoll zu spielen. Welch ein Rückschritt!
Man kann auch mit Brachialgewalt siegen. Aber dazu gehört viel Kraft und noch mehr Glück, die doppelte Portion mindestens von dem, was dem DFB-Team vor zwei Jahren bei der Weltmeisterschaft in Spanien hold gewesen ist. Es heißt zwar, das Glück sei mit dem Tüchtigen, aber Fortuna ist eine wankelmütige Dame. Sich auf ihre Zuneigung zu verlassen, kann keine Lösung auf Dauer sein.
Die Entwicklung des Fußballspiels geht weiter. Am Spiel der bundesdeutschen Kicker ist sie schon vorbeigegangen.
Ernst Happels Urteil, das eines weitgereisten und nicht nur mit dem Hamburger SV erfolgreichen Trainers über seine Kollegen und ihre Schutzbefohlenen, ist vernichtend ausgefallen: »Wer Manndeckung spielt, hat elf Esel auf dem Platz.«

Österreich

Der Wiener liebt die Sentimentalität, die Weinseligkeit beim Heurigen, die Lieder aus der guten alten Zeit mit Schrammelmusik. Dort finden wir auch die Großen des Fußball von einst: den Merkel Max, der mal ein beinharter Verteidiger gewesen ist, ein erfolgreicher Trainer, im Alter ein scharfzüngiger Kritiker seiner Kollegen, und den Ernst Happel, Meistertrainer beim Hamburger SV, im Heimaturlaub. Dann schwärmen sie von den guten alten Zeiten des österreichischen Fußballs, vom Uridil, der einen eigenen Schlager gewidmet bekam, vom Wunderteam und vom 41er Jahr, als Rapid Wien deutscher Meister war, großdeutscher natürlich: 4:3-Sieg über Schalke 04 vor 95 000 im Berliner Olympiastadion.
Österreich ist einmal Fußball-Lehrmeister gewesen und die Deutschen die Lehrlinge. Nach dem Krieg hat sich das Verhältnis umgekehrt, gründlich sogar. Die Bundesdeutschen wurden zweimal Weltmeister, die Österreicher fielen in die Drittklassigkeit zurück. Bis Córdoba! Johann Krankl, Berti Vogts und Rolf Rüßmann schrieben Fußballgeschichte im Gruppenspiel zur Weltmeisterschaft 1978. Der kleine Berti mit seinem Eigentor zum 1:1, der lange Rüßmann, weil er im entscheidenden Augenblick Krankl aus den Augen verlor, und dieser seines Tores zum 3:2-Sieg wegen, dem ersten seit 47 Jahren. Die Deutschen mußten heimfahren, und Österreich jubelte.
»Immer wieder Córdoba, das kann ich bald nicht mehr hören«, klagte jahrelang Bundestrainer Jupp Derwall, damals noch Helmut Schöns Assistent. Mittlerweile klingt ihm der Name einer anderen Stadt noch weit unangenehmer in den Ohren: Gijón. Dort haben Österreicher und bundesdeutsche Kicker bei der WM 1982 den Fußball mit Füßen getreten, mit einem Nichtangriffspakt den 1:0-Sieg des DFB-Teams über die Zeit gebracht, weil der beide eine Runde weiter brachte und die Algerier aus dem Wettbewerb warf. Es war ein Skandal, die betrogenen Zuschauer tobten, Tomaten und Eier flogen gegen die Fensterscheiben des Hotels der bundesdeutschen Mannschaft, und anderntags meldete die angesehene Zeitung »El Comerico« einen »mutmaßlichen Betrugsfall«, der sich im Stadion El Molinon zugetragen habe. Dabei seien etwa 40 000

Personen um rund zwölf Millionen Peseten geschädigt worden. Der Tat dringend verdächtig: Ein deutscher Staatsbürger namens Jupp Derwall und weitere 13 Deutsche, namentlich aufgeführt, von Schumacher bis Rummenigge. Ebenso stünde unter Verdacht ein Österreicher, der Georg Schmidt heißen solle; das war der Trainer. Und elf seiner Landsleute, von Koncilia bis Weber.
Dies fand sich nicht etwa im Sportteil, sondern unter den Polizeiberichten, mitten unter Raubüberfällen und Betrügereien. Seither steckt mehr Brisanz in den deutsch-österreichischen Fußballbeziehungen als je zuvor. In der Qualifikation zur Europameisterschaft haben sie wieder gegeneinander spielen müssen: 0:0 im Wiener Praterstadion, 3:0 im Gelsenkirchener Parkstadion, was keine Überraschung gewesen ist, zumindest für den österreichischen Trainer Erich Hof, der schon vorher versichert hatte, für alle Fälle: »Na, na, dös is für mich immer no aane der besten Mannschaften in Europa. Sang S' ma a andere. Wenn's um was geht, san s' voll da; des waaß i eh.«
Aber das sei ja kein Wunder, wenn »die deutsche Liga besser ist als die österreichische, des weiß a jeder«, hat Bruno Pezzey, der bei Werder Bremen kickt, ein bißchen traurig angemerkt. Denn in Österreich spielen die Wiener Rivalen Austria und Rapid meist den Titel unter sich aus und gewinnen mit links gegen den Favoritener AC und den SC Neusiedl, der am Ende der Saison 1983/84 mit ganzen zwei Punkten das Ende der Tabelle verunziert hat. Und die haben die Neusiedler auch noch geschenkt bekommen, durch Verbandsentscheid, und das kam so.
Im Februar 1984 fand Dieter Mirnegg, Fußballer beim oberösterreichischen Erstligaklub Union Wels, früher in der Bundesliga beim MSV Duisburg tätig gewesen, einen Brief seines Arbeitgebers in seiner Post. Er öffnete ihn, fing an zu lesen und mußte sich erst mal hinsetzen. Da stand:
»Lieber Dieter, da wir einerseits keinen Sponsor finden konnten, es aber andererseits nicht zuzumuten ist, den Weg des Schuldenmachens mit persönlicher Haftung zu beschreiten, bleibt uns keine andere Wahl, als Dir hiermit mitzuteilen, daß wir mit sofortiger Wirkung auf Deine Tätigkeit als Spieler verzichten müssen. Wir bitten Dich, die in Deiner Verwahrung befindlichen Sportutensilien wie Trainingsanzüge, Jacken, Schuhe usw. im Sekretariat abzugeben.«

Die Union Wels hatte aufgehört, zu bestehen, war in Konkurs gegangen mit 600000 Mark Schulden, eine Last, die andere klaglos schleppen. Auch allen übrigen Spielern war gekündigt worden, ebenso dem Trainer, dem Masseur, dem Zeugwart. Die erste Österreichische Liga bestand plötzlich nur noch aus 15 Klubs.

Es war ein kurzer Fußballtraum gewesen in Wels, nachdem die Mannschaft durch Aufstockung der Liga erstklassig geworden war. Sparsam wollten sie wirtschaften und glaubten, das ginge am besten durch niedrige Grundgehälter und hohe Siegprämien, denn allzuoft würden ihre Kicker ja ohnehin nicht gewinnen. Wer konnte schon ahnen, daß die sich nicht daran halten würden, wacker mitspielten, dem Favoriten Rapid Wien vor 13000 Zuschauern gar einen Punkt abknöpften und sich auf Platz Zehn behaupteten. Jedenfalls geriet die Kalkulation gewaltig durcheinander, und plötzlich war kein Geld mehr da. Die Vorstandschaft hat nicht klaglos aufgegeben, sondern sich allerlei einfallen lassen, um den finanziellen Ruin abzuwenden. Eine Linzer Werbefirma hat versucht, die Heimspiele werbeträchtig zu verkaufen, und die Brust der Welser Kicker zierte sogar mal das Playboy-Häschen. Doch am Ende stand nur noch der Hilfeschrei »Wer nimmt uns?« auf dem Trikot. Er verhallte ungehört, und deshalb wurden die Herren Fußballer gebeten, dasselbe abzugeben.

Guter Rat teuer war da beim Österreichischen Fußballverband (ÖFB). Er entschied, daß alle Ergebnisse aus Spielen mit Union Wels Gültigkeit behalten sollten. Für die Rückrunde würde jedem Gegner zwei Punkte und 3:0 Tore gutgeschrieben. Auf diese Weise ist der SC Neusiedl letzten Endes doch nicht ganz mit leeren Händen abgestiegen.

Das Blöde an der Sache war allerdings, daß ein Teil der Rückrunde schon Ende 1983 absolviert worden war, damit Zeit bliebe für die Vorbereitung auf das Finalturnier der Europameisterschaft in Frankfurt, welche aber leider nicht erreicht worden ist. Klar, daß die Meisterschaftskandidaten über Wettbewerbsverzerrung geklagt haben, vor allem Rapid und die Austria bei ihrem Kopf-an-Kopf-Rennen.

Ehe dieses entschieden wurde, haben beide noch den Pokal untereinander ausgespielt. Die Austria gewann das erste Finalspiel im baufälligen und deshalb teilweise für Besucher gesperrten Wiener Praterstadion 3:1. Den Cup durfte dennoch Rapid-Star Hans

Fixstern Fußball

Krankl in Empfang nehmen, nach dem 2:0-Erfolg im Rückspiel, diesmal im Wiener Hannapi-Stadion, aufgrund des »auswärts« erzielten Tores. Ein österreichisches Kuriosum, denn beide Spiele haben in Wien stattgefunden.

Daß Trainer Wenzel Halama, zuvor bei 1860 München tätig gewesen, seinen Wechsel zu AEK Athen perfekt gemacht hatte, schlug sich negativ auf die Leistungsfähigkeit der Austria nieder. Vor dem zweiten Pokalfinale war seine Mannschaft gegen VÖEST, das Team der staatlichen Vereinigten Österreichischen Eisen- und Stahlwerke, in Linz 2:3 unterlegen und im Kampf um den Titel einen Punkt hinter Rapid zurückgerutscht.

Die Entscheidung schien gefallen, doch am vorletzten Spieltag leistete sich Rapid ein 0:0 gegen den Lokalrivalen Admira/Wacker, so daß Austria und Rapid punktgleich in ihre letzten Spiele gingen, wobei das Torverhältnis allerdings knapp für die Austria sprach. Die mußte allerdings bei Sturm Graz antreten, das 26 Heimspiele in Serie gewonnen hatte, während Rapid im Heimspiel gegen den Grazer AK die vermeintlich leichtere Aufgabe zu lösen hatte.

67 Minuten lang durfte sich Rapid als Doppelsieger fühlen, Gewin-

ner von Pokal und Titel, denn die Wiener führten durch Tore von Krankl und Panenka 2:0, während Austria beim Fernduell lange erfolglos blieb. Doch dann ging es Schlag auf Schlag in Graz: 0:1 Obermayer, 0:2 Drabits, 0:3 Polster, und »Schneckerl« Prohaska jubelte: »Das war ein Herzschlag-Finish und der schönste Tag in meiner Karriere.« Fünfmal hatte Prohaska mit Austria Wien den Titel gewonnen, die ihre 16. österreichische Meisterschaft feierte. Trainer Halama verabschiedete sich und versicherte, er sei »ganz bestimmt ein überglücklicher Mensch«. Der Nachfolger: Thomas Parits, zwischen 1970 und 1974 Stürmer beim 1. FC Köln und Eintracht Frankfurt.

22mal war Austria Wien an der Spitze der Tabelle gestanden, nach Schluß der Vorrunde punktgleich mit ASK Linz und Sturm Graz, während Rapid Wien zwei Punkte zurücklag, dann aber mächtig aufholte und in 15 Spielen 40 Tore schoß. Trotzdem hat es nicht gereicht, und Hans Krankl bekannte: »Ich bin enttäuscht; Austria hat die Meisterschaft glücklich gewonnen, aber auch verdient.« In der Torschützenliste landete Krankl nur auf Platz vier mit 17 Treffern, hinter dem Ungarn Tibor Nylasi (26) und Drabits (19), beide von Austria, sowie Panenka (18) von Rapid, dem unvergleichlichen Freistoßschützen.

Die finanzielle Bilanz der 226 Spiele, in denen 691 Tore erzielt worden waren, fiel schlecht aus. 890 000 Zuschauer wurden gezählt, weniger als beispielweise VfB Stuttgart und Bayern München in der Bundesliga abkassierten. Das ergab einen durchschnittlichen Besuch von 3 945 Zuschauern, 180 weniger als im Vorjahr. Aber die Österreicher wissen sich zu helfen; sie haben einfach mal wieder die Liga verkleinert, den Modus geändert. Ob es was hilft, vor allem bei der Qualifikation für die Weltmeisterschaft 1986?

Schweiz

Ehrlich währt am längsten. »A bisserl nachgholfe hab' i schon«, gab Kurt Jara zu, das österreichische Schlitzohr in Diensten der Grasshoppers aus Zürich. Jedenfalls stürzte der Mittelfeldspieler im Genfer Strafraum, und Schiedsrichter André Daina, Arzt, ehemaliger Profi, auch bei Servette, und Nationalspieler, entschied auf Elfmeter. Andy Egli nützte den Strafstoß in der 109. Minute des Entscheidungsspiels im Berner Wankdorf-Stadion zwischen den Grasshoppers und Servette Genf, die punktgleich die Meisterschaftsserie abgeschlossen hatten, zum Siegestreffer.
Es war der 20. Schweizer Titel für Grasshoppers Zürich und der dritte in Serie. Egli wird ihn nicht verteidigen können. Trainer Timo Konietzka hat ihn zu Borussia Dortmund geholt, was dem Vorstopper Rolf Rüßmann gleich einen gewaltigen Schreck eingejagt hat; er fürchtete um seinen Stammplatz. Auch Torhüter Roger Berbig steht nicht mehr zur Verfügung. Er hat Medizin studiert und will Chirurg werden.
Servette zeigte sich vor 38 000 Zuschauern als schlechter Verlierer. Nach dem Elfmeter drehte der belgische Nationalspieler Michel Renquin durch, der mit Rücksicht auf Meisterschaft und Pokal seine Teilnahme an der Europameisterschaft abgesagt hatte. Er riß sich das Trikot vom Leib und war, samt seinen Teamkameraden, drauf und dran, das Spielfeld vorzeitig zu verlassen. Sie blieben dann doch, verschwanden nach den restlichen elf Minuten der Verlängerung sofort, ohne dem Sieger zu gratulieren. Als Nationalliga-Präsident Freddy Rumo den Pokal überreichte, war weit und breit kein Genfer Fußballer mehr zu sehen.
Gefreut hat sich über den Erfolg von Grasshoppers auch Gilbert Gress, einst für den VfB Stuttgart in der Bundesliga am Ball, jetzt Trainer von Xamax Neuenburg. Er war aus seiner Heimatstadt Straßburg angereist und sah mit großem Vergnügen Zürich siegen. Dadurch qualifizierte sich Xamax für den UEFA-Cup, und Gress fand: „Der Trip nach Bern hat sich gelohnt."
Servette Genf mußte sich mit dem Pokal begnügen, den die Genfer vier Tage zuvor in diesem Stadion gewonnen hatten. Ebenfalls 38 000 Zuschauer sind enttäuscht gewesen von diesem Spiel, das Geiger in der fünften Minute der Verlängerung entschied, mit dem

einzigen Treffer, nach Doppelpaß mit Brigger. Beiden Mannschaften mangelte es an Bereitschaft zum Risiko, zu schnellem Spiel. Auch Schweizer Trainer klopfen bisweilen große Sprüche und versprechen offensiven Fußball, um sich nachher zu entschuldigen wie Servette-Coach Guy Mathez: „Nur das Resultat zählt. Wichtig ist, daß wir endlich ein Erfolgserlebnis hatten.“

Der verletzte Claudio Sulser hatte seinen Grasshoppers nach dem 1:1 in St. Gallen am vorletzten Spieltag den Titelgewinn nicht mehr zugetraut. »Entscheidend waren die drei Punktverluste am Ende der Vorrunde, daheim gegen Sion und Servette, und dann vor allem das Derby gegen den FCZ«, begründete Sulser seine Meinung. Und er fügte hinzu: »Erfolge machen vielleicht etwas satt und übermütig.«

So was liest sich später, wenn die Geschichte doch andersrum ausgegangen ist, etwas komisch. Aber angesichts dieses Tabellenstands in der Nationalliga A vor dem Finale schien für die Grasshoppers aus Zürich in der Tat keine Chance mehr zu bestehen: 1. Servette Genf 66:30 Tore/43 Punkte, 2. Sion 71:36/42, 3. Grasshoppers Zürich 56:31/42. Entscheidungsspiel bei Punktgleichheit, das unter drei punktgleichen Teams jene mit dem besseren Torverhältnis erreichen. Riesenvorteil für Servette im Heimspiel gegen Xamax Neuenburg. Was sollte da noch passieren?

Nichts mehr, hat sich auch das Nationalliga-Komitee gedacht und den Meisterbecher auf die Genfer Charmilles stellen lassen. Dort aber erwies er sich schon bei Halbzeit als fehl am Platz, denn die Partie stand 0:0. Für das Entscheidungsspiel schienen Sion, das in Lausanne 1:0 führte, und die Grasshoppers, angesichts des 1:0 gegen Wettingen qualifiziert.

Dabei ist es nicht geblieben. Die 15000 Zuschauer am Hardturm in Zürich hatten bald keine Augen mehr für ihre Mannschaft, die Wettingen 3:1 schlug, sondern nur noch Ohren für die Kunde aus ihren Transistorradios. In Lausanne trieben rund 10000 aus Sion angereiste Fans ihre Mannschaft an, die 2:1 und 3:2 führte. Aus für die Grasshoppers? In Genf schoß Brigger Servette in Führung. Doch Trainer Gilbert Gress schickte Zaugg ins Spiel, und der glich aus. Und auch in Lausanne fiel noch der Ausgleichstreffer zum 3:3. Sion hatte das Nachsehen, Servette Genf und Grasshoppers Zürich rüsteten zum Entscheidungsspiel.

Der Titelgewinn war auch ein großer Erfolg für Trainer Miroslav

Blazevic (46), den Jugoslawen mit Schweizer Paß. Er trat im August 1983 kurz entschlossen das Erbe des verstorbenen Hennes Weisweiler an, drei Wochen vor dem Start in die Punktspielserie, belastet mit der Hypothek der großen Erfolge, zuletzt des Doubles von Meisterschaft und Pokalgewinn. Blazevic setzte ein neues Konzept durch, basierend auf Forechecking, und erntete mit dem aggressiven Spiel Erfolg. Dem Publikum scheint das aber nicht so recht gefallen zu haben. Zwar besuchten durchschnittlich 5370 Zuschauer die Heimspiele, doch sind das 1280 weniger gewesen als im Vorjahr. Sieben Vereine schnitten besser ab, an der Spitze der FC St. Gallen mit 7660. Sion meldete 6770 und verzeichnete eine Steigerung von 3110, verdoppelte die Einnahmen also nahezu, und machte den Trend des Zuschauer-Rückgangs in den Großstädten zugunsten der Kleineren deutlich. Der Zuschauerschnitt in der Nationalliga A lag bei 5090, etwa die Zahl der Saison 1982/83.

Zum Fußballer des Jahres wurde Heinz Herrmann gewählt, 26jähriger Mittelfeldspieler bei den Grasshoppers. Erfolgreichster Torschütze war Bregy (Sion) mit 19 Treffern, ein offensiver Mittelfeldmann.

Daß viel Geld keine großen Erfolge garantiert, mußte Xamax Neuenburg erkennen, das den Franzosen Jean-François Larios (28) engagierte, der aber meist verletzt war und kaum zum Einsatz kam. Ähnlich erging es dem FC Basel mit René Botteron, den Heimkehrer vom 1. FC Nürnberg. Er bestritt nur zwei Spiele ganz.

Der Absteiger: Pierre Littbarski: Ein Haken zuviel

Karl-Heinz Rummenigge, Teamkapitän der Nationalmannschaft, über Pierre Littbarski nach dessen Länderspiel-Debüt gegen Österreich, mit zwei Toren: »Littbarski ist alles gelungen. Er hat praktisch das Spiel entschieden. Der kann noch viel mehr und hat Zukunft in dieser Elf.«
Harald Schumacher, Littbarskis Mannschaftskamerad beim 1. FC Köln: »Litti überlegt zuviel. Wenn ihm Sachen mißglücken, wenn es nicht läuft, versucht er nicht, sein Spiel zu ändern, einfacher zu spielen, sondern will das Glück mit aller Gewalt zwingen. Wenn er nicht aufpaßt, geht er daran kaputt.«
Zwei Jahre nur liegen zwischen diesen beiden Aussagen über Pierre Littbarski (24). In dieser kurzen Zeitspanne hatte der junge Mann 26 Länderspiele bestritten und acht Tore erzielt, ist Zweiter geworden mit dem DFB-Team bei der Weltmeisterschaft in Spanien, Zweiter mit dem 1. FC Köln in der Bundesliga und DFB-Pokalsieger 1983 mit seinem Klub: Ein Aufsteiger ohnegleichen. Dann kam es anders.
Alles vorbei. Im November 1983 ist Littbarski beim entscheidenden Qualifikationsspiel zur Europameisterschaft gegen Albanien in Saarbrücken nach 68 Minuten gegen Herbert Waas (Bayer Leverkusen) ausgewechselt und von Bundestrainer Jupp Derwall danach nicht mehr eingeladen worden. Danach fuhr Littbarski auf eigene Kosten hin, wenn die Nationalmannschaft spielte, als Zuschauer. Und als er im Müngersdorfer Stadion gegen den VfB Stuttgart einen Elfmeter so lahm schoß, daß Torhüter Roleder den Ball mühelos fing, hat ihn Trainer Hannes Löhr aus dem Spiel genommen. Ausgepfiffen haben sie ihren ehemaligen Liebling Litti: Ein Absteiger ohne Beispiel. Der Fußball frißt seine Kinder.
Alles sei »ein bißchen zu schnell gegangen, nach oben und nach unten«, sagt Pierre Littbarski. Er hat den Gang der Dinge beschleunigt, hat es nicht erwarten können: Raus aus dem Gymnasium nach der elften Klasse, »weil ich keine Lust mehr hatte«. Vor der Zeit aufgehört beim Berliner Finanzamt, wo er Akten gewälzt hat für 250 Mark monatlich. Denn es sei doch wohl im Leben wie im Spiel: »Wenn man nichts riskiert, ist nichts zu gewinnen.«

Das Leben, ein Spiel? Der 18jährige Berliner mit dem französischen Vornamen, den er, wie er sagt, einer Laune seiner Mutter verdankt, hat es so empfinden müssen. Vom Spielfeld weg wurde er damals angeworben für den 1. FC Köln. Ist anfangs mit dem Moped rumgefahren mit seiner Freundin hintendrauf, aber nicht lange. Dann steuerte er einen BMW, später einen Mercedes 500. Und ein Haus hat er sich auch schon kaufen können.

Der verstorbene Hennes Weisweiler ist damals Trainer gewesen beim 1. FC Köln. Einen kleinen Schwarzen habe er verpflichtet, berichtet ihm telefonisch Geschäftsführer Karlheinz Thielen. »Nee, wieder so ein Kleiner, ich bin mehr für die Großen«, soll Weisweiler geantwortet haben. Als der Trainer den Wunderdribbler in Aktion gesehen hatte, revidierte er sein Urteil: »Der Kleine wird ein Großer.«

Doch Weisweiler ging und der Holländer Rinus Michels kam, den sie auch General nennen. Und der hat den Schlümpfe-Sammler Littbarski aus seinen Jugendträumen gerissen. Er wolle ihm zum Geburtstag einen Ball schenken, ganz für ihn allein, hat Michels dem kleinen Littbarski versprochen. Aber im Training solle er, bitte schön, die anderen auch mitmachen lassen. Michels liebte den gradlinigen Exerzier-Fußball, der krummbeinige Littbarski die Schnörkel. Dazwischen liegen Welten. Die versuchte der Trainer dadurch zu überbrücken, daß er den Trickfüßler dauerlaufen ließ, damit ihm die Luft knapp werde und die Lust vergehe auf Umwege zum Ziel. Es half nichts. Da versuchte es Michels andersrum. Er zwang den ungebärdigen Fußballer in die Verantwortung, erhob ihn, den Jüngsten, zum Teamkapitän über Ältere wie Strack, Schumacher, Allofs, Fischer. Das war zuviel für das schmächtige Kerlchen, 1,68 m groß und damals noch 64 kg schwer; Pierre Littbarskis Abstieg begann.

Vielleicht ist er gar nicht zum Star geboren, sondern bloß eine Sternschnuppe, die kurz aufleuchtet und dann für immer erlischt? Zwar reich geworden als hakenschlagender Tausendsassa, aber nicht recht glücklich. Und das alles trotz »positiver Grundeinstellung zum Leben«, wie Littbarski versichert, und einer sportlichen dazu. Der Bursche raucht nicht, hat noch nie in seinem Leben Alkohol getrunken, »nicht mal Bier«. Das große Auto hat er verkauft und fährt jetzt ein kleines.

Ausgerechnet Bundestrainer Jupp Derwall, der ihn aus seinem

Kader gestrichen hatte, machte Pierre Littbarski Anfang 1984 Mut: »Seinen Abfall habe ich vorausgesehen. Er, der körperlich 'ne Maus ist, darf im Training nicht zuviel tun.« Gerade das aber sei nach dem WM-Turnier 1982 geschehen. »Da war er überfordert, da kam der Knick in seiner Karriere. Aber es wäre ein Wahnsinn, Litti fallenzulassen. Ohne ihn fehlt dem Fußball doch das Salz in der Suppe, ohne seine Technik, seine Improvisationskunst.«

Gelegentlich hat man die noch sehen können am Ende der Saison. Im Münchner Olympiastadtion gelang Pierre Littbarski ein Slalom durch die Abwehr des FC Bayern, wobei er zum Schluß Torhüter Jean-Marie Pfaff elegant umkurvte und den Ball ins Netz schob. Aber es sind nur Momentaufnahmen gewesen von einem, der früher Hauptdarsteller war.

Manche haben ihm geraten, lieber mal einen Haken weniger zu schlagen. Wie falsch! Littbarski weiß das. »Total auf Sicherheit spielen, das bringt nichts. Da können sie ja gleich einen anderen aufstellen.«

Was zeitweise auch geschah. Daß Derwall sein Hätschelkind mit zur Europameisterschaft genommen hat, darf als weiterer Hinweis auf den Niedergang des bundesdeutschen Fußballs gelten. Littbarski ist zweimal ebenso kurz wie erfolglos eingesetzt worden.

Pierre Littbarski dribbelt auf seinen Säbelbeinen weiter ziellos durchs Fußballer-Leben. Was bleibt ihm anders übrig. Er hat nur Kicken gelernt.

Arbeitsloser Verteidiger Jürgen Strack: Fußballer im Teufelskreis

Ein Mann sucht Arbeit, einer unter rund 2,3 Millionen. Er strotzt vor Kraft, ein austrainierter Athlet von 80 Kilo, verteilt auf 1,87 Meter: Jürgen Strack (29). Keiner braucht ihn. Denn der arbeitslose Adonis hat nur Fußballspielen gelernt, was längst nicht mehr zu den krisensicheren Berufen zählt, und zu allem Unglück sich aufs Verteidigen spezialisiert. »Die suchen Spielmacher oder Stürmer«, weiß Strack und macht sich nicht mehr viel Hoffnung auf einen Job.

Umschulung als letzten Ausweg, vom Abwehrspieler zum Angreifer, kann das Arbeitsamt nicht anbieten, aber einen Sonderservice für die Branche. Es meldet den stellungslosen Balltreter der Paritätischen Spielervermittlungsstelle, die der Deutsche Fußball-Bund (DFB) im Auftrag der Bundesanstalt für Arbeitsvermittlung an alle Vereine der beiden Bundesligen und der höchsten Amateurklasse und meldet heuer 33 Vermittlungen.

Jürgen Strack zählte nicht dazu. Trotzdem kämpfte er um die letzte Chance, trainierte viermal die Woche bei den Amateuren der Münchner Bayern und dazu allein, fürchtete jedoch, sich der psychischen Belastungsgrenze zu nähern. »Je länger das Ganze dauert, desto schwieriger ist es. Da können schon manchmal Zweifel hochkommen, ob es richtig ist, daß man morgens zum Waldlauf geht, oder allein mit dem Ball arbeitet oder in der Kraftkammer.« Aber es hilft ja nichts. Der Körper bildet sein ganzes Kapital, den muß er pflegen, in Schwung halten.

Trotzdem blieb Jürgen Strack Zeit genug, endlos darüber nachzudenken, weshalb er von der Straße des bescheidenen Ruhms und beachtlichen Wohlstands in diese Sackgasse geraten ist, in der er jetzt, scheinbar ausweglos, auf der Stelle tritt. Aber ihm gehe es ja noch gut im Vergleich zu den älteren Arbeitslosen, jenen mit Familie, sagt Strack. Jung sei er, gesund, ohne Anhang.

Eigentlich kann einer mit 1680 Mark Arbeitslosenunterstützung im Monat einigermaßen über die Runden kommen. Aber Strack bleibt kaum was zum Leben, weil Schulden drücken. Da es ihm gut gegangen ist als Bundesliga-Profi beim TSV München von 1860, hat er sich ein Bauherrenmodell aufschwatzen lassen, zwei Reihenhäuser in Mönchengladbach zu je 350 000 Mark. »Etwas leichtgläubig reingerutscht« sei er, habe versäumt, den Markt zu prüfen. Statt abzukassieren, hat Strack draufgezahlt. Seine Immobilie ist höher belastet als ihr Verkaufswert, und die eingeplanten Verluste aus Vermietung und Verpachtung hat er aus eigener Tasche berappt, weil ohne Einkommen.

So was ist nicht nur Fußballern passiert, von denen allerdings einer ganzen Menge. In Krefeld steht eine Fußballersiedlung, und von seinem ehemaligen Mannschaftskameraden Hans Klinkhammer weiß Strack: »Der ist fast fertig. Kein Beruf, kein Geld!« Klinkhammer wie Strack haben freilich nicht ahnen können, daß ihre langjährigen Arbeitsverträge mit 1860 von heute auf morgen das Papier nicht mehr wert sein würden, auf dem sie geschrieben standen. Der DFB entzog ihrem Arbeitgeber die Lizenz für den Profibetrieb, statuierte ein Exempel.

Schon vorher war es »finanziell bergab« gegangen mit Jürgen Strack. Im ersten Jahr gab's die Klassenerhaltsprämie, im zweiten Jahr nach dem Abstieg in die Zweite Bundesliga statt dessen Gehaltskürzungen; dann war Schluß: Ausverkauf. Völler, Sidka (Werder Bremen), Wohlers (Arminia Bielefeld) kamen schnell wieder unter, Strack nicht. Die Offenbacher Kickers verzichteten dankend angesichts von 200 000 Mark Ablösesumme. Ein paar Wochen später kosteste Strack nur noch 70 000 Mark und übte probehalber bei Fortuna Düsseldorf. »Da habe ich einen Fehler gemacht«, gibt Strack zu. »Ich wollte die Einnahmeverluste wieder herausholen und das, was ich billiger geworden war.« 5000 Mark monatliches Grundgehalt, 1000 Mark pro Einsatz und Siegprämien schienen ihm zuwenig. Der Vertrag kam nicht zustande.

Da habe er die Nerven verloren und sich als Amateur beim 1. FC Saarbrücken anheuern lassen, als »irgendwas mit Büro oder kaufmännischer Mitarbeiter«, jedenfalls mit Steuerkarte. Jürgen Strack stieg mit seiner neuen Mannschaft in die Zweite Bundesliga auf und war gleich darauf, im Frühsommer dieses Jahres, erneut arbeitslos. Begründung: Strack sei mit seiner Bauherrenmodell-Misere zu sehr belastet.

Was nun? Vorsichtshalber ließ Jürgen Strack seine Begabungen beim Arbeitsamt testen und sich logisches Denkvermögen bescheinigen. »Ich wäre befähigt, irgendwas mit Computern zu machen, aber das ist gar nicht meine Welt.« Heißt die Utopia oder nur

Fußball? Strack hat nach dem Abitur Sport studiert in seiner Heimatstadt Frankfurt und mit Sozialkunde begonnen, nebenbei gekickt damals bei Opel Rüsselsheim und VfR Bürstadt in der Zweiten Liga. Nach zehn Semestern rückte der Abschluß in Sicht, als ihn Trainer Krautzun zu 1860 München in die Bundesliga holte. Die kaum mehr erwartete Chance war da, sportlicher Erfolg lockte und viel Geld. Jürgen Strack, 25 schon, wurde Profi. »Ich habe mich anfangs total auf Fußball konzentriert.« Später hat er sich dann sagen lassen müssen, daß sein Studium für die Katz gewesen ist, und als Hesse in Bayern habe er gefälligst noch mal von vorn zu beginnen. Da hat der Fußballer kapituliert. Ein Fehler, ein abschreckendes Beispiel? Nur bedingt. »Alle Kommilitonen aus Frankfurt, die ich in letzter Zeit getroffen habe, sind ohne Lehrstellen. Die arbeiten als Trainer oder Aushilfskräfte.«
Manchmal hat Jürgen Strack daran gedacht, eine Kneipe aufzumachen und zeigte Galgenhumor: »Wer nichts wird, wird Wirt.« Als Dressman hat der Modellathlet auch schon gearbeitet. Das Studium noch vorantreiben, in einer Firma ganz unten anfangen? »Dazu fehlt mir die Motivation. Ich war immer selbständig.«
Keine Alternative hat er gesehen. »Wenn ich mit dem Fußball kein Geld mehr verdiene, dann ist die Konsequenz, daß ich die Belastung der Häuser nicht mehr tragen kann. Es kommt zur Zwangsversteigerung. Dabei bleibt eine Restschuld übrig, die ich nicht bezahlen kann, und es bleibt nur noch der Offenbarungseid. Wer leiht mir dann noch Geld? Das ist ein Teufelskreis.«
Im Sommer 1984 hat Jürgen Strack geglaubt, ihn durchbrochen zu haben. Er ist mit dem Hessenmeister VfR Bürstadt in die Zweite Bundesliga aufgestiegen und hat wieder berufsmäßig Fußball gespielt, außerdem eines seiner beiden Häuser verkaufen können. Doch was kommt danach?

Europameisterschaft

Schließlich ist doch noch alles so gelaufen wie geplant. Die französische Mannschaft hat den Titel gewonnen bei der Europameisterschaft im eigenen Land und Trainer Michel Hidalgo nach dem 2 : 0-Finalsieg über Spanien im Prinzenparkstadion zu Paris verkünden können: »Man empfindet großen Stolz und Genugtuung, wenn man nach solch einem langen Weg am Ziel der Träume ist. Der Gewinn der Europameisterschaft ist nicht nur für die 13 Mann, die auf dem Rasen standen, sondern für alle 20, für alle Klubs und den gesamten französischen Fußball ein großer Erfolg.«

Leider hat das Endspiel nicht gehalten, was beide Teams im Semifinale versprochen hatten. Und es wurde durch einen persönlichen Fehler entschieden. Platini schoß einen Freistoß, Torhüter Arconada begrub den Ball unter sich, daß er gar nicht mehr zu sehen war. Doch plötzlich schlüpfte die tückische Lederkugel unter Arconadas Körper hervor und kullerte, ins Rollen gebracht durch eine Reflexbewegung des Tormanns, über die Linie. Die Franzosen führten in der 58. Minute 1 : 0, und Bellones 2 : 0, als die Spanier mit vollem Risiko stürmten, war nur noch ein zusätzlicher Schlag, das Spiel längst entschieden, und Arconada, tags zuvor 30 Jahre alt geworden, klagte: »Ich habe im Augenblick der Wahrheit versagt.«

Zwei Männer vor allem haben dieses Turnier geprägt: Michel Platini, der neun von 13 Toren für Frankreich erzielte, was einen Reporter zu dem Jubelschrei »Platinissimo« inspirierte. Und Michel Hidalgo, der Trainer. Er hat einen neuen Stil kreiert, das Fußballspiel gründlich umgekrempelt. Während sein bundesdeutscher Kollege Jupp Derwall den Ausfall seines einzigen Spielmachers Bernd Schuster beklagte, beauftragte Hidalgo alle seine Kicker damit, schöpferisch tätig zu werden auf dem Rasenrechteck. Derwall jammerte über die Konzentration der Gegner im Mittelfeld und hat dabei übersehen, daß dies zu Lasten der Abwehr geschah, wo der Bundestrainer einen wie den Stuttgarter Bernd Förster placierte, der noch heute auf seinen Gegenspieler warten würde, wäre seine Mannschaft nicht in der Vorrunde aus dem Turnier geflogen und danach gleich nach Hause. Nicht nur Platini, Giresse und Tigana haben dem Fußball Leben eingehaucht, sondern beispielsweise Abwehrspieler wie Domergue, der zweifache Torschütze, und der

Libero Battiston. Fernandez freilich war hauptsächlich mit Aufräumarbeiten beschäftigt: Arbeiter werden immer noch gebraucht. Die Spanier und Dänen haben nicht viel anders gespielt: kreativ, mit Mut zum Risiko. Lerby kämpfte, aus taktischen Gründen, viel weiter im Rückraum als bei den Münchner Bayern, hat jedoch das Spiel mehr beeinflußt und ein Tor geschossen. Wie gründlich haben sich die ehemaligen Spanien-Profis Günter Netzer und Paul Breitner geirrt. Später gaben sie ehrlich zu, selten so mannschaftsdienliche spanische Fußballer gesehen zu haben, vor allem noch nie so konditionsstarke.

Höhepunkte sind also die beiden Spiele des Semifinales gewesen. Zweimal Fußball total, eines erst entschieden im Elfmeterschießen. Samstags, in Marseille, gestand Frankreichs Trainer Michel Hidalgo: »Bis fünf Minuten vor Schluß der Verlängerung war ich nicht mehr von einem Sieg überzeugt.« Wie denn auch, da sein Team im Stade Vélodrome, dem Radstadion, 1:2 zurücklag gegen die Portugiesen und der Sturz des Favoriten so tief schien, als spränge der vom Eiffelturm.

Wie man weiß, ist alles ganz anders gekommen, und Hidalgo hat zugegeben: »Jetzt spricht ein glücklicher Trainer nach einem glücklichen Sieg.« Wie wahr! An seinem 27. Geburtstag hat sein linker Außenverteidiger Domergue, der für den gesperrten Amoros in die Mannschaft gerutscht war, zwei Tore erzielt: Das 1:0 mit einem überraschend ausgeführten Freistoß, fünf Minuten vor Schluß das 2:2. Und im letzten Augenblick schlug Tigana, auf den Tag genau 29 Jahre nachdem er im fernen Mali das Licht der Welt erblickt hatte, den Ball vor die Füße von Platini, der ihn zum Siegestreffer, zum 3:2-Erfolg, ins Netz trat.

Trotzdem hat keiner dem portugisischen Trainer Fernando Cabrita widersprochen, als der feststellte: »Ich bin stolz, dieses Team zu betreuen.« Er hatte alles auf eine Karte gesetzt angesichts des Rückstands, Jordao zwei zusätzliche Angreifer zugeordnet, Gomez, Europas erfolgreichsten Schützen 1983, sowie den legendären Nene. Beide hat Jordao gar nicht gebraucht. Ihm gelang der Ausgleich zum 1:1 per Kopfball und die 2:1-Führung in der 98. Minute, beide Male nach Vorarbeit des schnauzbärtigen Mittelfeldspielers Chalana, einer der großen Entdeckungen des Turniers.

Tags darauf, in Lyon, wohin eigentlich die bundesdeutsche Auswahl fahren wollte, von Paris aus, mit dem superschnellen Zug TGV, hat es noch länger gedauert, den Sieger zu ermitteln, den Teilnehmer am Endspiel. 1 : 1 stand es nach zwei Stunden, durch Treffer von Lerby (7.) und Sarabia (67.), zwischen Spaniern und Dänen. Anfangs überlegen, hatten sich die dänischen Fußballer mit Müh und Not in die Verlängerung gerettet, obendrein dezimiert, weil Berggren, der Camacho am Trikot festgehalten hatte, des Feldes verwiesen worden war.

Acht Elfmeterschützen zielten auf die linke Torecke, Laudrup sogar zweimal, weil der Schiedsrichter Wiederholung anordnete, nachdem Arconada den ersten Schuß pariert, sich jedoch zu früh bewegt hatte. Da stand es 4:4, und Larsen hat wohl überlegt, ob er nicht die Ecke wechseln sollte und was wohl Arconada von solchen Gedanken hielt. Larsen schoß nach rechts, aber über das Ziel hinaus, und Sarabia traf zum entscheidenden 5 : 4, zum 6 : 5-Sieg insgesamt. Die Spanier jubelten, bis auf Gordillo und den langen Libero Maceda, die nach der zweiten Verwarnung für das Finale gesperrt waren.

Enttäuscht verabschiedeten sich die Dänen, jedoch nicht unzufrieden: »Wir haben mehr erreicht, als alle von uns erwartet hatten«, versicherte ihr Trainer, Sepp Piontek, ehemals Profi gewesen bei Werder Bremen, Nationalspieler und Coach von Fortuna Düsseldorf. »Zum Schluß ging dieser Wettbewerb über unsere Kräfte. Wir wollten hier keinen Computerfußball bieten, sondern offensiv spielen und damit auch für die Zukunft dieser stark kritisierten Sportart etwas tun. Wir fahren erhobenen Hauptes nach Dänemark zurück.«

Die bundesdeutschen Kicker dagegen sind ruhmlos heimgeschickt worden und hoffentlich zu Hause vor dem Fernsehapparat gesessen, um was zu lernen. Gut, letzten Endes sind sie mit reichlich Pech aus dem Wettbewerb geflogen, durch das Kopfballtor des Spaniers Maceda, 1 : 35 Minuten vor Spielschluß. Dank dieses 1 : 0-Siegs belegte Spanien Platz eins in der Gruppe zwei, vor den Portugiesen, den Bundesdeutschen und Rumänien. Briegel zweimal und sein Kaiserlauterer Mannschaftskamerad Brehme hatten bis zur 27. Minute insgesamt dreimal die Torstangen getroffen, später Torhüter Schumacher einen von Stielike verschuldeten und von Carrasco schwach geschossenen Foulelfmeter abgewehrt.

In keiner Phase des Turniers war es Bundestrainer Derwalls Mannen gelungen, sich freizuspielen. Das 0 : 0 zur Eröffnung gegen Portugal verhieß den vielen deutschen Zuschauern in Straßburg nichts Gutes. Lediglich Rudi Völler hat mit seinen beiden Treffern

Zeichen gesetzt beim einzigen Sieg, dem 2 : 1-Erfolg über Rumänien in Lens.
Und Karl-Heinz Rummenigge, der angetreten war, der ihm vor vier Jahren überraschend zuteil gewordenen Ehre, zum besten Spieler des Turniers gewählt zu werden, mit Verspätung sich würdig zu erweisen? Auch zum Duell gefordert mit Michel Platini, an dem er künftig gemessen werden würde in Italien? Rummenigge hat die ihm zugedachte Rolle als Anspielstation im Mittelfeld doch nicht akzeptiert, das ganze Konzept umgeschmissen, ist seiner Form hinterhergerannt. Am Ende mußte er eingestehen, das sei wohl nicht der Rummenigge gewesen, den man kenne, und alles zusammen »eine sportliche Schmach, größer als die damals in Córdoba gegen Österreich«.
Bundestrainer Jupp Derwall hat, obwohl er Frankreich scheinbar uneinsichtig verließ, ein paar Tage später seinen Posten zur Verfügung gestellt. Schuld am Niedergang seiner Mannschaft hat er sicher nicht allein zu tragen, doch auf jeden Fall die Verantwortung dafür. Das mochte er partout nicht einsehen. Derwall ist gescheitert an seiner Gutmütigkeit, an Uneinsichtigkeit, hat die beleidigte Leberwurst gespielt und zuletzt sich in der Rolle des Märtyrers gefallen. Und leider mangelte es ihm in zunehmendem Maße an fachlichen Qualitäten. Zu wenig hat Derwall sich umgesehen bei anderen, woraus taktische Fehler erwuchsen und der Trend am bundesdeutschen Fußball vorbeilief. Derwall hat die Entwicklung ganz einfach verschlafen.

Die Spiele der EM 1984

Gruppe 1

Frankreich
Dänemark
Belgien
Jugoslawien

12. Juni in Paris:
Frankreich – Dänemark 1:0 (0:0)

13. Juni in Lens:
Belgien – Jugoslawien 2:0 (2:0)

16. Juni in Nantes:
Frankreich – Belgien 5:0 (3:0)

16. Juni in Lyon:
Dänemark – Jugoslawien 5:0 (2:0)

19. Juni in St. Etienne:
Frankreich – Jugoslawien 3:2 (0:1)

19. Juni in Straßburg:
Dänemark – Belgien 3:2 (1:2)

1. Frankreich	3	9:2	6-0
2. Dänemark	3	8:3	4-2
3. Belgien	3	4:8	2-4
4. Jugoslawien	3	2:10	0-6

Gruppe 2

Deutschland
Portugal
Rumänien
Spanien

14. Juni in Straßburg:
Deutschland – Portugal 0:0

14. Juni in St. Etienne:
Rumänien – Spanien 1:1 (1:1)

17. Juni in Lens:
Deutschland – Rumänien 2:1 (1:0)

17. Juni in Marseille:
Portugal – Spanien 1:1 (0:0)

20. Juni in Paris:
Deutschland – Spanien 0:1 (0:0)

20. Juni in Nantes:
Portugal – Rumänien 1:0 (0:0)

1. Spanien	3	3:2	4-2
2. Portugal	3	2:1	4-2
3. Deutschland	3	2:2	3-3
4. Rumänien	3	2:4	1-5

23. Juni Halbfinale in Marseille:
Frankreich – Portugal 3:2 (1:1, 1:0) n. V.

24. Juni Halbfinale in Lyon:
Spanien – Dänemark 6:5 (1:0, 1:1) n. V. im Elfmeterschießen

27. Juni Endspiel in Paris:
Frankreich – Spanien 2:0 (0:0)

Bundesliga-Terminplan
Spieljahr 1984/85

25. August 1984 – 1. Spieltag	Ergebnisse Vorrunde	Datum Rückrunde	Ergebnisse Rückrunde
Werder Bremen – Bayer Uerdingen	....	....	....
Arminia Bielefeld – Bayern München	....	....	....
Eintracht Braunschweig – 1. FC Köln	....	....	....
1. FC Kaiserslautern – VfB Stuttgart	....	....	....
Karlsruher SC – Waldhof Mannheim	....	....	....
Bayer 04 Leverkusen – Fortuna Düsseldorf	....	....	....
VfL Bochum – Eintracht Frankfurt	....	....	....
Borussia Mönchengladbach – FC Schalke 04	....	....	....
Borussia Dortmund – Hamburger SV	....	....	....

28./29. August 1984 – 2. Spieltag

Hamburger SV – Borussia Mönchengladbach	....	....	....
Eintracht Frankfurt – Bayer 04 Leverkusen	....	....	....
Fortuna Düsseldorf – Karlsruher SC	....	....	....
Waldhof Mannheim – 1. FC Kaiserslautern	....	....	....
VfB Stuttgart – Eintracht Braunschweig	....	....	....
1. FC Köln – Arminia Bielefeld	....	....	....
Bayern München – Werder Bremen	....	....	....
Bayer Uerdingen – Borussia Dortmund	....	....	....
FC Schalke 04 – VfL Bochum	....	....	....

8. September 1984 – 3. Spieltag

Werder Bremen – 1. FC Köln	....	....	....
Arminia Bielefeld – VfB Stuttgart	....	....	....
Eintracht Braunschweig – Waldhof Mannheim	....	....	....
1. FC Kaiserslautern – Fortuna Düsseldorf	....	....	....
Karlsruher SC – Eintracht Frankfurt	....	....	....
Bayer 04 Leverkusen – FC Schalke 04	....	....	....

	Ergebnisse Vorrunde	Datum Rückrunde	Ergebnisse Rückrunde
Bayer Uerdingen – Bayern München	....	....	....
Borussia Dortmund – Borussia Mönchengladbach	....	....	....
VfL Bochum – Hamburger SV	....	....	....

15. September 1984 – 4. Spieltag

Hamburger SV – Bayer 04 Leverkusen	....	....	....
Eintracht Frankfurt – 1. FC Kaiserslautern	....	....	....
Fortuna Düsseldorf – Eintracht Braunschweig	....	....	....
Waldhof Mannheim – Arminia Bielefeld	....	....	....
VfB Stuttgart – Werder Bremen	....	....	....
1. FC Köln – Bayer Uerdingen	....	....	....
Bayern München – Borussia Dortmund	....	....	....
Borussia Mönchengladbach – VfL Bochum	....	....	....
FC Schalke 04 – Karlsruher SC	....	....	....

22. September 1984 – 5. Spieltag

Werder Bremen – Waldhof Mannheim	....	....	....
Arminia Bielefeld – Fortuna Düsseldorf	....	....	....
Eintracht Braunschweig – Eintracht Frankfurt	....	....	....
1. FC Kaiserslautern – FC Schalke 04	....	....	....
Karlsruher SC – Hamburger SV	....	....	....
Bayer 04 Leverkusen – Borussia Mönchengladbach	....	....	....
Bayern München – 1. FC Köln	....	....	....
Bayer Uerdingen – VfB Stuttgart	....	....	....
Borussia Dortmund – VfL Bochum	....	....	....

29. September 1984 – 6. Spieltag

Hamburger SV – 1. FC Kaiserslautern	....	....	....
Eintracht Frankfurt – Arminia Bielefeld	....	....	....
Fortuna Düsseldorf – Werder Bremen	....	....	....
Waldhof Mannheim – Bayer Uerdingen	....	....	....
VfB Stuttgart – Bayern München	....	....	....
1. FC Köln – Borussia Dortmund	....	....	....

	Ergebnisse Vorrunde	Datum Rückrunde	Ergebnisse Rückrunde
VfL Bochum – Bayer 04 Leverkusen	....	....	....
Borussia Mönchengladbach – Karlsruher SC	....	....	....
FC Schalke 04 – Eintracht Braunschweig	....	....	....

6. Oktober 1984 – 7. Spieltag

Werder Bremen – Eintracht Frankfurt	....	....	....
Arminia Bielefeld – FC Schalke 04	....	....	....
Eintracht Braunschweig – Hamburger SV	....	....	....
1. FC Kaiserslautern – Borussia Mönchengladbach	....	....	....
Karlsruher SC – VfL Bochum	....	....	....
1. FC Köln – VfB Stuttgart	....	....	....
Bayern München – Waldhof Mannheim	....	....	....
Bayer Uerdingen – Fortuna Düsseldorf	....	....	....
Borussia Dortmund – Bayer 04 Leverkusen	....	....	....

10. Oktober 1984 – 8. Spieltag

Hamburger SV – Arminia Bielefeld	....	....	....
Eintracht Frankfurt – Bayer Uerdingen	....	....	....
Fortuna Düsseldorf – Bayern München	....	....	....
Waldhof Mannheim – 1. FC Köln	....	....	....
VfB Stuttgart – Borussia Dortmund	....	....	....
Bayer 04 Leverkusen – Karlsruher SC	....	....	....
VfL Bochum – 1. FC Kaiserslautern	....	....	....
Borussia Mönchengladbach – Eintr. Braunschweig	....	....	....
FC Schalke 04 – Werder Bremen	....	....	....

20. Oktober 1984 – 9. Spieltag

Werder Bremen – Hamburger SV	....	....	....
Arminia Bielefeld – Borussia Mönchengladbach	....	....	....
Eintracht Braunschweig – VfL Bochum	....	....	....
1. FC Kaiserslautern – Bayer 04 Leverkusen	....	....	....
VfB Stuttgart – Waldhof Mannheim	....	....	....
1. FC Köln – Fortuna Düsseldorf	....	....	....

	Ergebnisse Vorrunde	Datum Rückrunde	Ergebnisse Rückrunde
Bayern München – Eintracht Frankfurt	....	....	....
Bayer Uerdingen – FC Schalke 04	....	....	....
Borussia Dortmund – Karlsruher SC	....	....	....

27. Oktober 1984 – 10. Spieltag

Hamburger SV – Bayer Uerdingen	....	....	....
Eintracht Frankfurt – 1. FC Köln	....	....	....
Fortuna Düsseldorf – VfB Stuttgart	....	....	....
Waldhof Mannheim – Borussia Dortmund	....	....	....
Karlsruher SC – 1. FC Kaiserslautern	....	....	....
Bayer 04 Leverkusen – Eintracht Braunschweig	....	....	....
VfL Bochum – Arminia Bielefeld	....	....	....
Borussia Mönchengladbach – Werder Bremen	....	....	....
FC Schalke 04 – Bayern München	....	....	....

3. November 1984 – 11. Spieltag

Werder Bremen – VfL Bochum	....	....	....
Arminia Bielefeld – Bayer 04 Leverkusen	....	....	....
Eintracht Braunschweig – Karlsruher SC	....	....	....
Waldhof Mannheim – Fortuna Düsseldorf	....	....	....
VfB Stuttgart – Eintracht Frankfurt	....	....	....
1. FC Köln – FC Schalke 04	....	....	....
Bayern München – Hamburger SV	....	....	....
Bayer Uerdingen – Borussia Mönchengladbach	....	....	....
Borussia Dortmund – 1. FC Kaiserslautern	....	....	....

10. November 1984 – 12. Spieltag

Hamburger SV – 1. FC Köln	....	....	....
Eintracht Frankfurt – Waldhof Mannheim	....	....	....
Fortuna Düsseldorf – Borussia Dortmund	....	....	....
1. FC Kaiserslautern – Eintracht Braunschweig	....	....	....
Karlsruher SC – Arminia Bielefeld	....	....	....
Bayer 04 Leverkusen – Werder Bremen	....	....	....

	Ergebnisse Vorrunde	Datum Rückrunde	Ergebnisse Rückrunde
VfL Bochum – Bayer Uerdingen	....	....	....
Borussia Mönchengladbach – Bayern München	....	....	....
FC Schalke 04 – VfB Stuttgart	....	....	....

14. November 1984 – 13. Spieltag

Werder Bremen – Karlsruher SC	....	....	....
Arminia Bielefeld – 1. FC Kaiserslautern	....	....	....
Fortuna Düsseldorf – Eintracht Frankfurt	....	....	....
Waldhof Mannheim – FC Schalke 04	....	....	....
VfB Stuttgart – Hamburger SV	....	....	....
1. FC Köln – Borussia Mönchengladbach	....	....	....
Bayern München – VfL Bochum	....	....	....
Bayer Uerdingen – Bayer 04 Leverkusen	....	....	....
Borussia Dortmund – Eintracht Braunschweig	....	....	....

17. November 1984 – 14. Spieltag

Hamburger SV – Waldhof Mannheim	....	....	....
Eintracht Frankfurt – Borussia Dortmund	....	....	....
Eintracht Braunschweig – Arminia Bielefeld	....	....	....
1. FC Kaiserslautern – Werder Bremen	....	....	....
Karlsruher SC – Bayer Uerdingen	....	....	....
Bayer 04 Leverkusen – Bayern München	....	....	....
VfL Bochum – 1. FC Köln	....	....	....
Borussia Mönchengladbach – VfB Stuttgart	....	....	....
FC Schalke 04 – Fortuna Düsseldorf	....	....	....

24. November 1984 – 15. Spieltag

Werder Bremen – Eintracht Braunschweig	....	....	....
Eintracht Braunschweig – Borussia Dortmund	....	....	....
Fortuna Düsseldorf – Hamburger SV	....	....	....
Waldhof Mannheim – Borussia Mönchengladbach	....	....	....
VfB Stuttgart – VfL Bochum	....	....	....
1. FC Köln – Bayer 04 Leverkusen	....	....	....

	Ergebnisse Vorrunde	Datum Rückrunde	Ergebnisse Rückrunde
Bayern München – Karlsruher SC	....	....	....
FC Schalke 04 – Eintracht Frankfurt	....	....	....
Bayer Uerdingen – 1. FC Kaiserslautern	....	....	....

1. Dezember 1984 – 16. Spieltag

Hamburger SV – Eintracht Frankfurt	....	....	....
Arminia Bielefeld – Werder Bremen	....	....	....
Eintracht Braunschweig – Bayer Uerdingen	....	....	....
Karlsruher SC – 1. FC Köln	....	....	....
Bayer 04 Leverkusen – VfB Stuttgart	....	....	....
Borussia Mönchengladbach – Fortuna Düsseldorf	....	....	....
Borussia Dortmund – FC Schalke 04	....	....	....
1. FC Kaiserslautern – Bayern München	....	....	....
VfL Bochum – Waldhof Mannheim	....	....	....

8. Dezember 1984 – 17. Spieltag

Werder Bremen – Borussia Dortmund	....	....	....
Eintracht Frankfurt – Borussia Mönchengladbach	....	....	....
Fortuna Düsseldorf – VfL Bochum	....	....	....
Waldhof Mannheim – Bayer 04 Leverkusen	....	....	....
VfB Stuttgart – Karlsruher SC	....	....	....
1. FC Köln – 1. FC Kaiserslautern	....	....	....
Bayern München – Eintracht Braunschweig	....	....	....
Bayer Uerdingen – Arminia Bielefeld	....	....	....
FC Schalke 04 – Hamburger SV	....	....	....